Erkundungen

20 Erzähler aus der englischsprachigen Karibik

Herausgegeben von
Julia Albrecht, Stefanie Gehrke,
Marlies Glaser und Heike Paul

Verlag Volk & Welt Berlin

Aus dem Englischen von Julia Albrecht,
Wolfgang Binder, Stefanie Gehrke, Marlies Glaser,
Sarah und Moritz Kirsch

Mit einem Nachwort der Herausgeberinnen

Die Übersetzung aus dem Englischen wurde
mit Mitteln des Auswärtigen Amtes unterstützt
durch die Gesellschaft zur Förderung der Literatur
aus Afrika, Asien und Lateinamerika e.V.
in Zusammenarbeit mit dem Institut
für Auslandsbeziehungen

Inhalt

Schlag die Karte auf, Mann, noch mehr Inseln,
Erbsen in einer Schale aus Zinn, alle anders,
eintausend sind's in den Bahamas allein,
von Bergen zu strauchigen Korallenkuppen,
vom Bugspriet herab segne ich jede Stadt,
den Geruch blauen Rauchs in den Bergen da hinten
und den einzigen Weg, wie Zwirn gewunden,
zu den Dächern da unten; mir geht's nur um eins:

Der Bugspriet, der Pfeil, die Sehnsucht, das losstürzende Herz –
der Flug zur Ankunft, deren Ziel uns verborgen bleibt,
vergebliche Suche nach der Insel mit heilendem Hafen
und schuldlosem Horizont, wo der Schatten der Mandel
den Sand nicht stört. So viele Inseln!
So viel wie die Sterne bei Nacht
im verzweigten Baum, aus dem man Meteore rüttelt
wie fallende Frucht um den Schoner *Flight*.

Derek Walcott, Aus: »Der Schoner *Flight*« (II)
Übertragen von Klaus Martens

John Robert Lee

Orgs Erscheinen

Für Roderick Walcott

Nach der Mitternachtsmesse war Papas Hof von Laternen und Fackeln hell erleuchtet und wurde durch ein loderndes Feuer erwärmt, über dem Fleisch in einem riesigen Topf schmorte. Im Haus waren die Frauen in ihren farbenprächtigen Madras, die sie wie eine Krone trugen, dabei, Flaschen voll Sorrel, Ingwerbier, Rum und Whisky auf den Tisch in der Mitte des vorderen Zimmers zu stellen. Zu dieser Jahreszeit ließ es sich keine Familie, die etwas auf sich hielt, nehmen, Nachbarn und Besucher großzügig zu bewirten. Auch die Kinder lagen nicht in ihren Betten, sondern waren allen im Weg. Die Musiker ließen sich in einer Ecke des Hauses nieder; nach einer Weile fing dann die *Chantwelle* zusammen mit den Musikern an, Weihnachtslieder und Lieder der Blumengesellschaften zu singen, und bald riefen die Leute *Vive la Rose*!, da sie Mitglieder der Rosengesellschaft waren und den Rosen immer die Treue hielten. Sie reagierten auf die gesungenen Herausforderungen der *Chantwelle* an die gegnerische Margeritengesellschaft voll Inbrunst und mit begeisterten Triumphrufen. *Vive la Rose!* Und sie tanzten zu den alten Weisen, bis sie hungrig wurden. Und später versammelten sich alle um die Holzstufen, die in den Hof führten, und sie wurden still, während die Geige süß und traurig klagte. Und während sie in die züngelnden Flammen des Holzfeuers starrten, berührte die Musik ihre Herzen tief in ihrem Innern und weckte eine Sehnsucht in ihnen, die keine Worte kannte. Papa saß mit seinem *Shac-Shac* auf dem Schoß zwischen den Musikern, und Mama rief ihm zu: »*Eh bien*, Papa, als du jung warst, hat Großvater dir nicht von *Ti Jean* erzählt, wie er aus der Heimat seiner Mutter wegging, um seine Brüder zu suchen, und durchs weite Meer schwimmen mußte?« Und jeder rief Papa zu: *»Oui, oui, Papa, quittez l'histoire dit«*, erzähl die Geschichte, und sie rückten noch näher zusammen. Papa sagte dann mit einem breiten Grinsen und unterstützt von einem eindringlichen Rasseln des langen *Shac-Shac: »Eh bien, Messieurs mesdames, e dit kreek«*, und sie schrien vergnügt in die Nacht, *»Krak!«*, und während der nächsten Stunden bis Tagesanbruch beherrschten die überlieferten Legenden und Lieder, Erzählungen und Geschichten des uralten verstreuten Volkes den kleinen Hof. Ti Jean und seine Widersacher, Compère Lapin und seine Tricks, die wahre Geschichte des Dorfes und seiner längst verstorbenen Akteure, allseits bekannte gute und böse Geister, sie alle lauerten am Rande des schützenden Feuerscheins. Die Kinder bekamen jetzt Angst, schlafen zu gehen, sie drängten sich näher an die Röcke ihrer Mütter und Schwestern, während jenseits der Hibiskus- und Krotonhecken, die den Hof einschlossen, *Boloms* und *Soucouyants* und klumpfüßige alte Männer aus den dunklen Wäldern kreischten, schrien und heulten.

Einst, während eines solchen Festes, hatte ihnen ein Fremder, ein umherwandernder Trommelbauer, von einem erzählt, den er Org nannte. Er hatte plötzlich von seiner dunklen Ecke aus angefangen zu sprechen, und als die Leute ihre Unwissenheit bekundeten, niemand hatte je von diesem Org gehört, erzählte er mit leiser, eindringlicher Stimme weiter von dieser unheimlichen Person: Jeder würde ihm eines Tages begegnen, das war sicher.

»Ah, Org, c'est Basil«, sagte jemand überzeugt.

»*Non*, es ist nicht Basil, es ist nicht *la Mort.* Aber ein Mann kann sterben, wenn er Org begegnet. Jeder, ob Mann, Frau oder Kind, kann Org sehen. *Mais*, keiner erkennt ihn außer dir. Wer Org trifft, kann sterben oder verschwinden. Org verwandelt dich. Manche Menschen werden besser, andere schlechter. *Non!* Org ist weder Gott noch der Heiland noch der Teufel! Aber Org kann als Ungeheuer erscheinen, als Tier oder als menschliches Wesen.«

»*M'sieu, ou ka parler bêtise!* Sie reden dummes Zeug!«

»Hört zu!« Der Fremde ignorierte die Unterbrechung. »Org kann einen Menschen ein Leben lang begleiten. Org kann ein Teil deines Lebens sein. Du siehst diese andere Person dein ganzes Leben lang. Ein Mensch, der, soweit du weißt, ein völlig normales Leben führt, eine Familie hat, Arbeit, alles, *toute bagai.* Aber eines Tages wirst du entdecken, daß nur du diesen Menschen wirklich kennst. Eines Tages wirst du es wissen, nicht nur raten, du wirst ganz genau wissen, daß dies Org ist, der vor dir steht. Und du wirst nie mehr derselbe sein!«

Die Leute waren verstummt. Das knisternde Feuer, das krachende Holz, der Geruch von geschmortem Fleisch, die eindringliche Geräuschkulisse der vielen Insekten und das weit entfernte Bellen, Bellen, das unaufhörliche Bellen eines Hundes erfüllten die Nacht. Die Leute wollten näher zueinanderrücken, aber Org stand zwischen ihnen.

Schließlich sagte eine Stimme, ein wenig zu laut: »*M'sieu Tambou*, Mister Trommelmacher, *peut-être c'est ou qui c'est Org-là.* Vielleicht sind Sie ja selbst dieser Org?«

Die Leute lachten. Mancherlei Kommentare waren zu hören. Papa forderte den Fremden auf, sich noch etwas Rum und Fleisch zu nehmen. Der kleine dicke rothäutige Mann trat ins Licht, rückte sich den Hut auf seinem Kopf zurecht und schaute mit großen hervorstehenden Augen listig in die Runde. Dann wollten alle etwas essen und trinken, und bald machten sie sich auf den Weg in ihre nahegelegenen Häuser, während die dunkle Nacht langsam in purpur überging und die Morgendämmerung die Gipfel der buckligen Berge erhellte.

Sie sahen diesen Fremden nie mehr wieder, aber Org, der neue Geist, hatte sich in ihren Herzen eingenistet und seinen Platz zwischen den anderen Helden dieses zerstreuten Volkes eingenommen. Niemand konnte genau sagen, wer er war, aber das Rätsel um ihn stimmte jung und alt dem Leben gegenüber ein bißchen nachdenklicher.

Jedermann, der die Geschichte von Org gehört hatte, wußte, daß sie der Wahrheit entsprach. Eine wichtige, tief bewegende Frage, die unbewußt auf jedem einzelnen gelastet hatte, war beantwortet. Man fing an, auf Orgs Erscheinen zu warten. Endlich verstand man das seltsame Schicksal, das viele von ihnen über Generationen hinweg ereilt hatte, besser. Gott, der Heiland, der Teufel und der Tod waren bekannt und wurden respektiert. Aber Org? Wer war er wirklich? Die Antwort kam aus einem dunklen Abgrund, in dessen Tiefe die unbekannte Ursache ihrer geheimsten Ängste fauchte und ächzte. Bekannt und doch so geheimnisvoll. Geheimnisvoll, wie er war – oder vielleicht verlieh ihm sein Geheimnis gerade seine Macht – gewann Org eine feste Herrschaft über die Feuer der Festtage, die vom Mondlicht erhellten Höfe und die nächtlichen Totenwachen.

Tison schloß behutsam die Wohnungstür. Er stand auf der Veranda des dritten Stocks und schaute zu den Sternen auf. Über den gegenüberliegenden Dächern konnte er die Lichter der Schiffe und kleinen Jachten im Hafen sehen. Er beobachtete, wie der Lichtkegel des Leuchtturms in regelmäßigen Abständen die fernen Wolken anstrahlte. Es war ungefähr ein Uhr. Außer einem gelegentlich vorbeifahrenden Auto oder einem in der Ferne bellenden Hund war alles still. Die Straße unter ihm war verlassen.

Tison fühlte sich wohl. Marcia schnarchte leise, als er sich hinausschlich. Eine kurze Notiz, um ihr zu sagen, daß er sie liebe, ein Kuß auf die geschlossenen Augen. Ja, so behandelte man die Weiber. Behandle sie gut. Liebe sie gut. Verwöhne sie mit kleinen Geschenken, kleinen Notizen, kleinen Überraschungen, so behielt der Mann ein Weib unter Kontrolle. Jawohl. Es war eine Kunst. Er war stolz, daß er sich selbst ein so guter Lehrmeister gewesen war.

Er hatte noch keine Lust, zu dem kleinen, gemütlichen Haus zu gehen, das er etwas außerhalb der Stadt gemietet hatte. Es war noch früh. Er würde die paar Straßen hoch zum Gettohof laufen, wo noch Leute sein würden, wo es Reggaemusik und gutes Gras gab. Und vielleicht würde die Rastatochter da sein, auf die er ein Auge geworfen hatte. Er hatte Lust auf diese Art von Gesellschaft. Heute nacht fühlte er sich gut und unschlagbar. Ja, Tison fühlte sich gut.

Frohgestimmt lief er schnell die Treppen hinunter zur Straße. Er trug enge, dunkelblaue Jeans und hüllte sich enger in seine Jacke, die ihn in der kühlen Nacht wärmte, zog den Rollkragen seines Pullovers dichter um den Hals und schob seine rote Baskenmütze tiefer ins Gesicht, um den Ché Guevara-Effekt zu erzielen. Das laute Geklapper seiner hohen Absätze auf dem Pflaster verlieh ihm ein Gefühl von Macht. Seine langen, dünnen Beine bewegten sich forschen Schrittes an den winzigen Häusern und Nachtbars vorbei. Er steckte die Hände tief in die Taschen und betrachtete immer wieder sein geschmeidiges dunkles, kindlich-gutaussehendes Spiegelbild in den Schaufenstern der großen Geschäfte.

Der Hof befand sich am Ende einer schmalen Gasse, und als er von der Hauptstraße dort einbog, wurde er von den herumstehenden Jugendlichen begrüßt. Man kannte ihn. In seiner Radiosendung am Nachmittag spielte er ihre Musik. Der Geruch von Haschisch lag in der Luft, und mehrere Jugendliche kamen mit ihren kleinen, flachen Dosen auf ihn zu, um den besten kolumbianischen oder jamaikanischen oder selbstgezogenen anzubieten. Er lief lässig auf den Hof zu und summte zur Musik von Bob Marleys letztem Album, die aus einem der Nachbarhäuser dröhnte. Er bewegte sich mit der gewollten Lässigkeit eines beliebten Mannes, er lächelte jedem zu und grüßte viele mit Namen.

Er bog jetzt nach rechts von der Gasse ab, schritt durch ein hohes Holztor zwischen zwei Häusern und kam in den großen Innenhof. Mehrere Grüppchen und einzelne Personen standen dort herum. Aus einem riesigen Lautsprecher drang Reggae-Dub-Musik. Tison kaufte einige Joints von seinem Lieblingsdealer und stellte sich dann zu einer Gruppe, um zu rauchen und ihrem Gespräch zuzuhören. Es waren ein paar Rastafarians und andere Männer, deren Gespräch sich von der Brutalität der Polizei über die Qualität des Grases bis hin zu den neuesten Reggaesongs erstreckte. Tison war erfüllt von warmer Anteilnahme an ihren Anliegen. Es machte ihm Spaß, hier unter ihnen zu sein. Er genoß ihre Bewunderung.

Er zog tief an seinem zweiten Joint und begann sich nach dem jungen Rastamädchen umzuschauen. Er fühlte sich immer besser, war mit sich und der Welt rundum zufrieden und dachte daran, das Mädchen zu suchen, genug Gras zu kaufen und sie in sein Haus einzuladen.

Er sah sie allein auf einer schmalen Bank sitzen, sie lehnte mit dem Rücken gegen die hohe Betonwand, die den Hof umgab. Sie hielt die Augen geschlossen, die Hände im Schoß gefaltet.

»Grüß dich, Tochter«, sagte er und setzte sich lächelnd neben sie.

Sie öffnete die Augen, drehte sich langsam um und schaute ihn an.

»Grüß dich, Mann, Meester Dee Jay. *Iree*?« Sie lächelte langsam, und er dachte bei sich, wie wahrhaftig schwarz und wunderschön sie doch war. Auf ihren Wangen zeigten sich tiefe Grübchen.

»*Yes-I*«, sagte er langsam, bot ihr einen Joint an und entzündete ihn mit seinem kleinen Feuerzeug.

»Thanks-I.« Sie tat alles langsam und überlegt. Eine Welle zärtlichen Gefühls übermannte ihn. Sie war nett.

Sie zog genießerisch an dem Joint. »Guter Selbstgezogener heut nacht hier im Hof.« Sie schaute auf den Joint, sog den Rauch ein und sprach dann, vom Rauch eingehüllt: »Lob sei *Jah*.«

»Lob sei *Jah*, Tochter«, erwiderte er, lehnte sich zurück an die Wand und hob zusammen mit dem Rauch ab in ein Reich glühender, warmer Phantasien und Träumereien, deren Mittelpunkt ihr wunderschöner Körper bildete. Er blickte verstohlen durch den süßen Rauch in ihr markantes, dunkles und schönes Gesicht unter der rot-gold-grünen Baskenmütze und grübelte, wie er die Einladung in sein Haus vorbringen sollte. Von seinem Platz aus konnte er ihre kräftigen Schenkel, die festen, schönen Beine, die sie ausgestreckt hatte, sehen, und er sehnte sich danach, diese schwarzen, starken schönen Beine zu liebkosen.

Sie reichte ihm den Joint, und dabei sah er, wie ihre jungen, prallen Brüste sich ungehindert unter dem Hemd bewegten.

Tison begann darüber zu reden, daß er dieses Babylon von Stadt nicht mochte und ob sie wüßte, daß er eigentlich vom Lande stammte und nur hierher gekommen war, um die Ausbildung des weißen Mannes zu erhalten, und daß er das beschissene System nicht ausstehen konnte und deshalb außerhalb dieser Scheißstadt lebte, wo es wie auf dem Land war. Ja, er war dicht bei seinen Wurzeln geblieben. Er beschrieb seine Obstbäume und erzählte ihr von dem guten Gemüse, das im Garten seiner Vermieterin wuchs, und wie still und kühl es dort oben war und wie es ihm Spaß machte, dort allein zu leben, wo er ungestört rauchen, meditieren und seine Bibel lesen konnte. Sie müsse ihn einmal auf seinem Hof besuchen.

»Yes-I«, stimmte sie ihm zu, das mußte sie einmal tun. *Yes-I*, ein bißchen Gras, gutes Essen, Musik, das war alles, was

man brauchte, um *Jah* zu lobpreisen und um in Harmonie, Frieden und Liebe mit allem zu leben. *Yes*-I. Lob sei *Jah*.

Sie rollte sich einen von ihrem eigenen Gras, und als sie wieder rauchten und er sich sehr *irey* fühlte, sagte er voll Begeisterung und Freude, so als habe er plötzlich eine Eingebung: Es war doch noch früh, warum sollten sie jetzt nicht ein bißchen spazieren gehen, hoch zu seinem Haus, es war nicht weit, er hatte dort seine Anlage, einige Kassetten mit seinen besten Patois-Programmen und außerdem Bobs neueste LP, er hatte auch *Ital*-Essen, und sie konnten etwas kochen und sich noch mehr Gras besorgen, er hatte genug *Dunza*, wenn sie wollten, konnten sie gleich losgehen.

Sie drehte sich zu ihm um. Ganz langsam. Sie schaute ihm direkt in die Augen, die jetzt vom Rauchen halb geschlossen und gerötet waren. Plötzlich fühlte er sich unbehaglich und schrecklich entblößt. Gleichzeitig bemerkte er eine Gruppe Rastamänner, die keine Kopfbedeckung trugen und stumm neben ihnen standen. Und als das Mädchen lachte und ihre weißen Zähne in ihrem dunklen Gesicht aufblitzten, war er sich sicher, daß sie sich über ihn lustig machte.

»Ein andermal, Meester Dee Jay Mann, nicht heut nacht.« Zu schnell stammelte er irgendwas in der Art, daß es schon gut sei, daß es »cool, cool sei, kein Problem, alles klar«. Und als einer der jungen Rastamänner, mit schulterlangem, dichtem Haar, auf sie zukam und mit ihr sprach, ihn dabei völlig ignorierte, begann er sich bedroht zu fühlen. Als sie mit dem Rasta wegging, ohne noch ein Wort an ihn zu verlieren, hatte Tison das Gefühl, der ganze Hof wüßte, was zwischen ihm und dem Mädchen vorgefallen war.

Er saß einen Moment lang allein da und verlor rasch den Bezug zur Wirklichkeit. Der schwere Baß der nahen Musik schien jetzt unerträglich laut, und in seinem Kopf drehte sich alles, er fühlte sich verletzt, abgewiesen, war ärgerlich auf sich selbst. Er wollte nichts mehr rauchen, aber er versuchte eine lässige Haltung zu bewahren und zog langsam, in seiner überheblichen Art und Weise, an seinem Joint.

Als Tison glaubte, daß genug Zeit verstrichen sei, verließ er den Hof. Als er an ein paar Leuten außerhalb des Tors vorbeikam, lachten sie, und er war sich sicher, daß sie über ihn lachten. Bis auf die Dealer, die jeden, der den Hof betrat oder verließ, genau beobachteten, war die Gasse nun verlassen. Niemand grüßte ihn mehr. Er senkte den Kopf und lief schnell auf die Hauptstraße zu.

Seine gute Laune war verflogen. Das glückliche Hoch war von ihm gewichen, und er bekam es mehr und mehr mit der Angst zu tun. Er wußte, es war die namenlose Angst eines schlechten Trips. Es schien ihm nun, als richte sich alles, was er sah oder hörte, gegen ihn. Gesprächsfetzen schienen sich auf ihn zu beziehen. Jedes Schild schien speziell für ihn eine Botschaft zu bergen. Aus Zeitungsschnipseln zu seinen Füßen sprangen ihm einzelne Worte ins Auge. Rings um ihn lauerte Verurteilung.

Kalter Schweiß drang aus all seinen Poren. Sein Herz begann unregelmäßig zu pochen. Die Szene mit dem Mädchen nagte an seinem Gewissen und war der Grund seiner Verwirrung. Er versuchte verzweifelt, zu seiner früheren Gelassenheit zurückzufinden. Sollte er zu Marcia zurückgehen? Hin und her gerissen blieb er auf dem Bürgersteig stehen. Nein, er wollte jetzt nur noch nach Hause. In seinem Haus war er sicher und konnte diesen schlechten Trip im Schlaf vergessen.

Tison ging die Straße am Stadtrand entlang, die direkt zu seinem Haus führte. Es war eine dunkle Straße, nur in großen Abständen von Straßenlampen erleuchtet, und zu dieser so späten Stunde kaum begangen. Er war jetzt als einziger auf ihr unterwegs. Aber es war der kürzeste Weg nach Hause. Er begann schneller zu laufen. Er versuchte seine Gedanken auf etwas Konkretes zu lenken: er versuchte die Unterhaltung mit dem Mädchen zu rekonstruieren und kam zu dem Schluß, daß die Zurückweisung doch nicht so schlimm gewesen war, wie er anfangs geglaubt hatte. Eigentlich hatte niemand sie gehört, und außerdem hatte er sie nur eingeladen, sich einige Bänder anzuhören. Er sah wieder ihre ausgestreckten Beine vor sich, glatt, fest und dunkel. Er lief noch schneller. Ihr Lachen und ihr abrupter Aufbruch hinterließen in ihm eine Leere, er fühlte sich verletzt und beschämt.

Sein Kopf kam ihm vor wie ein tiefes Loch, in das alles hineinfiel, ohne daß er irgend etwas festhalten konnte. Er konnte sich auf nichts konzentrieren. Eine unerklärliche Angst schlug ihm auf den Magen.

Tison hatte ungefähr die Hälfte der Strecke zurückgelegt. Die nächste Biegung, die in eine schmale Brücke mündete, lag völlig im Dunkeln. Danach war der Weg bis zu seinem Haus gut beleuchtet. Dort im Haus hätte er sein und die Tür hinter sich zumachen mögen. Er lief schnell auf die Brücke zu, nur darauf aus, sie so schnell wie möglich hinter sich zu haben. Er kämpfte gegen den Verfolgungswahn an, der seinen Kopf mit furchterregenden Gedanken füllte und ihn stolpern ließ. Ein paarmal blickte er sich um, um sicherzugehen, daß ihm niemand folgte.

Unwillkürlich entfuhr ihm ein schriller Aufschrei, als er plötzlich vor sich ein Geräusch in der Dunkelheit hörte. Er spürte, wie es ihm kalt über den Rücken lief. Sein Herz raste, und er blieb stehen.

Dämonische Wesen in vielerlei Gestalt schossen ihm durch den Kopf. Die lange verschlossenen Türen, hinter denen sich seine Kindheitserinnerungen verbargen, wurden aufgestoßen, und sämtliche Geister, die in dunklen Nächten jenseits der vom Feuer erleuchteten Höfe ihr Unwesen getrieben hatten, stürzten nun schreiend und schnatternd auf ihn zu.

Das Geräusch wiederholte sich, lauter, es klang anders als alles, was er je zuvor gehört hatte. Leise wimmernd begann Tison Gott anzuflehen. Jetzt wußte er, er hatte schreckliche

Angst. Ein Teil seines Verstandes registrierte, daß er nahe bei der Brücke war, die eine tiefe Schlucht überquerte. Er ließ einen fahren. Er stöhnte, und sein kalter Schweiß ließ ihn frösteln. Vor sich sah er deutlich das Gesicht des Mädchens, hörte ihr spöttisches Lachen. Der *Dreadlocks*-Typ, der mit ihr weggegangen war, wartete mit einer Machete bei der Brücke! So mußte es kommen! Warum war er nicht vorsichtiger gewesen, er bedauerte es von ganzem Herzen. Alte Frauen in Tiergestalt, die Haut hing in Fetzen von ihnen, plärrten durch sein gequältes Bewußtsein.

Verzweifelt drehte er sich um und fing an zu rennen. Aber plötzlich packte ihn eine Hand am Kragen, mit Klauen, die sich tief in sein Genick krallten, und zog ihn nach unten. Er wußte, daß er schrie, konnte sich jedoch nicht hören. Er spürte, wie sein Körper gegen den Rand der Steinbrücke gepreßt und wie er dann einige Male hochgehoben und wieder hingeworfen wurde, bis er zu Tode erschrocken still liegenblieb. Sein Kopf hing über der Schlucht, und er konnte das Wasser des kleinen Flusses, der tief unter ihm hindurchfloß, hören. Sein Gesicht war kalt, seine Zähne klapperten unkontrollierbar, sein Gesicht war tränenüberströmt.

Die Hand mit den Klauen zog wieder an ihm, und irgendwo hinter ihm hatte das schreckliche Geräusch an Lautstärke zugenommen. Er rollte herum und lag auf dem Rücken, sein Gesicht war den Sternen und dem Mondlicht zugewandt, das gerade hinter den langen, dunklen, knarrenden Baumbusbüschen hervortrat.

Tison betrachtete nun alles wie aus weiter Ferne, von weither sah er den Schmerz und die Ängste und das Gras, das immer noch in seinem Kopf und Magen herumwirbelte, und von noch weiter vernahm er die Stimmen und absurden Szenen und Werbesprüche seiner Radiosendung.

In der sich erhellenden Nacht erblickte er auf einmal, völlig verständnislos, über sich Fanto, einen stadtbekannten Verrückten, Fanto, der splitternackt, mit leerem Blick, weit aufgerissenen Augen und Schaum vor dem Mund, rittlings auf ihm saß, auf Tison, dem beliebten Patois-DJ; Fanto, wie er schlabbernd und unverständlich brabbelnd mit beiden Händen an seiner Kehle zerrte; und von weit weg und trotzdem zu nah beobachtete Tison all dies mit sonderbarer, absoluter Klarheit: Fantos Gesicht war von irrsinniger Begierde entstellt, kein Mensch mehr, nur noch Tier, besessen, völlig verkommen; er hörte wieder das höhnische Lachen des Mädchens und sah ihre glatten, schwarzen Beine, und er fühlte, wie Fantos Zunge ekelerregend seinen Mund ableckte; und er sah Marcias Gesicht, voll Begierde, mit offenem Mund, geschlossenen Augen, keuchend; und sein ganzes Sein, Seele, Verstand und Körper, lehnte sich auf und zog sich zusammen, um sich zu erbrechen, aber er konnte sich nicht rühren; und er spürte, wie sich Fantos Beine um ihn zusammenpreßten, während sein sabbernder, zahnloser Mund vor sich hinbrabbelte; und er sah die Grübchen auf dem Hintern von Joan, der Frau des Piloten, und hörte das Kichern von Margaret, der Oberschülerin, und sein Mund und seine Nase und seine Augen und Ohren waren erfüllt von Fantos Gestank und Geschlabber, seinem Stöhnen und Schnaufen; und Tison kam zu sich selbst. Und von Grauen gepackt schrie er aus tiefster Seele, und es graute ihm vor sich selbst, und als Fanto sich rasend über seinen Körper streckte und begann mit Kopf, Armen und Beinen und Bauch auf ihn einzuhämmern, ließ Tison alles weit hinter sich und versuchte zu sterben, aber es gelang ihm nicht, und er mußte schließlich erkennen, daß er seinem Org begegnet war.

Papa saß da und schaute durch das Fenster in den Hof, während Mama mit dem Frühstück beschäftigt war. Papa beobachtete seinen Sohn, der beim Umgraben innehielt, die Gabel mit dem Fuß in den Boden des kleinen Gemüsegartens drückte und zum mächtigen Gipfel La Sorcière aufschaute, dessen Spitze an diesem Tag von Nebel umhüllt war. Die Locken des jungen Mannes reichten schon fast bis zu den Schultern, und als Mama kurz neben ihrem Mann stehenblieb, um hinaus auf ihren Sohn zu schauen, seufzte sie wieder, wie so oft in den letzten Monaten.

»Warum nur muß sich der Junge das antun, hm, Papa, sag's mir. Wir haben Opfer gebracht, damit er eine gute Schule in der Stadt besuchen kann, er kriegt einen guten Job in der Stadt, jeder kennt ihn, und er läßt alles stehen und liegen, um ein Rasta zu werden, und kommt hierher zurück, um den Garten umzugraben.«

Ärgerlich sog sie die Luft durch die zusammengebissenen Zähne.

»Hm, Papa. Und du redest ihm nicht zu, daß er mit dieser Dummheit aufhört. Alle sagen, er ist verrückt geworden, man hat was mit ihm angestellt, wo er doch ein so gescheiter Junge ist.«

Papa goß sich etwas Wasser aus dem Tonkrug ein. Er nahm einen großen Schluck, bevor er sprach.

»Mama, ich hab's dir schon mal gesagt. Der Junge ist nicht verrückt. Laß ihn in Ruhe.«

Er schaute nach draußen, wo sein Sohn nun wieder die Erde umgrub.

»So ist das, wenn ein Mann zu sich selbst findet. Nicht jeder erreicht es auf die gleiche Weise.«

Er lehnte sich auf das Fensterbrett und schaute zum Gipfel des Berges.

»Einige erreichen es nie. Einige erreichen es nie.«

Mama sog abermals die Luft durch die Zähne und kehrte murmelnd in die Küche zurück. Eins der Kinder kam weinend ins Haus gerannt, und Papa nahm das Mädchen auf den Arm.

»Schon gut, *doodoo,* was ist denn passiert, hm?«

»Papa, Papa, der Bruder hat gesagt, daß, wenn ich ihn und die anderen nicht in Ruhe lasse, er Org hinter mir herschickt.

Ich will doch nur mit ihnen spielen, aber vor Org hab ich Angst, Papa.«

»Nur ruhig, *doodoo,* nur ruhig. Org wird dich nicht holen. Sei still.«

Papa schaute nach draußen, wo sein Sohn gerade die Gabel fest in den Boden gestochen und sein grünes Hemd über die Schultern geworfen hatte. Er kam zum Fenster und erklärte Papa, er wolle hoch in die Berge gehen.

Papa beobachtete, wie er auf seinen langen Beinen davonschritt.

Das Mädchen rief ihm nach: »Rasta, hast du keine Angst, daß Org dich holt, wenn du in die Berge gehst?« Der junge Mann drehte sich nicht um.

Papa sagte: »Sei still, Kind, sei still.« Papa dachte: Mein Sohn ist Org bereits begegnet. Vielleicht wird er nun Gott begegnen.

Er hielt das Kind in seinen Armen, während Mama mit einem Topf in der Hand nach draußen kam und sich neben ihn stellte; sie sahen zu, wie ihr Sohn langsam den Pfad entlanglief, das Tor in der Hibiskushecke durchquerte, deren Blüten im Licht des Morgens rot leuchteten, und auf die Berge zuschritt.

Willi Chen Moro

Moro kam in einem alten Chevrolet, der mit Bambuskäfigen voller Kampfhähne beladen war, spätnachmittags in Esperanza an. Er war ein sorgloser Mann und genoß sein unbeschwertes Junggesellendasein, wie die anderen Hahnenzüchter, die in Trinidad von einem Landkreis zum anderen zogen. Seine lederartigen, gewürzfarbenen Wangen wölbten sich unter leuchtenden, vor Lebenslust sprühenden Augen. Das dichte, dunkle Haar war im Nacken zu einem Zopf geflochten, der von einem karminroten Band zusammengehalten wurde.

Moro saß wie angenagelt auf dem Autositz; seine gedrungene Gestalt stand im krassen Gegensatz zu den langen Armen, die das Lenkrad umklammerten.

»Hei-jaa!« rief er vergnügt, als das klapprige Auto zum Halten kam.

Moros *Doms* und *Clarets* hatten schon die wildesten *Reds* und *Greys* aus St. Raphael, Valencia und Malgrétoute geschlagen. Seine Vögel waren in Rancho Quemado und sogar in La Brea siegreich, wo die Hähne fast nachtschwarz waren, wie der flüssige Asphalt, der dort aus dem Pitch Lake hervorquoll.

Moro nahm das Training seiner Vögel ernst. Stundenlang stand er gebückt da, die Beine gespreizt, die Unterarme zum Schutz vor den Sporen mit Leder umwickelt. Er schubste die Hähne in Form einer Acht um seine Beine und provozierte sie so lange, bis sich ihre Köpfe vor Wut röteten und sie die Schnäbel zum Kampf aufrissen. Immer wieder warf er ihre leichten Körper in die Höhe. Ständiges Massieren mit Pimentrum, versetzt mit Gewürznelken, hatte ihre langen, glatten Hälse gekräftigt. Seine Hände legten sich unter ihr langes Schwanzgefieder, während er sie von sich weg nach oben stieß. Die Flügel flatterten in der Luft, und die Schnäbel und Sporen schnellten mit verheerender Geschwindigkeit nach vorn. Dann setzte er sie auf ein Seil, das straff zwischen dem Pfahlzaun und einem Baum im Hof gespannt war. Dort schaukelten sie hin und her, bis sich schließlich die Beinmuskeln unter dem Druck anspannten und die Krallen sich zusammenzogen.

Moros Leben war genauso diszipliniert wie das seiner Vögel; er verbrachte jeden Tag nach der gleichen Routine, die vor Morgengrauen mit einer kurzen Dusche und schwarzem Kaffee begann. Danach brachte er die Kampfhähne behutsam nach draußen, sprach leise zu ihnen, blies seinen warmen Atem auf ihre Köpfe und strich sanft über ihre Kämme, bis die Hähne ihre Rücken krümmten. Sie neigten die Köpfe, um seinem Flüstern und der beruhigenden Monotonie seiner tiefen, weichen Stimme zu lauschen. Die friedliche Szene wurde dann jäh vom Morgenwind unterbrochen, der das Laub im Hof aufwirbelte und die Daunen der Vögel zerzauste. Unter den auffliegenden Federn kamen starke, muskulöse Schenkel zum Vorschein, und die Augen leuchteten voller Wildheit. Es war derselbe Ausdruck stechender Grausamkeit wie während des Kampfes in der *Gayelle.*

Moro arbeitete gerade mit seinen Vögeln, als eines Morgens ein langer, blauer Buick in den Hof einfuhr. Durch die Bougainvillea konnte Moro die Weißwandreifen und das Blitzen von Chrom sehen, den Mann, der aus dem Auto stieg, kannte er jedoch nicht. Es war ein Schwarzer mittleren Alters, sein zerfurchtes Gesicht sah müde aus. Er trug ein ausgeblichenes, khakifarbenes Hemd, das unter den Armen Schweißflecken hatte.

»Morgen.«

Moro nickte, ohne sich von der Stelle zu rühren. Der Mann kam hinkend auf ihn zu.

»Du bist doch Moro, der Hahnenkämpfer?«

Moro setzte einen Hahn auf einen Bambuspfahl und drehte sich zu dem Besucher um.

»Was gibt's?«

»Der Boß schickt mich. Will dich sehn ... 's geht um Kampfhähne. Was soll ich ihm sagen? Du sollst selbst raufkommen, sagt er.«

Moro runzelte die Stirn. »Wo wohnt er denn?«

»Noch nie was von Mr. Holman gehört? Is der Aufseher in Caroni. Das Haus an der Seitenstraße nach dem Milton Nummer Zwei. Eins von den Backra-Häusern, weiß und grün gestrichene Fenster. Großer Hof.«

»Der Boß is also auch im Geschäft? Wieviel Hähne hat er denn?«

Der schwarze Mann zuckte mit den Schultern. »Ne Menge, alle möglichen Arten. Kommste?«

Moro nickte.

Am nächsten Tag stand er vor dem weißen Herrenhaus, beeindruckt von den grünen Stoffmarkisen und den etwas heller getönten feinmaschigen Moskitonetzen. Das Anwesen war prachtvoll, das Haus war von Topfpalmen umgeben und stand auf weißgetünchten Betonpfeilern.

Moro hörte plötzlich das Krähen eines Hahns. Dann sah er das Hühnergehege zwischen den Pfeilern an der Rückseite des Hauses.

»Mr. Holman!« rief er und versuchte das Krähen der in den Verschlägen eingepferchten Hähne zu übertönen. »Mr. Holman! Mr. Holman!« schrie er lauter, seine Stimme verriet wachsende Nervosität.

Ein großer, ganz in Weiß gekleideter Mann kam die hinteren Stufen des Hauses herunter. Er schüttelte Moro die Hand.

Moro spürte die Macht, die von dem stattlichen Mann ausging.

»Hab von dir gehört, Mann«, sagte Mr. Holman mit überraschend sanfter Stimme. »Glaubst du, du könntest meine Vögel für mich trainieren? Dich um sie kümmern? Würd dich gut bezahlen, Mann.«

Holman wartete die Antwort nicht ab, sondern drehte sich um und ging voraus in das große Haus; sie kamen an dem Buick vorbei, dessen geöffnetes Stoffverdeck den Blick auf die auffallenden Metallknöpfe am Armaturenbrett freigab, die einen scharfen Kontrast zu den weichen Lederpolstern bildeten. Zwischen den hohen Pfeilern an der Rückseite des Hauses hing Wäsche auf der Leine.

Sie liefen den betonierten Gang entlang, wo die Käfige Wand an Wand so über dem Boden angebracht waren, daß der Kot direkt in eine Rinne fiel und von einem steten Wasserstrom weggespült wurde. Die Zellen waren aus feinmaschigem Draht und durch Wände aus massivem, poliertem Pechkiefernholz voneinander getrennt, um zu verhindern, daß sich die Vögel gegenseitig sehen konnten. Darin saßen die Hähne auf fünf Zentimeter dicken Stangen, schaukelten und krähten ununterbrochen in einem durchdringenden Stakkato.

»Das ist Satan«, sagte Holman, auf einen Hahn deutend. »Der schwarze Teufel hat bis heute noch nie einen Kampf verlorn. Schau dir den Schnabel an und wie er den Kopf von rechts nach links schlägt ... verdammt schnell, was? Das Zeichen für nen guten Kämpfer. Das da ist Banana Bottom, Meister aller Klassen und ne lebende Legende, hat über fünfundzwanzig Hähne erledigt.« Holman lächelte. »Hat mir zweiundzwanzigtausend Dollar eingebracht.«

»Schöne Tiere, Mr. Holman«, beglückwünschte ihn Moro. »Sehn gut aus, Mann.«

»Nicht gut genug, Moro.«

»Was meinen Sie?«

»Schon mal von De Pas und Vasquez gehört?«

Moro nickte.

»Die besten Hähne kommen aus Kuba ... aus dem Stall von Vasquez. Is n richtiger Fanatiker«, erklärte Holman. »Hast ja von ihm gehört. Wenn der an einem Kampf teilnimmt, hat kein andrer ne Chance.«

»Warum das?«

»Is vom Hahnenkampf völlig besessen. Haste schon mal von St. Eves und Guichard aus Martinique oder Malaban aus Guadeloupe gehört? Also, Little Guadeloupe bekommt gute Züchtungen aus Frankreich und Puerto Rico, Hernandez und Dos Pasos aus Santo Domingo und De Jesus aus Haiti. Das sind die ganz Großen der Arena ... die Giganten aus Guadeloupe und Martinique. Sind verrückte Typen, ganz besessen von den Hähnen. Die würden ihre Frauen für die Hähne verlassen, für sie hungern. Geben ihnen nur das Allerbeste. Ihre Ställe haben Moskitonetze, um die Sandfliegen abzuhalten. Morgens gibt's Honig und abends gekochte Eier und frisches Grünzeug.« Holman schüttelte den Kopf. »Ich sag dir, Moro, die zählen jedes einzelne Maiskorn ab, jede Vitaminkapsel. Führen Buch über die Stunden, die die Tiere ruhen, wie lange sie schlafen, ... die zählen noch die Wassertropfen, die die Vögel trinken. Wissen, wann ihre Viecher niesen müssen, wann sie husten, und sobald sie im Ring sind, wissen sie genau, wann der gegnerische Hahn an seinem eigenen Blut erstickt und wann er in Stücke gerissen wird. Sie verlieren nie, Moro. Nie. Der Hahnenkampf ist ihr Leben. Sie sind die Champions, Moro ... bis jetzt jedenfalls. Aber weißt du was?«

Moro nickte. Er wußte Bescheid.

»Ich muß sie schlagen«, sagte Holman, und sein starrer Blick traf Moros Augen. »Ich muß gewinnen. Andernfalls waren alle meine Bemühungen umsonst. Ich hab alles, Moro ... Futter, Medizin, gute Stallungen, die besten Vögel. Fünf Hähne kommen direkt aus Kuba, aus Vasquez' eigener Zucht.

Nur der Trainer fehlt noch, und ich glaub, du bist der Richtige für den Job.«

»Warum gerade ich?«

»Ich hab ne Herausforderung angenommen. Jemals von El Diablo gehört?«

Moro drehte sich aufgeregt um. »Klar, Mann, der größte Hahn der Karibik. Kommt aus Santo Domingo.«

Holman rieb sich begierig die Hände. »Ja, haben uns herausgefordert, aber Motilal und Rienzi ... weißt schon, Rienzi, der starke Mann aus dem Norden ... haben beide abgelehnt.«

»Die haben recht, wenn sie ablehnen. Jeder kennt doch diesen Kampfhahn, Boß. Is das gefürchtetste Biest mit Sporen«, sagte Moro. »Hat Corrieas und Clarkes Vogel getötet, zwei Champions, einen nach dem anderen. Erwachsene Männer fangen an zu heulen, wenn sie den Vogel sehn. Verliern ihr Geld, n Haufen Geld. Und Corriea war völlig am Ende, sein Vogel war bis dahin der beste, den's in Valencia je gegeben hat, ... konnt's sogar mit Banana Boat aufnehmen, war genauso gut.«

Die Männer traten aus dem Gang ins Sonnenlicht und gingen auf den niedrigen Schuppen zu.

»Na, was meinst du?« fragte Holman.

»Weiß nich.«

»Bezahlung wär gut. Mahlzeiten sind frei, und Boyo wär dein Gehilfe. Isn guter Junge. Du wärst für das Füttern, das Training und die Vorbereitung auf die Kämpfe verantwortlich. Was das Training der Vögel angeht, laß ich dir völlig freie Hand ... kannst, wenn du willst, nen neuen Trainingsplan aufstellen.«

Sie standen in der Mitte des Schuppens unter einer langen Reihe von Neonleuchten. Um sie herum lagerten Säcke mit Mais und Korn, Beutel mit Schrotmehl und Spezialmischungen waren etwas erhöht auf Rampen gestapelt. In den offenen Regalen standen reihenweise Phiolen, große Flaschen, kleine

Kürbisflaschen, Packungen mit Tabletten, Kisten mit Einweghandschuhen und Kartons mit Spritzen. Jeder Gegenstand diente einem speziellen Zweck im Training und zur Gesunderhaltung von Holmans Kampfhähnen. Es war beeindruckend.

»Also, wie is es?« fragte Holman nochmals.

»Abgemacht«, stimmte Moro zu.

Das harte Trainingsprogramm begann und wurde über die kommenden zwölf Monate fortgeführt. Moro traf lange vor Morgengrauen ein. Ein neues Band zierte seinen im Nacken zusammengehaltenen Haarschopf, und um seinen Mund spielte das verhaltene Lächeln eines Mannes, der nie in Eile war. Vor dem Training setzte Moro die zwölf Hähne, einen nach dem anderen, auf seinen lederumwickelten Unterarm, um ihm seine Dosis Medizin einzuflößen. Für die Fütterung und die Übungen auf der Stange wurde für jeden Vogel eine bestimmte Zeit angesetzt. Schließlich nahm Moro einen nach dem anderen in seinen Schoß, rieb ihnen Kopf und Hals ein und massierte die starken Schenkel und die Brust mit Brandy und Ingwer. Er liebkoste sie sanft und zärtlich und sprach zu ihnen, während sie die Hälse beugten, um die Körner aufzupicken, die er ihnen in seiner Hand anbot.

Dann, nach Monaten des Trainings, war es soweit. Holman trat in den Hof und gab lautstark bekannt: »Moro, nächsten Sonnabend, Mann. Hab gehört, daß die Kubaner und Spanier kommen … und du kannst dir ja denken wer …«

»El Diablo, Boß?«

»Genau. Glaubst du, wir haben ne Chance, Moro? Glaubst du, daß Trinidad endlich mitmischen wird?«

»Wird sich rausstellen, Boß«, antwortete Moro.

»Tja, du bist der Trainer. Du mußt es wissen.«

»Die Hähne aus Übersee sin zwar Weltklasse, aber das hat nix zu bedeuten. N guter Kampfhahn könnt mitten ausm Busch kommen. Sie verstehn, was ich meine?«

»Na ja, De Pas und Vasquez werden da sein.«

»Solln se kommen, Boß. Wir wern auch da sein!«

Früh am darauffolgenden Samstag folgten sie der kurvenreichen Straße durch wildwucherndes Gebüsch, bis sie in einen schlammigen Weg überging, der mit Wagen- und Hufspuren übersät war. Der schwarze, klebrige Schlamm machte die Fahrt mit dem Kombi, voll beladen mit aufeinandergestapelten Käfigen, in denen die Kampfhähne saßen, zu einem gefährlichen Unternehmen.

Obwohl sie lange vor Tagesanbruch ankamen, waren sie nicht die ersten. Aufgeregt und voller Kampfleidenschaft kampierten andere bereits im Schatten der Bäume. Grüne Zelte waren in Pfadfindermanier mit Heringen am Boden befestigt. Während sie ihre eigenen Käfige ständig im Auge behielten, erwarteten sie den Beginn des ersten Wettkampfes.

Die Gayelle schimmerte unter der langsam aufgehenden Sonne, der kleine Sandplatz war von Sitzen aus rohen Holzplanken umgeben. Auf einer Seite waren die Boxen für die Schiedsrichter, die Buchmacher und die Trainer, die ihre Vögel in kleinen Käfigen bereithielten. Auf der entgegengesetzten Seite standen die Fremden, zumeist spanischsprechende Männer, die übelriechende Zigarren zwischen fetten, goldberingten Fingern hielten.

Holman lehnte sich zu Moro hinüber, um ihm ins Ohr zu flüstern: »Der da drüben, mit dem Panamahut, das is Malaban. Siehste seinen dicken Schnurrbart? Da sin mehr Haare dran als Federn an den Vögeln, die er züchtet. Mörderische Biester.«

»Wir müssen uns vor allem vor El Diablo in acht nehmen, Boß«, sagte Moro.

»Glaubst du, Satan schafft's?«

»Hat ne Chance. Is zur Zeit sehr angriffslustig.«

Innerhalb weniger Minuten verwandelte sich die Gayelle in ein lärmendes Inferno aus grellen pinkfarbenen Hemden, auffälligen Hüten und schwarzen Sonnenbrillen, die auf schweißnassen Stirnen saßen, so als ob die Männer mit dem bunten Gefieder der Kampfhähne konkurrieren wollten. Der Wettkampf ging sofort los. Die Absperrung bog sich unter der Last der andrängenden Menge, die Leute beugten sich vornüber, um die Kampfhähne in Aktion zu sehen.

Der erste Kampf war kurz. Ein Aufwirbeln von Federn, scharfe Schnäbel und blutige Sporen, unterbrochen von den lauten Stimmen derer, die gewettet und verloren hatten. Jemand fluchte auf spanisch, eine Flasche Mountain Dew machte die Runde, und weitere Geldscheine wurden von dicken Bündeln aus Westentaschen gezogen. Fünf einheimische Vögel, zwei der besten aus Malgrétoute, mußten sich den Sporen der auswärtigen Champions fügen und erstickten in ihrem eigenen Blut. Sie wurden durch pure Geschwindigkeit und Kraft geschlagen, mit der die einheimischen Kämpfer nicht aufwarten konnten. Dann kam der lang ersehnte Augenblick. Der unbesiegte Champion, der König der Hähne, der schreckliche Killer kam in den Ring: El Diablo.

Bis zu diesem Zeitpunkt hatte sich die Menge stetig vergrößert, und die Trainer hatten ihre Hähne in die Gayelle gebracht. Moro stand dort mit Satan, der Hahn war pechschwarz, sein Gefieder glänzte im Sonnenlicht, während er wilden Blickes mit den Füßen im Sand scharrte. El Diablo stand ebenfalls furchtlos da, sein langes Schwanzgefieder wölbte sich in einem leuchtendroten Bogen und berührte den Sand weit hinter ihm. Sein Kopf war oben fast flach und sein starker, gebogener Schnabel beinahe so scharf wie seine tödlichen Sporen, die in einer fein gemeißelten Spitze ausliefen.

In der Arena flatterten die Hähne hoch und versuchten einander mit den Klauen zu fassen. Als Satan in die Luft sprang, schnellten seine Füße mit mechanischer Genauigkeit nach vorn. Wieder am Boden, erhob er sich erneut mit nach vorn gerichteten Sporen.

Kampfbereit schlug der spanische Vogel zurück. Er machte seinem Namen alle Ehre und holte sofort zum Gegenschlag aus, tauchte unter seinen Gegner und blieb dicht am Boden, während die Sporen des anderen über seinem Kopf scharten und Flügelschläge den Sand aufwirbelten.

»Caramba«, murmelte ein Spanier, während die anderen an ihren Zigarren pafften und lachten.

El Diablo schoß wutentbrannt nach vorn und griff mit heftigen Stößen seines Schnabels an, aber Satan hatte seinen Kopf bereits mit schnellen, täuschenden Bewegungen gedreht, und beide prallten aufeinander, Federn wirbelten durch die Luft. Wieder die sich anspannenden Beine, die gebogenen, halb geöffneten tödlichen Schnäbel – und dieses Mal spritzte Blut auf den Sand.

Sie flogen auf und prallten wieder und wieder zusammen, die Schnäbel hackten in sich rötendes Fleisch, blutige Sporen schlugen in blindem Wahn aufeinander ein. Federn lagen verstreut am Boden und wurden vom Wind aufgewirbelt. El Diablo drehte sich blitzschnell im Kreise, den Kopf so nahe am Boden, daß er ihn fast berührte. Satan schoß mit seinen Sporen einmal nach vorn, aber der spanische Vogel war zu schnell. Er flog, wie von einer geheimnisvollen Kraft besessen, mit einem gewaltigen Satz in die Luft, und seine Füße krallten sich in Hals und Kopf seines schwarzen Gegners. Satan strauchelte blutüberströmt, während das Gemurmel der Menge anschwoll. El Diablo eilte zum Töten herbei, eine rasende Masse aus Schnabel und Sporen, stürzte er sich auf Satan, dessen vor Schmerz gekrümmter Körper ausgestreckt im Staub lag.

Holman sprang in die Arena, um seinen Vogel wegzubringen. Ein Spanier lehnte sich vor, fing El Diablo und tätschelte ihm den Kopf. Er küßte den roten Kamm, strich die Federn glatt und öffnete die Flügel, um den Vogel nach Wunden zu untersuchen. Die Rufe der Fremden übertönten die Menge.

Mit nur drei Siegen mußten die Männer aus Trinidad ihre Niederlage zugeben. Die ausländischen Vögel besaßen eine Aggressivität, die ihren eigenen Hähnen einfach fehlte. Holman erkannte die Überlegenheit und den kämpferischen Instinkt der fünf Hähne aus Haiti und Martinique, und es war ihm klar, daß es noch härteren Trainings und stärkerer Auslese bedurfte, um bessere Kampfhähne zu züchten.

Mit Satan in den Armen wandte er sich von der Gayelle ab. Der Vogel war blutüberströmt und starb an den tiefen Rißwunden an Kopf, Hals und Brust. Holman rannte aus der Trainerbox ins Freie und schaute sich um.

»Wo ist Moro?« fragte er leise.

Die ohrenbetäubenden Stimmen der Kubaner und Spanier erhoben sich erneut, als sie zu feiern begannen. Da tauchte Moro auf: den Zopf im Nacken gebunden, die gewürzfarbenen Wangen geprägt von einem leichten Lächeln, schritt er langsam in die Arena. Auf seinem Unterarm saß ein schwarzroter *Dom,* dessen Füße sich am Leder festkrallten. Er war groß, sein Kopf fast rund, aber er hatte keine Schwanzfedern.

»Dachte, du hättest uns verlassen, Moro.«

»Nein, Boß. Ich wußte, daß El Diablo zu gut für uns is.«

»Wo hast du denn den Vogel her?«

»Einer von meinen eignen. Hab für alle Fälle zwei von meinen eignen Hähnen mitgebracht. Der da is gut, Boß.«

»Den willst du kämpfen lassen?«

»Ja, nur so werden wir's wissen, ham ja nichts mehr zu verliern.«

Holman lächelte, als er den Hahn auf Moros Arm betrachtete. Mit seinem großen runden Kopf und dem Stummel aus kurzen Federn an seinem Hinterteil sah er recht merkwürdig aus. Sobald er in der Arena war, löste der schwanzlose Vogel bei der Menge Gelächter aus. Er wurde gewogen, und jemand bemerkte, er solle doch heimgehen und seine Kleider holen, aber Moro verharrte stolz auf seinem Platz. Er tätschelte den

Rücken des Vogels und sprach ihm ermutigende Worte zu, so als ob der Hahn verstehen könnte, was er sagte.

Rot bis zu den Zehen, stand El Diablo wie eine Feuersäule in der Gayelle. Von neuem hergerichtet, verlangten seine Augen nach mehr Blut, und sein lautes Krähen kam dem Rasseln des Chac-Chac nach einem Sieg gleich. Die Spanier warfen ihre Hüte in den Sand, und der Qualm der Zigarren strich über die Gayelle.

Wieder gab es Gelächter über den schwanzlosen Vogel aus Trinidad, obwohl er größer war als der rote spanische Schrecken. Er entlockte sogar der Menge aus Trinidad ein Lächeln, obwohl sie ihre fünfte Niederlage in Folge durch die Fremden erlitten hatten.

Sand und lose Federn von der Unterseite El Diablos flogen auf, als die Kampfhähne ihr Gefecht begannen. Die Wetten wurden wieder aufgenommen, obwohl viele zögerten, ihr Geld auf den Hahn aus Trinidad zu setzen. El Diablo war die rote Gefahr, der Eroberer aus Übersee, der ewige Sieger.

Blitzschnell wirbelte El Diablo herum und plazierte seine Sporen mit tödlicher Genauigkeit, aber der Schwanzlose setzte zum Gegenangriff an und sprang höher, und sie prallten in der Luft zusammen. Als sie landeten, hatte der Schwanzlose El Diablo bereits vier Schläge auf den Kopf versetzt, und ein Schweigen befiel die verblüfften Spanier. Wieder bog sich die Holzabsperrung unter dem drückenden Gewicht der Menge nach vorn. Holman rückte näher an Moro heran. Moro verharrte wachsam, ernst und gelassen.

Noch mehr aufgestachelt, machte sich El Diablo wieder zum Angriff bereit. Erst hielt er seinen Kopf ganz tief gesenkt und kroch am Boden entlang wie eine Schlange, wich von einer Seite zur anderen aus und hielt die Menge mit seinen tückischen Manövern in Atem. Ein erstauntes Raunen ging durch die Menge der Fremden, die den unerhörten Mut ihres großen Kämpfers bewunderten. Sie flüsterten miteinander, als El

Diablo seine fürchterlichen Angriffe erneuerte. Der Schwanzlose wich vor den tödlichen Sporen zurück, die sich bereits in seine ungeschützte Brust gebohrt hatten, so daß Blut von seinen Flanken auf den Sand spritzte.

El Diablo schlug mit den Flügeln und erhob sich in die Luft. Er senkte den mächtigen Kopf, und sein Schnabel traf das Ziel, die Unterseite seines Gegners.

Dann geschah es. El Diablo zog sich zurück, den Körper eng an den Boden geschmiegt, den Kopf nach vorn gereckt, die Flügel gespreizt, sammelte er sich zu einem neuen Angriff. Der Schwanzlose wartete ab, und als sich beide aufbäumten, hatte El Diablo bereits in die ungeschützten Schenkel des Vogels aus Trinidad gehackt. Federn wehten durch die Arena, und die Spanier lachten hämisch hinter ihren dicken Zigarren.

Erst als die flatternden Flügel nach dem kurzen Flug wieder angelegt und die Hähne gelandet waren, sahen sie, daß ein spitzer Sporn in El Diablos Hals steckte.

»Schaut doch!« schrie jemand.

»Mamma mia«, keuchte ein Spanier.

Als sich der Sand um die Hähne rötete, schaute Holman näher hin. El Diablo flatterte umher, um sich dann dem Schmerz der Niederlage zu ergeben. Er versuchte sein einst so stolzes Gefieder zu glätten, das von seinem eigenen, bereits geronnenen Blut völlig verklebt war. Die Menge sprang auf, und jemand rannte in den Ring. Ein anderer kam blitzschnell herbei, um den Schwanzlosen wegzuzerren, der auf den gefallenen Hahn zustolperte, um seinem Opfer die Augen auszuhacken.

Moro nahm den Schwanzlosen zärtlich in die Arme und liebkoste seinen Vogel. Als er die Flügel anhob, entwich ihm ein Stöhnen, denn er fühlte, wie seine Hände feucht wurden. Verstohlen drehte er sich um und drückte das Tier fest an seine Brust.

Dann drängten alle in die Arena, und es gab plötzlich ein Höllendurcheinander. In diesem Tumult hob jemand El Diablo auf, dessen Schnabel weit offen stand, während an Kopf und Hals ständig Blut aus den Wunden quoll.

Holman lächelte. Seine eigenen Leute umarmten ihn und gratulierten. Sie sprangen über die Bretterverschläge in die Arena, um ihm auf den Rücken zu klopfen, da er den wichtigsten Kampf der Saison gewonnen hatte. Endlich hatten sie einen großen Champion hervorgebracht und zum erstenmal in der Geschichte des Wettkampfes den renommierten karibischen Titel gewonnen. Für Holman und die anderen Züchter bedeutete dies, daß sie an einem sportlichen Meilenstein angekommen waren. Mit der notwendigen Hingabe, ständigem Training und konsequenter Auslese würden sie in der Lage sein, ihre eigene erfolgreiche Zucht zu entwickeln. Moro hatte dies durch seinen schwanzlosen Kämpfer bewiesen, den er selbst auf seinem Hof gezogen hatte. Mit seinem Wissen und Holmans ausgezeichneten Zuchteinrichtungen würden sie zweifellos ein großartiges Team abgeben.

»Keine Hähne mehr aus Venezuela«, hörte Moro jemanden sagen. »Wir exportieren jetzt bald selber.«

»Hab noch nie nen Hahn so kämpfen sehn«, bemerkte ein anderer. »Stellt euch vor, der hätt auch noch nen ordentlichen Schwanz!«

Zur Feier des Tages floß Alkohol in Strömen. Später verließ Holman die Arena und ging zu den Trainern. Er schaute über ihre Köpfe hinweg in die Gesichter der Ausländer und suchte erneut nach Moro. Er war, wie zuvor, in der Menge verschwunden.

Holman bahnte sich einen Weg durch die Menge, wobei die Leute ihn ständig zurückhielten, um ihm die Hand zu schütteln und zu gratulieren. Auf seinem Weg nach draußen fragte er jeden, ob er Moro gesehen habe. Schließlich schüttelte er die Hand eines Mannes, der gesehen hatte, wie ein Mann mit im Nacken geflochtenen Haaren und einem merkwürdig schleppenden Gang die Gayelle allein verlassen hatte.

»Er ging geradeaus weiter, ohne sich umzusehn. Vor ungefähr fünf Minuten. Ging die Straße rauf,« erklärte der kleine Mann. »Mit nem toten Hahn im Arm, der hinten am Schwanz keine Federn mehr hatte.«

Phoebe Chang Judah, komme

Ras Judah fühlte, wie die grelle Mittagssonne heiß auf seine Wangen brannte. Seine zerlumpten Kleider waren naßgeschwitzt, die Hand feucht um den Wanderstock, die Füße waren wundgelaufen, sie brannten in den Sandalen, und seine Haare juckten unter der wollenen Baskenmütze. Doch am meisten machten ihm der ausgedörrte Mund, die Zunge und die Kehle zu schaffen, die sich staubig anfühlten wie die Straße, die sich scheinbar endlos vor ihm hinzog. Und sein Magen war leer und schwach vor Hunger.

Doch seine Augen blickten unverwandt geradeaus, und er hielt den Kopf hoch erhoben in Meditationen versunken. Sein Schritt war fest und gleichmäßig, dabei schien sein Körper fast schwerelos dahinzugleiten. Seine ruhigen, braunen Augen blickten nach vorn, und sein schwarzes Gesicht glänzte in der Sonne. Fünf drahtige Haarlocken ragten unter der rotgrünen Mütze hervor, daran festgesteckt trug er über dem stolzen Gesicht das Bild Seiner Majestät, des Kaisers Haile Selassie I., in all Seiner Glorie.

»Dir bleib ich auf ewig treu.« Musik und Text des Liedes hoben seine Stimmung, doch sein Mund war immer noch so trocken wie der Staub, der von den vorbeifahrenden Autos aufgewirbelt wurde.

Ras Judah hatte sich am frühen Morgen, als es noch angenehm kühl gewesen war, in der Spanish Town Road auf den Weg gemacht und näherte sich nun Matildas Corner, einem Abschnitt der Hope Road. »Ehre sei Gott in der Höhe, lobpreiset Seinen Namen, *Jah.* Gleich dem treuen Hirten, der seine Schafe vor dem Sturm auf eine grüne Aue geleitet, so werde auch ich noch vor der Zerstörung des Tempels der Götzenbilder mein Volk aus Babylon führen. Also komm zu mir, Judah, und ich werde dir alles weisen, wie es hernach zugehen soll, ich und mein Tröster.« Und er rieb liebevoll seinen Stock.

Judah hatte während dieser letzten Meditation beinahe eine viertel Meile zurückgelegt und fühlte nun, wie der Staub in seine Kehle biß und seine Lippen vor Hitze aufsprangen. Er hielt inne. Er erblickte eine Einfahrt und hinter einer ordentlich gestutzten Hecke eine grüne Oase. Weite Rasenflächen, ein Buick auf dem Abstellplatz. Doch Judahs Aufmerksamkeit galt dem Schatten eines ausladenden Mangobaums vor dem Haus. Kühles weiches grünes Gras breitete sich vor ihm aus, als er durchs offene Tor trat, und er war sich sicher, daß er – zwischen den grünen Blättern des Baums versteckt – eine orangerote Mango erkennen konnte.

Im Schatten des Baumes kamen dem Lockenmann Visionen vom Garten Eden, und er dankte seinem Schöpfer für das Wunder des Lebens und dafür, daß er ihm erlaubte, daran teilzuhaben. Denn *Ich und Ich* werde wie ein Baum sein, der gepflanzt wurde am Ufer des Flusses und Früchte trägt zur rechten Zeit. *Ich und Ichs* Locken werden nicht verwelken, und was immer ich tue, das gerät wohl.

Voll Entsetzen beobachtete Mrs. Wilson den Eindringling durch ihr Küchenfenster. Bestimmt hatte sie das Tor offengelassen, als ihr Mann am Morgen zur Arbeit gefahren war. Sie mußte sich unbedingt wieder ein Dienstmädchen besorgen. Allein konnte sie eben nicht an alles denken.

Sie ärgerte sich über sich selbst, während sie weiter den Teller in ihrer Hand spülte. Als sie wieder aufblickte, sah sie den Rasta immer noch unter ihrem Mangobaum. Langsam wurde ihr die Situation bewußt. Aufgeregt biß sie sich auf die Lippen. Plötzlich hätte sie sich am liebsten übergeben, doch ihr Magen schien leer zu sein. Sogar ihre Beine fühlten sich hohl an.

Wie festgefroren hielt sie den tropfnassen Spüllappen in der Hand. Sie beobachtete den Rasta weiter durchs Fenster, als sei sie selbst ein Teil des Hauses.

Ras Judah stocherte vorsichtig mit seinem Stock im Laub herum.

Das ist meine Chance, dachte sie. Ich schleich mich weg und ruf die Polizei an. Sie bewegte sich verstohlen, als ob die Augen des schwarzen Mannes ihr folgten.

Atemlos erklärte sie dem Mann am Notruftelefon ihre Lage. Danach kehrte sie langsam zu ihrem Platz vor dem Spülbecken und dem Fenster zurück. Ihr Blick fiel auf das bärtige Gesicht. Der Rasta hatte es sich unter dem Baum bequem gemacht und lutschte den letzten Saft vom Mangokern.

»Zu Zeiten unserer Vorfahren lebte der Mensch in der Furcht vor dem Ich, dem wahren lebendigen Gott und ehrte Seine Gesetze und gehorchte ihnen. Und zu jener Zeit gedieh das Land Äthiopien wohl.«

Mrs. Wilson fing automatisch wieder an, das Geschirr mit dem Spüllappen zu bearbeiten, nur die Hände bewegten sich. Und ihr fiel ein, wie sie als Kind während der Schulpause Versteinern gespielt hatte.

Wenn ich nur die Fassung bewahre. Ich muß einfach so tun, als ob gar nichts passiert wäre, bis die Polizei kommt. Ständig wiederholte Mrs. Wilson diese Worte, nur unterbrochen von flehentlichen Bitten, daß die Polizei – wie die Kavallerie im Fernsehen – mit gezogenen Degen die Einfahrt heraufpreschen möge.

»Große Königreiche wuchsen und vergingen und wuchsen erneut, gleich der untergehenden Sonne, die am nächsten Tage wieder emporsteigt. Und Männer herrschten über all diese Königreiche, und der Mensch gedieh und wurde weise.« Ras Judah hielt in seinen Meditationen inne, um sich in diesem neuentdeckten Garten Eden umzusehen. Dann überkam ihn ein natürliches Bedürfnis, und er erhob sich, um ihm nachzukommen.

Was ist denn das? Nein! Unglaublich! Mrs. Wilsons Augen spielten ihr wohl einen Streich. Welche Entweihung, was für eine Frechheit, was für ein tierisches Verhalten! In meinem Garten, wie ein Hund! Mein eigener Vorgarten, mein eigener Mangobaum! Die Nachbarhunde machen schon genug Ärger, aber das ist einfach schamlos!

Mrs. Wilson ließ ihrer Wut freien Lauf. Sie warf den Lappen hin, rannte zur Küchentür hinaus und um das Haus herum. »Das führt einfach zu weit, das halt ich nicht mehr aus. Das ist mein Haus, mein Rasen, mein Baum ...«

Mrs. Wilson war sich nicht sicher, wann genau sie aufhörte, diese Worte nur zu denken und sie laut herausschrie.

Ras Judah blickte in aller Ruhe auf sie herab, während er sein Bewässerungsgerät wegsteckte. Es war, als ob ein surrender Moskito seine Meditationen unterbrochen hätte.

Mrs. Wilson blickte auf zu dem Bart, zur Schwärze von Ras Judahs Gesicht, zu dem Weiß um seine ruhigen, eindringlich blickenden, braunen Augen, zu den fünf Haarlocken, die sich gegen den blauen wolkenlosen Himmel reckten.

»Liebe, meine Schwester«, verkündete Ras Judah in salbungsvollem Ton.

Mrs. Wilson fiel wieder ein, wobei sie ihn beobachtet hatte. »Was glaubst du denn, wo du bist? Bist du ein Hund, der sich im Park erleichtert?«

»Ich bin allezeit in Gottes Park«, donnerte eine wohlklingende, tiefe Stimme.

»Ach was!« Voll beißendem Sarkasmus richtete sich Mrs. Wilson hoch auf. »Das wußte ich noch gar nicht. Das Gras hat noch ein paar nackte Stellen, und die Obstbäume tragen auch recht zögernd – eigentlich hätte ich mehr erwartet.«

»Nicht mehr und nicht weniger. Es ist Sein Wille«, polterte die tiefe Stimme.

»Jetzt aber – raus. Raus und runter von meinem Grundstück. Wenn du denkst, du kannst einfach ...«

Hinter den fünf steifen Locken sah Mrs. Wilson die Kavallerie durch die Einfahrt heranpreschen, in Gestalt eines Polizeiautos mit zwei Polizisten auf den Vordersitzen. Gerade rechtzeitig, da sie nicht recht wußte, wie sie ihre Drohung zu Ende bringen sollte.

Ras Judah wandte sich um und trat der Polizei entgegen. »Die Tage Babylons sind gezählt«, rief er. »Im Vertrauen auf seine Führer, voll Dünkel und verderbter Gelüste, schien es ihm richtig, sich von Gott loszusagen und Seiner Gesetze zu spotten. Und das Volk, nichts als Lehm in der Hand der Mächtigen, hörte auf die gotteslästerlichen Lehren und war erfüllt vom Geist des Bösen. Und es gelüstete sie nach Geld und Frauen und berauschendem Trank.«

Ein Polizist schlug seinen Knüppel Ras Judah in die Seite. Mrs. Wilson zuckte zusammen. Das ging vielleicht doch etwas zu weit. Er hatte ja eigentlich nichts verbrochen. Vielleicht war er ganz harmlos und wäre von allein weggegangen. Doch die Polizisten halfen ihm schon dabei, sie führten ihn zu ihrem Auto.

Dann sah Mrs. Wilson seinen Stock im Gras liegen. Sie hob ihn auf. Er fühlte sich in ihren Händen leicht an, und sie wußte, sie würde ihn behalten.

Die Welt schien wieder in Ordnung zu sein. Mrs. Wilson würde ihre Freundin Mavis anrufen und ihr von dem Abenteuer berichten und es beim Abendessen ihrem Mann noch mal erzählen.

Sie blickte wieder auf und beobachtete, wie die Polizisten Ras Judah abführten, ihn bei den Armen faßten und seine Füße über den Rasen zerrten.

Ras Judah blickte zum Himmel hinauf. »Und sie wurden unwürdig, die Kinder Gottes zu sein, und ich hielt es für richtig, sie zur gerechten Strafe in die Hände der heidnischen Philister zu geben.«

Bei diesem Anblick fühlte Mrs. Wilson, wie sich ihre Muskeln vor Erleichterung entspannten. Dann schlug derselbe Polizist wieder Ras Judah mit dem Knüppel in die Seite. Sie wußte nicht, was sie machen sollte. Sollte sie den abrückenden Polizisten nachrufen?

Aber da wurden die drei Gestalten langsamer. Die Polizisten hielten mit dem bärtigen Mann Schritt, der gemessen, hocherhobenen Hauptes, die fünf Locken im Wind wehend, vorwärts schritt.

»Fast wie ein König«, dachte Mrs. Wilson.

Seine Stimme erhob sich zur Sonne und zum Firmament. »Wisset, Ich und mein Volk haben lange genug in der Sklaverei gelebt und wurden viele Male gedemütigt. Doch ich werde ihnen zeigen, wer Ich bin, Ras Tafari, Alpha und Omega, der Erste und der Letzte, der da war, der da ist und der da kommt. Ich werde Mein Volk aus der Hand Babylons befreien. Die Zeit ist gekommen, daß die Ernte eingebracht und die Schuld beglichen werde. Lasset die Türen verriegelt und die Fenster verschlossen.«

Der letzte Ausruf fiel zusammen mit dem Zuschlagen der Autotür durch den Polizisten, dann fuhr der Wagen die Zufahrt hinaus. Er bog nach links ab und trug Ras Judah weiter die Straße hinauf, auf der er seit Tagesanbruch unterwegs war.

»Kommet, Ihr Propheten und Apostel der Wahrheit. Rufet Euer Volk aus Babylon, denn niemand wird verschont werden. Jetzt ist die Zeit gekommen, da die Hügel geebnet und die Mächtigen stürzen werden, wenn ich das Urteil spreche. Denn sie haben ihre Sitze auf den Berggipfeln erbaut, von wo sie Mein Volk mit eiserner Hand regieren. Doch ihre Sitze werden stürzen, ihre Berggipfel werden wieder zu Staub und ihre eisernen Ketten werden brechen. Ich bin der Herr, Dein Gott, und der Tod sei denen gewiß, die Mein Wort mißachten. Sela.«

Hazel D. Campbell — Die Donnerstagsfrau

Kurz nachdem Bertie und Mary geheiratet hatten, ging es bergab.

Bertie arbeitete als Kellner in den Hotels von Montego Bay, wurde aber bald nach der Hochzeit arbeitslos, worauf sie beschlossen, nach Kingston zu ziehen.

Sie hatten genug Geld, um die erste Monatsmiete für ihr Zimmer zu bezahlen und für eine Zeitlang Essen zu kaufen. Als Bertie aber auch nach Tagen keine Arbeit finden konnte, starrte ihnen allmählich der nackte Hunger ins Gesicht.

Bertie pochte jedoch immer noch darauf, daß seine junge Frau nicht arbeiten gehen sollte. Sie war so hübsch, dachte er, mit ihrer hellen Haut und ihrem braunen, lockigen Haar; wo sie auch arbeitete, die Männer würden sie anfassen wollen, und er hätte dann keine andere Wahl als zu töten. Als ihr jemand erzählte, daß sie in einem der syrischen Läden im Stadtzentrum Arbeit als Verkäuferin bekommen könnte, verbot er ihr, auch nur daran zu denken.

Und es kam noch schlimmer. Sie waren wirklich am Ende, nachdem Bertie von der Dose Sardinen, aus der sie zwei Tage gegessen hatten, eine Lebensmittelvergiftung bekam. Die junge Ehefrau wußte nicht, daß sie die Sardinen nicht über Nacht in der Büchse lassen durfte, und hatte ihrem Mann am nächsten Tag damit ein Sandwich gemacht. Es waren nicht mehr genug Sardinen für beide da, so daß sie vorgab, sie hätte schon gegessen, nachdem er nach einem weiteren Tag erfolgloser Arbeitssuche müde und hungrig heim gekommen war.

Als sie ihm in dieser Nacht den Nachttopf halten mußte, damit er sich übergeben konnte, und sah, wie er sich vor Schmerz krümmte, erfüllte sie der Gedanke, daß er sterben und sie mittellos in der großen, feindlichen Stadt zurücklassen könnte, mit großer Angst. Am nächsten Tag, als es ihm etwas besser ging, er aber immer noch zu schwach war, um ihr allzu heftig zu widersprechen, schlug sie vor, daß sie vielleicht doch besser in ihr Heimatdorf zurückkehren sollte, von wo er sie vor erst sechs Monaten weggeholt hatte. Sie würden das Zimmer aufgeben, und er konnte bei seinem Cousin einziehen, bis er eine Arbeit gefunden hatte. Wenn es dann besser liefe, käme sie zurück, und sie würden noch mal von vorn anfangen.

Schweren Herzens gingen sie auseinander, denn sie hatten sich wirklich gern, und die junge Liebe pochte noch heiß in ihren Adern, aber es gab keine andere Möglichkeit.

Sechs Monate verbrachte Mary unglücklich im Haus ihrer Schwester. Sie waren alle sehr nett zu ihr, und sie machte sich im Haus und im Laden nützlich, aber es war eben nicht das gleiche. Sie sehnte sich nach ihrem Mann und ihrem eigenen Heim. Und er schrieb nicht. Viel später sollte sie herausfinden, daß er kaum schreiben konnte und deshalb gar nicht auf die Idee kam, ihr einen Brief zu schreiben. Und obwohl sie ständig an ihn dachte, kannte sie nicht einmal die Adresse seines Cousins, um ihm schreiben zu können.

Eines Sonntagmorgens, als sie sich gerade die Haare in einer Schüssel unter dem Avocadobaum im Hinterhof wusch, kam ihre Schwester auf sie zu und berichtete geheimnisvoll von einem »Herrn, der auf Besuch gekommen ist«. Mary wollte niemanden sehen. In letzter Zeit versuchten einige Männer im Dorf, die bemerkt hatten, daß sie allein war, mit ihr »anzubandeln«. Sie war an keinem interessiert. Sie ließ sich also Zeit, ihre Haare zu trocknen und zu kämmen, und als sie hinaufging, starb sie fast vor Schreck, da es kein anderer war als ihr Mann Bertie, der auf der Veranda saß und sich mit ihrer Schwester unterhielt.

Er war gekommen, um sie zu holen. Die Situation hatte sich verbessert. Er hatte Arbeit gefunden, ein anderes Zimmer gemietet und einige Dinge angeschafft. Und so verließ Mary abermals ihre ländliche Heimat und folgte ihrem Mann, um in Kingston ein neues Leben zu beginnen.

Es gab nur eins an ihrem neuen Leben, das Mary nicht gefiel. Bertie wohnte bei seinem Arbeitgeber. Er arbeitete für weiße Leute oben in den Bergen und mußte auf dem Grundstück bleiben, da er eine Art Mädchen für alles war; Chauffeur, Babysitter, Wachmann und Kellner auf den zahlreichen Parties – und was den Herrschaften sonst noch so einfiel. Die ganze Woche über arbeitete er schwer und hatte nur donnerstags einen halben Tag frei, und das war die einzige Zeit, die er zu Hause mit Mary verbringen konnte. Den Rest der Woche sah sie ihn immer nur kurz zwischendurch. Sooft wie möglich stahl er sich, wenn er mit dem Wagen Botengänge erledigte, davon und kam kurz vorbei. Aber donnerstags blieb Bertie über Nacht zu Hause und hatte bis sechs Uhr am nächsten Morgen frei.

Und an diesen Donnerstagabenden blühte Mary auf. Früh am Morgen wusch sie sich die Haare und flocht sie um ihren Kopf, so wie Bertie es mochte. Sie machte das Zimmer und die kleine Veranda, die bei Bedarf auch als Küche und Eßzimmer diente, gründlich sauber. Sie sorgte außerdem dafür, daß die Vase auf der Kommode bereitstand, da er ihr immer ein paar Blumen aus dem Garten der weißen Herrschaften mitbrachte. Dann kochte sie sein Leibgericht, Bohneneintopf mit Reis. Nachdem alles fertig war, wusch sie sich ausgiebig, zog frische Sachen an und ruhte sich eine Weile aus, so daß sie um zwei Uhr, wenn er heimkam, so taufrisch war wie eine junge Braut.

Ihr Herz schlug vor Aufregung ein wenig schneller, wenn sie ihn im Hof pfeifen hörte. Er blieb stehen und grüßte jeden, an dem er vorbeikam, dann sprang er geräuschvoll auf die kleine Veranda und klopfte – pam pa pam pam – an die Tür. Sie gab vor, ihn nicht zu kennen, und rief: »Wer ist da?« Er antwortete: »Wen erwartest du denn?« Dann öffnete sie die Tür, und er nahm sie in seine Arme, zog sie aufs Bett und bedrängte sie auf die genüßlichste Art und Weise. Später sagte er dann, so als hätten sie sich gerade erst kennengelernt: »Wie geht's denn so?« Und sie antwortete darauf schüchtern: »Och, ganz gut.«

Dann aßen sie, zogen sich um, und er führte sie aus, ins Kino oder auf einen Sprung zu seinem Cousin. Manchmal liefen sie nach Geschäftsschluß ins Zentrum und spazierten durch die stillen Straßen, verweilten am Ende der King Street direkt am Meer und lachten über die übermütigen Spiele der kleinen Jungs, die splitternackt im Wasser umhertauchten.

Danach kauften sie an einem kleinen Stand Pastetchen und Eis, gingen nach Hause, um sich nochmals zu lieben und in den Armen des anderen einzuschlafen, bis der Wecker am nächsten Morgen um fünf Uhr klingelte und er aufsprang und davonraste, um den ersten Bus nicht zu verpassen und nicht zu spät zur Arbeit zu kommen – bis zum nächsten Donnerstag.

Auf diese Weise verging Monat um Monat. Ein Jahr zog ins Land, zwei, drei, vier Jahre. Ihre Liebe erkaltete jedoch nicht, sie behielt ihr Feuer, schwelte während der Woche vor sich hin, um donnerstags zu entflammen und hell aufzulodern. Ihre Zweisamkeit wurde nicht durch Kinder gestört, doch Mary war nicht unglücklich.

Während dieser Zeit lernte sie mit der Einsamkeit umzugehen. Zum einen war da die Kirche, die fast den gesamten Sonntag in Anspruch nahm, dann zwei Abende während der Woche und einen weiteren Abend einmal im Monat für das Frauentreffen.

Außerdem war sie Gemeindeschwester, das bedeutete, daß sie viele Vormittage damit zubrachte, kranke und bettlägrige Menschen zu besuchen, ihnen geistigen Beistand zu leisten und sich, so gut es ging, um ihre körperlichen Nöte zu kümmern.

Da ihr Ehemann an seinem Arbeitsplatz völlig versorgt wurde, hatte sie viel Zeit. Sie wusch, kochte und führte den Haushalt nur für sich allein, und da Bertie ihr großzügig von seinem, wenn auch sehr geringen, Lohn abgab, hatte sie immer etwas übrig, um es denen zu geben, die noch ärmer waren als sie selbst, und verdiente sich so den Namen eines wohltätigen Engels. Mary war mit ihrem Leben sehr zufrieden.

Die Begierde ihres Mannes, seine Vorliebe fürs Kino und einen gelegentlichen Drink störten ab und zu ihre christlichen Prinzipien. Aber es ging ihr bei ihm so gut, daß sie glaubte, es ihm schuldig zu sein, an ihrem einzigen gemeinsamen Tag das zu tun, was er wollte. In Wahrheit bereitete es ihr eine geradezu höllische Freude, ohne schlechtes Gewissen gegen die Regeln der Kirche zu verstoßen. War sie nicht einfach nur ihrem Mann gefällig, genau wie die Bibel das von ihr verlangte?

Dann, eines Sonntagmorgens, gerade als sie sich für die Kirche fertigmachen wollte, stieg Bertie völlig unerwartet mit seiner gesamten Habe aus einem Taxi. Bertie kam nach Hause zurück. Er hatte die Stellung in der Villa der Weißen aufgegeben und einen besser bezahlten Job als Kellner in einem Hotelrestaurant im Geschäftsviertel angenommen. Jetzt würde er an jedem Tag der Woche bei ihr sein, nicht nur donnerstags.

»Ist das nicht wunderbar?« fragte er sie begeistert. Er hatte sie damit überraschen wollen.

Mary stimmte zu, daß es wunderbar sei, aber hörte voll Bedauern auf, sich für die Kirche zurechtzumachen. Gerade an diesem Tag sollte ein Prediger aus dem Ausland kommen, der so vom Heiligen Geist erfüllt war, daß er mit seiner Botschaft und der gewaltigen Resonanz der Gemeinde die Kirchenwände zum Schwanken brachte.

Wie auch immer, ihr Mann war heimgekommen, und so half sie ihm sich einzurichten und machte sich daran, das Sonntagsessen zuzubereiten, etwas, was sie selten tat, da sie bisher nur für sich allein gekocht hatte. Und sie war glücklich, als sie daran dachte, daß sie, zum erstenmal, seit sie verheiratet waren, ihren Mann wirklich an ihrer Seite haben würde. Vielleicht konnte sie ihn sogar dazu überreden, mit ihr in die Kirche zu gehen.

Ein paar Wochen vergingen, bevor Mary sich eingestand, daß sie sich nicht wohl fühlte. Erst wußte sie nicht, warum. Als sie dann zum erstenmal daran dachte, daß es daran lag, daß Bertie nun ständig um sie herum war, schob sie diesen Gedanken schnell beiseite. Wie undankbar, so etwas auch nur zu denken!

Aber ihr Leben hatte sich durch seine ständige Anwesenheit dramatisch verändert.

Als erstes ergab sich das Problem, ihn und seine Sachen unterzubringen. Sie mußte ihre guten Kleider im Schrank zusammendrücken und eine der Schubladen ausräumen. Sie mußte Platz für seine Schuhe und Toilettenartikel, wie Rasierzeug und Rasierwasser, machen – er legte wirklich großen Wert auf sein Äußeres, dachte sie bei sich. Das Zimmer sah nun ziemlich voll aus, und es machte mehr Arbeit, es sauber und ordentlich zu halten. Er bestand jedoch darauf, daß es immer sauber zu sein hatte, so daß es ihr so vorkam, als sei sie ständig am Staubwischen, Sachengeraderücken und Wegräumen.

Sie ertappte sich dabei, wie sie sich bei einer Kirchenschwester darüber beschwerte, daß er sich mit seiner Kleidung so schrecklich anstelle. Er hatte sogar damit gedroht, ihr eine runterzuhauen, wenn sie seine Unterhemden nicht bügeln würde. Da sie sich so leicht glattstreichen ließen, hatte sie sie, ohne sie zu bügeln, ordentlich gefaltet in seine Schublade gelegt. Er aber hatte sie alle wieder herausgezerrt und im Zimmer herumgeworfen und sie ein faules Weib genannt. Sie hatte sich schrecklich geschämt, da die Nachbarn jedes einzelne Wort hören konnten.

Er war auch furchtbar, was das Essen anging, aber Gott sei Dank konnte er im Restaurant essen, so daß sie nicht zu oft für ihn kochen mußte.

Außerdem war sie gezwungen, viele ihrer Aktivitäten einzuschränken. Am ersten Dienstagabend, nachdem er heimgekommen war, hatte sie sich wie gewöhnlich umgezogen, um zur Betstunde zu gehen, aber als sie ihren Hut aufsetzte, kam er ins Zimmer und fragte, wo sie denn hinwollte. Jetzt, da er daheim sei, müsse sie sich nicht mehr mit diesem ganzen Kirchenkram abgeben. Mary regte sich so sehr auf, daß sie kein Wort herausbrachte. Von da an konnte sie nur noch an den Abenden ausgehen, an denen er Spätschicht hatte. Kam er vor ihr nach Hause, gab es immer Streit.

Als sie dem Pastor erklären wollte, warum sie ihren kirchlichen Pflichten nicht mehr so eifrig nachkommen konnte, wurde er sehr unfreundlich und donnerte sie an.

»Schwester Mary, Gott an erster Stelle! Danach alles andere.«

Bertie lachte über ihre Freunde.

»Woher kennst du denn all diese bescheidenen, gottesfürchtigen Betschwestern?« neckte er sie. »Die benehmen sich, als könnten sie keiner Fliege was zuleide tun, aber ich wette mit dir, jede einzelne ist sündig wie der Satan.«

Eines Tages brachte er sie schrecklich in Verlegenheit, als er ihnen befahl, in seinem Haus leise zu sein. Ihr ging es nicht gut, und drei Kirchschwestern waren zu Besuch gekommen, aber als sie eine Hymne anstimmten, fuhr er sie so unwirsch an, daß sie, ohne für Mary gebetet zu haben, davoneilten.

»Kann das verdammte Rumgekrächze und Gejaule nich ausstehn«, fuhr er Mary gereizt an, als sie protestieren wollte.

Andererseits erwartete er jedoch, daß sie zu seinen Freunden nett war. Ab und zu kamen einige seiner Bekannten, die Mary noch nie zuvor gesehen hatte, und sie mußte Eiswürfel holen und was zu trinken machen, während sie sich unterhielten und lachten.

So waren die Männer.

Eines Abends kam eine Frau zu Besuch. Eine Frau, die er herzlich umarmte und hereinführte, worauf er ihr den guten Stuhl in ihrem Zimmer anbot.

Mary traute ihr von Anfang an nicht. Aber er tat äußerst harmlos. Sie sei das Hausmädchen an seinem alten Arbeitsplatz gewesen, und sie habe für ihn gewaschen und gekocht.

Mary und Bertie saßen auf dem Bett, während Bertie und die Frau in Erinnerungen schwelgten und lachten.

»Weißt du noch, wie Miss Levy ihre braune Perücke, die sie zur Party aufsetzen wollte, nicht finden konnte und wir das ganze Haus auf den Kopf gestellt haben, bis wir sie endlich draußen bei den Hunden gefunden haben, die mit ihr spielten?« sagte die Frau – Corrine war ihr Name.

»Und wie sie uns Stockfisch zum Abendessen daließen, wenn sie abends ausgingen, wir uns aber Steaks rausholten und grillten«, fügte Bertie hinzu.

»Weißt du noch, als wir einen Ausflug nach Ocho Rios gemacht haben und wir so viel gekocht und eingepackt hatten, daß Miss Levy es einfach merken mußte. Aber wir haben geschworen, daß wir es nicht waren, sondern ihre Schwester, die sie sowieso immer anbettelte.«

Bertie fand das nicht ganz so lustig. Tatsächlich blickte er recht nervös auf die schweigsame Mary, die sich nun fragte, was Corrine wohl, außer Waschen und Kochen, sonst noch alles für ihn gemacht hatte.

Wie sie miteinander lachten und scherzten, das gab Mary das Gefühl, eine Außenstehende zu sein und ihren Mann überhaupt nicht zu kennen.

Corrine wollte anscheinend nicht mehr für die weißen Leute arbeiten, und da Bertie versprochen hatte, ihr eine Stellung im Hotel zu beschaffen, war sie vorbeigekommen, um herauszufinden, was sich bis jetzt getan hatte.

Mary konnte nicht umhin zu bemerken, wie Corrine das Zimmer abschätzend musterte, als wollte sie sich ihre Lebensumstände notieren, und sie kam zu dem Schluß, daß sie sie nicht mochte.

Als sie gehen wollte, bot Bertie an, sie zur Bushaltestelle zu begleiten, und Mary beschloß, ihn zur Rede zu stellen. Aber er kam nicht zurück, und Mary ergriff die Gelegenheit, in die Kirche zu gehen. Als sie zurückkam, lag Bertie im Bett, aber sonderbarerweise fragte er sie weder, wo sie gewesen war, noch meckerte er, daß er sie bei seiner Rückkehr nicht vorgefunden hatte.

Kurz danach begann er immer öfter einmal in der Woche oder alle zwei Wochen über Nacht wegzubleiben, dann blieb er regelmäßig einmal pro Woche weg, schließlich zwei- oder dreimal. Er erzählte Mary, daß das Hotelrestaurant seit neuestem, vor allem an den Wochenenden, sehr spät schloß und zwei Zimmer für das Personal zur Verfügung gestellt worden waren, damit sie nicht in den frühen Morgenstunden heimfahren mußten.

Mary sagte nichts. Nicht einmal, als sie eines Nachts plötzlich krank wurde und auf dem Weg ins Krankenhaus die Nachbarin, die sie begleitete, bat, das Taxi am Hotel anhalten zu lassen, um Bertie Bescheid zu geben.

Die Nachbarin erfuhr, Bertie sei schon lange nach Hause gegangen, da das Restaurant um zehn Uhr schloß.

Sie fragte ihn nie danach.

Allmählich, so schien es Mary, verlief das Leben wieder so wie früher. Sie verbrachte ihre Zeit mit regelmäßigen Kirchenbesuchen, da Bertie entweder nicht zu Hause war oder, falls er da war, kein Interesse an ihrem Kommen und Gehen zeigte.

Es ging so eine Zeitlang weiter, bis Mary auffiel, daß er nur noch ein- bis zweimal die Woche nach Hause kam. Und daß sie, seit er die Kleider, die er im Haus hatte, nicht mehr trug, weniger waschen und bügeln und nicht mehr ständig das Haus aufräumen und saubermachen mußte.

Tatsächlich war sie fast wieder zur Donnerstagsfrau geworden.

Und immer noch sagte sie nichts, denn hatte nicht der Pastor darauf beharrt: »Gott kommt zuerst und alles andere danach?« Wenn dies Gottes Weg war, ihr die Zeit zu verschaffen, Ihm zu dienen, dann würde sie dies ohne Wenn und Aber hinnehmen.

Als Bertie anfing, Ausreden zu erfinden, um die Miete nicht zu bezahlen und ihr kein Haushaltsgeld zu geben, kaufte sie mit ihren Ersparnissen eine Nähmaschine und belegte einen Kurs bei Singer, um ihre Kenntnisse aufzufrischen. Vor langer Zeit, als sie noch auf dem Land lebte, hatte sie nähen gelernt.

Mary begann Näharbeiten anzunehmen. Zuerst verpatzte sie einige Kleider, aber langsam wurde sie besser, und schon bald bekam sie von den Kirchenschwestern und anderen Frauen mehr Arbeit, als sie bewältigen konnte. So blieb ihr zwischen dem Dienst am Herrn und dem Geldverdienen wenig Zeit, um sich einsam zu fühlen, und sie war oft überrascht, wenn sie von der Kirche nach Hause kam und Bertie in den Nächten, die er bei ihr verbringen wollte, im Bett vorfand.

Er versuchte nur noch selten, sie zu lieben, und sie war froh, da es für beide nur eine freudlose Übung war.

Und so ging das Leben weiter. Mary wußte nicht, was er mit seiner Zeit anfing, und stellte ihm keine Fragen. Aber eines Nachmittags, als sie spät von einem ihrer Gemeindebesuche heimkam, erzählte ihr die Nachbarin, eine Frau mit zwei kleinen Kindern habe sie gesucht und einige Stunden gewartet, in der Hoffnung, sie zu sehen. Als sie fragte, wie die Frau aussah, wußte sie, daß es Corrine war, die sie vor einigen Jahren besucht hatte. Corrine, die für Bertie gewaschen und gekocht hatte. Instinktiv wußte sie, daß dies der Grund war, warum er sie so gut wie verlassen hatte. Sie fragte sich, was Corrine von ihr wollte, weshalb sie sie besucht hatte.

Mary brütete mehrere Tage darüber, und als Bertie sie das nächstemal besuchte, brach sie ihr Schweigegelübde und erzählte ihm vom Besuch der Frau.

Sie konnte Berties Reaktion nicht richtig nachvollziehen. Erst schien er Angst zu haben, dann wurde er ärgerlich, dann schämte er sich, und als Mary sagte: »Ich frage mich, was sie wollte?«, zuckte er mit den Schultern und sagte: »Ich bin müde. Ich geh ins Bett.«

Mary saß auf ihrem besten Stuhl, der nun abgenutzt war wie ihre Ehe. Sie seufzte. Er zeigte nicht mal mehr genug Interesse, um mit ihr zu streiten. Wenn er zu Hause war, konnte sie die Nähmaschine nicht benutzen. Was konnte sie nur tun, um die Zeit rumzukriegen? Es war zu früh, um ins Bett zu gehen, dachte sie.

Sie seufzte wieder und stand auf, um ihr Nähzeug zu holen. Zumindest konnte sie ein bißchen mit der Hand nähen.

Sie seufzte noch einmal, als sie sich hinsetzte und ihn betrachtete, wie er in seiner Unterwäsche am anderen Ende des Zimmers auf dem Bett lag.

Er sah nicht mal mehr gut aus, dachte sie. Er wurde langsam alt. Dann stellte sie überrascht fest, daß sie nichts mehr für ihn empfand. Sie liebte ihn nicht. Sie mochte ihn nicht einmal mehr. Nicht, daß er körperlich nicht mehr attraktiv gewesen wäre, denn auch sie hatte zugenommen, und ihr Bauch begann sich zu wölben. Es war mehr die Tatsache, daß er für sie ein Fremder geworden war. So als ob sie nie wirklich mit ihm verheiratet gewesen wäre. Sie kannte ihn überhaupt nicht.

Sie fragte sich, wann er beschließen würde, sie ganz zu verlassen. Sie wußte nicht, warum er sich die Mühe machte, das Spiel aufrechtzuerhalten.

Sie konnte nicht wissen, daß Bertie nicht schlief. Statt dessen lag er da und fragte sich, wie er in diesen ganzen Schlamassel hineingeraten war. Vor allem fragte er sich, wie er diese anständige Frau hatte verlassen können, um sich zuerst mit Corrine einzulassen und jetzt mit diesem Teufelsweib, das versuchte, sein Leben zu ruinieren.

Er dachte an Corrine und ihre beiden Kinder und wie sie in letzter Zeit angefangen hatte, an ihm herumzunörgeln, und wie die Kinder ihm auf die Nerven gingen, da sie ständig zu schreien schienen.

Und er dachte an Mary, die geduldige Mary, die ihn während all dieser Jahre nie zur Rede gestellt hatte, wo doch die meisten anderen Frauen Zoff gemacht hätten. Er dachte daran, wie sie ihn immer aufgenommen, nie weggeschickt hatte, obwohl sie dafür gute Gründe gehabt hätte.

Er dachte auch an die andere Frau, die es in letzter Zeit auf ihn abgesehen hatte. Er hatte sie im Restaurant kennengelernt. Sie war dort ein Gast gewesen und hatte ihn nach der Arbeit zu einem Treffen eingeladen, und er hatte angenommen. Zuerst empfand er es als aufregend, mit dieser überlegenen, feinen Dame zusammen zu sein, aber in letzter Zeit machten ihn die Dinge, die sie im Bett mit ihm treiben wollte, aufsässig.

Corrine, dachte er, war zu Mary gekommen, weil sie sich fragte, warum er so oft wegblieb.

Was für ein Durcheinander! dachte er. Das Beste war vielleicht, zu seiner Frau Mary zurückzukehren. Er hatte diese anderen Frauen, die ständig Forderungen stellten, satt.

»Hey! Mary«, sagte er und drehte sich plötzlich um, was sie überraschte. »Mach jetzt das Licht aus und komm ins Bett.«

Mary, pflichtbewußt wie immer, seufzte. Sie hoffte, er habe keine amourösen Gedanken. Heute nacht wäre sie, mehr als je zuvor, nicht imstande, ihm nachzugeben.

Vielleicht würde sie nie mehr imstande sein, ihm nachzugeben.

Paule Marshall Barbados

Er sah sie am folgenden Tag, als er aus dem Palmenhain kam, um sein Mittagessen zuzubereiten. Sie stand in seiner Einfahrt, die nackten Füße zwischen den rauhen Steinen glichen starken, dunklen Wurzeln, das Gesicht hatte sie der Sonne zugewandt – und es war, als stünde sie dort schon ewig und wartete auf ihn. Sie schien der Sonne und der Erde zuzugehören und den alten Schöpfungsmythos zum Leben zu erwecken: Einst hatte ein Gott an einem Flußlauf die fruchtbare, schwarze, von der Sonne erwärmte Erde aufgeschichtet und daraus ihren hoch erhobenen Kopf mit den dicken Zöpfen geformt, um ihn dann, in einer wunderlichen Anwandlung, mit einem nüchternen braunen Filzhut zu krönen, der eigentlich eher zu einer stämmigen englischen Matrone in einem Londoner Vorort paßte. Er hatte das leidenschaftslose Gesicht modelliert und einen Schleier aus feiner Gaze über ihre Augen gelegt, um die Leere dahinter zu verbergen. Die kleinen Brüste wölbten sich sanft unter dem Mieder. Die Hüften weiteten sich unterhalb der Taille, bereit, Leben zu schenken. Aber es war die kühne und sinnliche Kraft ihrer Beine, die Mr. Watford völlig durcheinanderbrachte. Am liebsten hätte er eine Hacke genommen und sie weggescheucht.

»Was willst du?« fragte er scharf.

»Mr. Goodman schickt mich.«

»Schickt dich wozu?« Seine Stimme gellte durch das grelle Sonnenlicht.

Sie ging auf ihn zu. Einen zerbeulten Koffer und ein Paar weiße Sandalen in der Hand haltend und unmerklich mit dem

Kopf schwankend, als ob sie einen Eimer Wasser oder ein Tablett voll Mangos balancierte, schritt sie über die Steine, als seien sie völlig glatt und eben. Ihre ausdruckslose Haltung veränderte sich nicht, aber als ihre Augen die seinen trafen, sprach aus ihnen zögerndes Vertrauen. Sie hielt einige Schritte vor ihm inne und machte einen tiefen Knicks. »Ich bin das neue Hausmädchen.«

Nur Mr. Watfords kaltes Lachen bewahrte ihn vor einem Wutanfall. Wie gewöhnlich enthob es ihn in eine Sphäre, von der aus alles sinnlos und unbedeutend schien – vor allem sein Volk, dessen Verkörperung das Mädchen war. Von dort aus konnte er sogar Nachsicht üben. Und als er plötzlich daran dachte, daß sie seit dem Morgen in der brutalen Sonnenglut gewartet und nicht einmal unter dem nahen Tamarindenbaum Schutz gesucht hatte, sagte er, nicht unfreundlich: »Tja Mädchen, geh zurück und richt Mr. Goodman von mir aus, daß ich kein Hausmädchen brauche.«

»Ich kann nicht zurückgehn.«

»Was soll das heißen, du kannst nicht?« Sein Kopf zuckte ärgerlich.

»Ich krieg sonst Schläge«, erwiderte sie nur. »Meine Mutter sagt, ich soll heut bei Ihnen arbeiten, und wenn Sie mich dann nicht wollen, kann ich zurückkommen. Aber ich soll ja nicht vorm Dunkelwerden zurückkommen, sonst gibt's Schläge.«

Ihre Leidenschaftslosigkeit erschütterte ihn. So sehr, daß er seine herablassende Haltung verlor und seine Hände hilflos zuckten. Was immer er tun oder sagen würde, ihre Angst vor Schlägen würde sie dazu veranlassen, mit dem Koffer und den Schuhen in der Hand bis zum Anbruch der Nacht dazubleiben. Er fühlte, wie sein steter, fest umrissener Tagesablauf durch ihre Anwesenheit bedroht wurde – und plötzlich eilte er in die Küche, um sein Essen zuzubereiten, und ließ sie, wie eine böse Heimsuchung, draußen stehen.

Vor dem Herd hielt er jedoch irritiert inne, da ihm einfiel, daß er jetzt nicht kochen und sie hungrig vor der Tür stehen lassen, wiederum aber auch nicht kochen und sie bedienen konnte, als wäre er der Hausangestellte.

»Kannst du kochen?« rief er schließlich.

»Ja.«

Das waren die einzigen Worte, die sie wechselten. Sie betrat den Raum festen Schrittes, gerade so, als wäre er ihr vertraut, stellte den Koffer und die Schuhe in eine Ecke und ging direkt zur Speisekammer. Mr. Watford stand eine Weile mit vor Ärger angespannten Muskeln dabei, seine Augen verfolgten jede ihrer Bewegungen, bis er sich lächerlich und schrecklich nutzlos vorkam und nach draußen ging, um seine Tauben zu füttern.

Das Essen war schnell zubereitet, und während er aß, hörte er das trockene Klatschen ihrer Füße hinter sich – ein angenehmes Geräusch –, dann wurde es still. Als er sich umdrehte, hockte sie in der Tür, das Sonnenlicht fiel schräg auf ihren absurden Hut, und ihr Gesicht war über eine Schüssel gebeugt, die sie in der einen Hand hielt. Sie aß langsam, nachdenklich, so als wolle sie den Geschmack jedes Bissens in ihrem Gedächtnis festhalten.

In diesem Moment beschloß er, sie den Tag über arbeiten zu lassen, ihr am Abend einen Dollar zu zahlen und sie dann wegzuschicken. Er hielt an seinem Entschluß fest, als er später aus dem Palmenhain zurückkam und der Tee auf ihn wartete, und auch noch während des Abendessens, das sie zubereitet hatte. Danach wartete er auf der überdachten Veranda, in seiner weißen Uniform, geduldig und mit grimmiger Miene, auf das Ende des Tages. Dann, gerade als sich in der Dämmerung die ersten dunklen Linien zwischen Meer und Himmel abzeichneten, zog er einen Dollar auf der Tasche und ging nach unten.

Sie war nicht in der Küche, aber der Tisch war für seinen Frühstückstee gedeckt. Über ihre Hartnäckigkeit verärgert, stürmte er den Gang entlang, der sich über die gesamte Länge des Untergeschosses erstreckte, riß die Türen zu den feuchten, leeren Räumen auf beiden Seiten des Gangs auf, was die Eidechsen und lange eingeschlossenen Schatten veranlaßte, sich eilig in Sicherheit zu bringen.

Er fand sie in dem kleinen, schrägen Zimmer unter der Veranda. Sie schlief auf einer alten Pritsche, die er dort stehen hatte, ihren Koffer hatte sie neben das Bett gestellt, die Schuhe, das Kleid und der lächerliche Hut lagen darauf. Ein weites Nachthemd verbarg die Konturen ihres Körpers und bedeckte ihre Beine, so daß sie plötzlich wehrlos und unschuldig wirkte, aus der gekrümmten Hand und den tiefen Atemzügen sprach das Vertrauen eines Kindes. Als er so, schweratmend und mit abgewandten Augen, in der Tür stand, kam sich Mr. Watford wie ein Eindringling vor. Sie hatte das Zimmer in Besitz genommen. Vor Enttäuschung zitternd drehte er sich langsam um und schwor sich dabei, ihr am Morgen den Dollar in die Hand zu drücken und sie wie eine Kuh aus dem Haus zu treiben …

Mit dem Morgengrauen kam Regen und ein heißer Wind, so daß die Blätter raschelten und Armen gleich in wilder Verzweiflung um sich schlugen. Mr. Watford zog sich in der Morgendämmerung an, bewaffnete sich wieder mit seinem Dollarschein und eilte entschlossen, mit kerzengeraden Schultern, nach unten. Er stieg hinab in den warmen Geruch von Frischgebackenem, und dieser Geruch sowie der Gedanke, daß sie vor ihm aufgestanden war, ließ ihn erbost das Treppengeländer umklammern. Seine Hand verkrampfte sich noch mehr, als er sah, wie sie mit feierlich-ernster Miene den Gang fegte, so daß der Staub um ihre Füße aufwirbelte. Mit erhobener Hand verbannte er sie aus seinem Blickfeld und rief: »Hör auf zu fegen. Hier ist ein Dollar. Geh jetzt.«

Der Besen hielt inne, und obwohl sie den Kopf nicht hob, fühlte er, wie sie sich durch das dunkle Labyrinth ihrer Gedanken seiner Stimme näherte. Hinter dem Dollarschein, mit dem er ihr vor den Augen herumwedelte, gewann ihr Blick allmählich etwas Klares. Und überraschenderweise verriet dieser Blick keine Furcht, sondern nur Erwartung und scheues Vertrauen. Es schien, als erwarte sie, daß er etwas Nettes sagte.

»Geh jetzt!« Sein ärgerlicher Aufschrei klang wie eine Bitte.

Ihr erwartungsvolles Vertrauen erstarb wie eine kleine, verlöschende Flamme, und sie sagte fast vorwurfsvoll: »Es regnet.«

Wie um dies zu bestätigen, peitschte der Wind den Regen gegen die Fenster, und Mr. Watford konnte nichts erwidern, obwohl die Worte ihm auf der Zunge brannten. Es war zwecklos. Sie verstand einfach nicht, daß sie nicht willkommen war. Angesichts solcher Ignoranz ließ er die Schultern hängen und wandte sich mit einer flüchtigen Geste ab. Der Dollarschein hing wie ein kleines, erschlafftes Schwert aus seiner Hand.

Sie wurde zu einem Teil des Hauses, genauso unveränderlich und vertraut wie die Steine – und genauso schweigsam. Er zahlte ihr fünf Dollar die Woche, gab ihr montags frei und erlaubte ihr sogar nach einiger Zeit, abends in der Nische des Wohnzimmers zu sitzen, während er, mit dem Rücken zu ihr, las und ihr nicht mehr Beachtung schenkte als den Motten auf der Lampe.

Einmal jedoch, nach vielen gemeinsamen, schweigend verbrachten Abenden, vernahm er außer dem nächtlichen Murmeln des Meers und des Dorfs und den metallenen Klängen der Steelband ein anderes Geräusch, einen leisen, fast unmenschlichen Aufschrei voll Einsamkeit, der ihn frösteln ließ. Erschrocken drehte er sich um und sah, wie sie sich ihm zögernd entgegenlehnte, während ihre Augen vor Ungeduld dunkel schimmerten und ihr Gesicht vor Bestürzung und wachsendem Zorn ganz angespannt war. Er begriff nicht und wollte sich abwenden, und sie hob den Arm, um ihn zurückzuhalten. Begierig beugte sie sich näher zu ihm. Aber als sie den leisen Aufschrei wiederholte, als ihre Finger den Wunsch zu sprechen umschrieben, drehte er sich abrupt weg, aus Angst, sie würde verrückt genug sein, zu reden, und daß sie sich näherkommen würden, falls sie dies tat. Er wäre dann gezwungen, ihr gegenüber etwas zuzugeben, was er sich selbst nicht eingestehen wollte; vor allem müßte er auch ein wenig von sich selbst preisgeben. Schnell vergrub er sich wieder hinter seiner Zeitung, raschelte bedeutungsvoll damit und fühlte nach einer Weile, wie sie langsam und enttäuscht in ihr Schweigen zurückfiel ...

Die Wochen verstrichen wie Sand, der langsam und stetig aus einer Hand rieselt. Es wurde August, und am ersten Montag, dem August Bank Holiday, wachte Mr. Watford vom Geräusch der Busse auf, die das Dorf für den jährlich stattfindenden Ausflug verließen. Die Fehlzündungen störten die Morgenruhe, die greisen Motoren protestierten gegen die Überlastung. Als er so dalag und lauschte, sah er mit beunruhigender Klarheit seine Mutter vor sich, für einen Ausflug zurechtgemacht – das weiße Kopftuch über dem dunklen Gesicht aufgetürmt, den Kopf unter dem schweren Picknickkorb aufgerichtet wie eine Tänzerin. Die Art, wie sie den Kopf hielt, hatte ihn über Jahre hinweg verfolgt und kehrte wieder in der Haltung des Mädchens, als sie am ersten Tag auf ihn zukam. Von Erinnerungen schmerzlich berührt, ärgerte er sich gleichzeitig, daß er sich überhaupt erinnerte, und ging nach unten.

Das Mädchen war schon weg, um beim Ausflug mitzumachen, und obwohl es ihr freier Tag war, fühlte er sich wie betrogen, weil sie es so eilig hatte, von ihm wegzukommen. Irgendwie war es ein Zeichen von Undankbarkeit, so als würden seine Tauben ihm plötzlich den Gesang oder seine Bäume die Früchte verweigern, trotz der Pflege, die er ihnen schenkte. Ein entscheidender Teil des einfachen Mosaiks, das sein Leben ausmachte, schien plötzlich verlorengegangen zu sein. Eine unbekannte Stille schlängelte sich wie Leuchtgas durch das Haus. Um ihr zu entkommen, blieb er den ganzen Tag in seinem Palmenhain und kleidete sich nach der Rückkehr ins Haus sorgfältiger als sonst an. Er zog eine frischgewaschene, gestärkte Uniform an und bürstete feierlich seine Haare, bis sie ihm mit sanftem Schwung in die Stirn fielen. Er lehnte sich näher zum Spiegel, vermied es dabei jedoch, sich in die Augen zu schauen, und wischte sich den weißlichen Schleim aus den Augenwinkeln, danach entfernte er den Schmutz unter den Fingernägeln.

Unfähig, die Zeitung zu lesen, ging er nach draußen auf die Veranda, um der unnatürlichen Stille des Hauses zu entfliehen, und als er dort stand, umklammerten seine Hände das Geländer, und sein angespannter Körper lehnte sich steif nach vorn. Nach langem Warten hörte er die Busse zurückkommen und den Klang fröhlicher Stimmen im Wind. Langsam entspannten sich seine Hände und seine Schultern unter der weißen Uniform; zum erstenmal an diesem Tag atmete er normal. Bald würde sie wiederkommen.

Aber sie kam nicht, und die Dämmerung wurde zur Nacht, eine duftende Hitze entfaltete sich, und der Vollmond ließ die Blätter schimmern, als ob Frost sie berührt hätte. Die Steelband an der Kreuzung stimmte melodische Lieder voller Traurigkeit und Verführung an, und plötzlich flimmerten Bilder des Mädchens vor Mr. Watfords Augen – wie Schatten, die von der Nacht und der Musik heraufbeschworen wurden. Er sah sie verloren und schutzlos mitten im Zechgelage des Dorfes; er stellte sich vor, daß jemand wie Mr. Goodman sie lüstern tätschelte oder in einem Zuckerrohrfeld über sie herfiel. Seine Hand erhob sich zitternd, um sie aus seinen Gedanken zu verbannen; er versuchte sein kaltes Lachen heraufzubeschwören. Aber irgendwie gelang es ihm nicht, sie, wie all die anderen, von sich zu schieben. Statt dessen wollte er sie bestrafen und beschützen, sie finden und zurück zum Haus führen.

Während er dort lehnte und versuchte, seinem Wunsch zu widerstehen, loszulaufen und nach ihr zu suchen, und dabei mit der Faust auf die Balustrade schlug, um sein Verlangen zu verdrängen, sah er sie. Erst das Mädchen, deren Haut im Mondlicht wie von silberner Patina überzogen schien, dann den Jungen, den Mr. Goodman zum Kokosnüsseholen schickte. Durch seine Lockerheit und jugendliche Stärke und seinen politischen Button mit der Parole »Die alte Ordnung wird fallen« hatte sich Mr. Watford schon immer herausgefordert und verspottet gefühlt. Die beiden lieferten sich ein zärtliches Gefecht: der Junge, in einem farbensprühenden Sporthemd, versuchte das Mädchen zu fassen, wobei er sich schwerelos zur Musik bewegte und herumwirbelte, sie wehrte ihn mit einer Geste ab, die kokett ihre Kapitulation versprach. Ihr Protest entlud sich in kleinen, zerrissenen Aufschreien: »He, Mann, laß das, hörst du? ... Du benimmst dich wirklich wie ein totaler Idiot, weißte ...«

Jedesmal wenn sie mit ihm schimpfte, sprang er höher und kam näher, bis er schließlich geschickt ihrem Arm auswich und sie um die Taille faßte. Verwegen preßte er ein Bein zwischen ihre fest geschlossenen Beine, bis sie sich unter seinem Druck öffneten. Ihre Körper verschmolzen zu einer wirbelnden Gestalt, und während er sang, lachte sie wie eine Dirne, den Hut keck übers Ohr gestülpt. So tanzten sie und traten die Steine mit Füßen, und die Nacht gehörte ihnen. Mehr als die Nacht. Die Steelband spielte allein für sie. Die Bäume waren ihre frivolen Gefährten und wiegten sich mit ihnen, in ihrem Rhythmus. Der Mond zog nur für sie seine Bahnen.

Mr. Watford, im dichten Schatten versteckt, fühlte, wie die Sehnen, die ihn zusammenhielten, auf einmal nachgaben; doch vor allem begann ein seltsamer Glaube, den er wie kostbares Porzellan auf dem obersten Regal seines Bewußtseins aufbewahrt hatte, ins Rutschen zu geraten. Er fühlte, wie die ihm vertraute Erscheinung, die sich des Nachts umhertrieb, sich streckte, um ihn zu umarmen, gerade so, wie die zwei im Hof es taten. Völlig aufgelöst, unfähig zu sprechen oder etwas zu tun, stolperte er ins Haus, nur um dort dem anklagenden Schweigen der Uhr zu begegnen, deren Acht-Uhr-Aufziehen er versäumt hatte, und seinen Zeitungen, die wie welke Blätter zerstreut auf dem Boden lagen.

Er lag in seiner weißen Uniform auf dem Bett, sehnte den rettenden Schlaf herbei, und seine Hände suchten den beruhigenden Klang seiner Tauben. Aber der Schlaf wich ihm aus, und statt der gurrenden Tauben fühlten seine vernarbten Hände die Form einer Frau, mit der er einst gelebt hatte: ihre Haut, die so zart war, daß es einen fast verletzte, den Hintern und die Brüste, die sich unter seinen Händen ausbreiteten und zugleich Grausamkeit und Zärtlichkeit in ihm weckten. Seine Hände schlossen sich, um diese Erinnerungen sanft zu zerdrücken, aber das brennende Pochen der Leidenschaft, das er seit Jahren nicht mehr gefühlt hatte, marterte seine trockenen Lenden. Er stellte sich die beiden draußen vor, wie sie, auf dem Höhepunkt ihrer Lust angelangt, zusammen hinter dem Tamarindenbaum lagen; oder waren sie vielleicht – und er setzte sich bei diesem Gedanken abrupt auf – so unverschämt und hatten ihre Lust ins Haus gebracht? Konnte er den Geruch ihrer Körper nicht bereits wahrnehmen? Plötzlich wieder zu Kräften gekommen, eilte er nach unten. Als er den Flur erreichte, lockte ihn ein Lichtschimmer zu ihrem Zimmer, und er raste wütend darauf los, während er die ärgerlichen Worte einstudierte, die ihre Körper voneinander reißen würden. Er näherte sich der Tür, spähte durch die schmale Öffnung und hielt inne; die Worte fielen in sich zusammen.

Sie saß allein auf ihrem Lager und hielt den absurden Filzhut zärtlich in ihrem Schoß, ein Bein hatte sie untergeschlagen, während das andere herunterbaumelte. Eine weiße Sandale mit zerrissenem Riemchen hing von ihrem Fuß und streifte sanft den Boden, während sie gedankenverloren ihr Bein hin und her schlenkern ließ. Ihr Kleid hatte sie um den Körper gewickelt – und an das Mieder geheftet, so daß der Stoff zwischen ihren kleinen Brüsten gerafft wurde, war der politische Button, den der Junge immer trug. Verträumt befühlte sie ihn, während ein zärtliches, ironisches Lächeln um ihren Mund spielte und ihre Augen eigenartig wachsam und kritisch blickten. Was in dieser Nacht auf der Liege geschehen war, hatte, so schien es, nicht nur ihr Kleid um sie gewickelt, den Hut zu Boden fallen lassen und die Sandale zerrissen, sondern hatte auch sie selbst geprägt und den verschwommenen Konturen ihres Lebens Klarheit verliehen. Auf einmal sprach aus ihrer Erscheinung die Stärke einer Frau, in der Neigung ihres Kopfes lag ein Ausdruck tragischen Wissens und Hinnehmens, etwas von Kassandra, die ihr zukünftiges Los vor Augen hat.

Angesichts dieser Augen, die in eine andere Welt blickten, schwanden Mr. Watfords Zorn und seine Stärke, und er mußte sich an der Wand festhalten. Absurderweise glaubte er, er müsse eine gebückte und untergebene Haltung einnehmen, müsse sich verbeugen, so wie sie es am Tag ihrer Ankunft getan hatte. Hätte er alle ihre Namen gekannt, hätte er um Vergebung für die Sünden gebeten, die er gegen das Mädchen, die anderen vor ihr und sich selbst sein ganzes Leben lang begangen hatte. Hätte er den Gedanken ertragen, hätte er zugegeben, daß er stets vor der unermeßlichen Forderung der Liebe geflohen war. Und daß er aus Liebe zurückgekehrt war. Wenn er ehrlich gewesen wäre, hätte er – gesenkten Hauptes und mit einer Hand seine Augen schützend – geflüstert, daß er, im Gegensatz zu Mr. Goodman (den er plötzlich um sein volles Leben beneidete) und dem Jungen mit dem politischen Button (an den er das Mädchen verloren hatte), nicht bereit gewesen war, die Last seiner eigenen Verantwortung zu tragen … Aber alles, was Mr. Watford zugeben konnte, während er dort an der Wand lehnte, war ganz einfach, daß er leben wollte – und daß das Mädchen Leben in sich trug, so sicher wie sie den Hut in ihren Händen hielt. Wenn er den Jungen übertreffen konnte, würde er es erringen. Nur dann, ahnte er dunkel, konnte er seinen Verfolger abschütteln, der ihm seit seiner Geburt keine Ruhe ließ. Voll Hoffnung stolperte er vorsichtig und reuevoll, mit zitternden Händen, an der Wand entlang.

Sie sah und hörte ihn nicht, als er die Tür weiter aufstieß. Und so stand er dort eine ganze Weile, mit vor Demut gekrümmten Schultern, als habe er seine Haut abgestreift, so daß jeder Makel zu sehen war, sein ganzes Sein in einer ausgestreckten Hand dargeboten. Sie bemerkte ihn immer noch nicht, schaukelte mit dem Bein hin und her, und der baumelnde Schuh klapperte höhnisch dazu. Dann wandte sie sich – gerade so, wie er sich an jenem Abend im Wohnzimmer von ihr abgewandt hatte, als sie ihren leisen Schrei ausstieß – von ihm ab, verweigerte sich ihm.

Mr. Watfords Körper erschlaffte und erstarrte dann unheilvoll. Er wußte, er mußte ihr die Kraft entreißen, die er brauchte, um ihn am Leben zu erhalten. Er schlug die Tür hinter sich zu und schrie mit heiserer, erstickender Stimme: »Was hast du mit ihm hier drin getrieben? Sag's mir! Ich laß nicht zu, daß du Schweinereien hier reinträgst. Sag's mir, los!«

Sie erschrak nicht. Vielleicht hatte sie seine Anwesenheit schon die ganze Zeit bemerkt und seinen Ausbruch erwartet. Oder vielleicht erfüllten sein irrer Blick und die Verzweiflung, die wie ein Moschusgeruch von ihm ausging, sie mit Mitleid statt Furcht. Jedenfalls behielt sie ihr gütiges Lächeln bei, und ihre Augen blickten unverändert, bis er die Hand ausstreckte, um sie zurück auf das Feldbett zu stoßen. Da runzelte sie die Stirn, stand auf, schwankte etwas auf ihrem kaputten Schuh und faßte nach dem politischen Button, als sei er eine neue Kraft, die ihr Sicherheit und Schutz bieten würde. Mit einem grausamen Hieb ihres Arms schlug sie seine Hand zur Seite und gebot ihm mit ebenso grausamer Stimme Einhalt. »Sie gehn besser hier raus und versuchen Sie ja nich, mich anzufassen, Sie ekelhafter, stinkender alter Mann! Nix weiter sind Sie, jawoll, können noch so'n großes Haus haben und piekfeine Möbel und Zeitungen aus Amerika. Sie sind kein Mensch, Mr. Watford, Sie sind kein Mensch!« Mit einem Blick und einer Drehung des Kopfes, die ihre völlige Verachtung ausdrückten, setzte sie sich den Hut auf die Zöpfe, drehte sich um und nahm ihren Koffer, der immer gepackt neben dem Bett gestanden hatte – so als hätte sie bereits vom ersten Tag an gewußt, daß diese Nacht kommen würde, und sei darauf vorbereitet gewesen ...

Mr. Watford sah nicht, wie sie ging, da ein Schmerz sein Herz zusammenzog und das pulsierende Blut einen hellen, blendenden Schleier über seine Augen legte. Aber sein inneres Auge war auf einmal klar. Zum erstenmal blickte es stumm auf die Vergeudung und Heuchelei, die sein ganzes Leben gekennzeichnet hatten. Von dem schwachen Stoß des Mädchens an die Tür geschleudert, sank sein Körper unter der Müdigkeit, die er so lange geleugnet hatte, langsam in sich zusammen. Er fühlte, wie jene dunkle, körperlose Gestalt, die des Nachts nach ihm suchte, ihn in ihre eisige Umarmung schloß. Er kämpfte gegen sie an, seine Hände umklammerten die Luft mit der zuckenden Beredsamkeit eines Ertrinkenden. Er stöhnte – und der qualvolle Laut drang aus dem Zimmer und erfüllte das ganze Haus, entwich in den Hof, und seine Tauben bliesen die Kröpfe auf und klagten mit ihm.

Rooplall Monar Bahadur

Bahadur konnte weder lesen noch schreiben, so erzählt man sich, und doch hatte er mehr Menschenverstand als die meisten Leute auf der Plantage, die für gewöhnlich von frühmorgens bis sechs Uhr abends hinter dem Damm arbeiteten, bis die Grillen und Nachtkäfer auf den Zuckerrohrfeldern zirpten, dort, wo das Beezie-Bambusgras und der schwarze Salbei am Rand des Urwalds wuchsen.

Und außerdem, so sagen die alten Leute, war dieser Bahadur verdammt schlau. Man versuchte besser gar nicht erst, ihn schief anzusehen oder ihm einen Schlag ins Gesicht zu versetzen, sonst gab's wirklich großen Ärger. Und er ließ sich auch von den Antreibern, Aufsehern und *Backra*männern nichts gefallen, gleichwohl sie zu der Zeit auf der Pflanzung das Sagen hatten. Und überhaupt war Bahadur ein kleiner, gewiefter Mann. Wirklich wahr, wenn er mal nicht arbeiten wollte, blieb er einfach zu Hause und hatte tags darauf immer eine Entschuldigung für den Antreiber und den Aufseher parat. So kam es, daß die Leute auf der Plantage sagten, Bahadur sei ein Mann mit scharfem Verstand.

Und bald nach seiner Heirat dachte Bahadur ernsthaft darüber nach, wie er in Zukunft seinen Lebensunterhalt bestreiten könnte. Er wußte, wenn er weiter in der Gruppe der Kreolen arbeiten würde, dann bei den Sprühern weitermachte, um anschließend beim Schaufeln zu landen, wäre sein Körper mit vierzig fast so ausgelaugt wie eine Packsawal Mango. Und er könnte sogar seine Männlichkeit verlieren, wie es anderen Zuckerrohrarbeitern passiert war, dann wäre er dazu verdammt, weiterhin in der Schlafbaracke zu wohnen. Aber, mein Freund, wenn du nicht sieben Tage in der Woche auf der Zuckerrohrpflanzung arbeiten konntest, warst du dem Hungertod geweiht. Während der Guavenernte war das Leben immer schwer. Und obwohl Zucker in Europa wegen des Kriegs einen guten Preis erzielte, verdienten die Leute hinter dem Damm immer noch zu wenig.

Als Bahadur eines Mittwochnachts mit seiner Frau Sumintra im Bett lag, erzählte er ihr, daß er mit der Arbeit auf den Zuckerrohrfeldern aufhören und anfangen wolle, Fische zu verkaufen, da er die verdammte Sklavenarbeit auf den Feldern nicht mehr ertragen könne. Und außerdem könne er es nicht mehr mitansehen, wie die verdammten Antreiber und Aufseher die gutaussehenden *Coolie*frauen und auch die schwarzen Frauen in der Jätegruppe ständig belästigten.

»Aber Fisch verkauft sich nicht immer gut, Bahadur«, entgegnete Sumintra, und obwohl ihre Augen aufleuchteten, blieb ihr Gesicht ernst.

»Und man hat nicht ewig die Kraft, hinterm Damm zu schuften. Menschen sind keine Maschinen«, erwiderte Bahadur und strich dabei über Sumintras rundes Gesicht und ihre langen Haare, die ihr bis zu den Hüften reichten.

»Aber fällt dir nicht noch was Besseres ein?« fragte Sumintra. Sie wollte sichergehen, daß es mit ihrer Existenz Schritt für Schritt voranging.

»Na gut, Frau, gib mir ein bißchen Zeit zum Nachdenken«, sagte Bahadur. Du siehst, er wollte Sumintra nicht enttäuschen, dazu mochte er sie zu arg. Sie war die erste Frau, mit der er zusammen war, weißt du? Nachdem sie also was Süßes miteinander gemacht hatten, versicherte er ihr, daß er sich etwas wirklich Schlaues ausdenken würde, um Geld zu verdienen und in einem schöneren Haus zu wohnen, oder er wolle nicht mehr Bahadur heißen.

Und er hatte schon lange darüber nachgedacht, daß man als Ranger auf der Plantage verdammt unabhängig war. Die Arbeit als Ranger verlieh Autorität, man hatte ein paar Vorrechte bei Big Manager, und die Arbeit war noch dazu einfach. Aber nur tapfere, vertrauenswürdige Männer wie Sugrim und Mutton, die schon seit sie kleine Jungs waren auf der Plantage lebten und so treu dienten wie die Maultiere hinterm Damm, bekamen diese Art Job, also konnte Bahadur nicht mal davon träumen, Ranger zu werden, außer er konnte beweisen, daß er genauso pflichtbewußt war. Und noch dazu waren weder Bahadurs Papa noch sein Onkel Antreiber, und so konnten sie dem Big Manager nicht ständig damit in den Ohren liegen, ihm, Bahadur, Arbeit als Ranger zu geben. Aber wenn ein schlauer Mann nicht auf den Kopf gefallen ist, dann mußte er einfach auch Ranger werden können, redete sich Bahadur ein.

Und tagein, tagaus, während Bahadur immer noch in der Kreolen-Gruppe arbeitete, dachte er ununterbrochen nach. Eines Tages, als die Sonne stechend vom Himmel schien und die Kreoljungs und Bahadur bei der Arbeit im dichten Zuckerrohr schwitzten wie die Esel, hätte Bahadur am liebsten den Antreiber verflucht und die Arbeit hingeschmissen. Aber als er an Sumintra dachte, hielt er doch den Mund. Er wollte ja nicht, daß Sumintra dachte, er sei faul und zu nichts zu gebrauchen.

Und nach ein, zwei Tagen, mitten in der Regenzeit, als Sandflöhe, Stechmücken und Skorpione wie Könige in den Zuckerrohrfeldern Hof hielten und versuchten, einem das Blut auszusaugen, während man den Dünger zwischen die jungen Zuckerrohrwurzeln warf, fluchte Bahadur ganz fürchterlich, als er versuchte, die Moskitos, die ihn grade stechen wollten, totzuklatschen. Dann sagte er: Ihr könnt mich alle mal, zur Hölle mit der Arbeit hinterm Damm. Doch als er an Sumintra dachte, ebbte seine Wut wieder ab, und er strengte seine grauen Zellen an, sich schnell, schnell, schnell was auszudenken, wie er an einen Job als Ranger rankommen könnte.

Dann kam ihm eines Morgens beim Aufwachen eine glänzende Idee. Er sagte jedoch Sumintra, die am Lehmofen unter dem wackeligen Vordach der Unterkunft kochte, nichts davon. Und während des ganzen Tages, als Bahadur hinterm Damm arbeitete, wälzte er die Idee in seinem Kopf herum, grade so, als würde er während einer Totenwache Karten mischen. Nach dem Abendessen entschied er sich, die Idee sogleich in die Tat umzusetzen.

Um neun Uhr in der Nacht, als der Mond aufging, schob er sich ein Bettlaken aus weißem Sackleinen unters Hemd, das er ohne Sumintras Wissen aus der Truhe im Schlafzimmer genommen hatte. Dann ging er an Sumintra vorbei, die im Licht einer Lampe sein Hemd flickte, und sagte: »Mädchen, grad fällt mir ein, der alte Das will mich unbedingt heut nacht noch wegen was Wichtigem sprechen, also muß ich noch mal weg.«

Sumintra stimmte ihm zu, gab ihm aber den Rat, drüben beim Kohldamm vorsichtig zu sein, denn sie habe gehört, daß dort ein Jumbie, ein Geist, die Leute erschreckte.

»Es gibt keinen Jumbie, der tot genug ist, mich zu erschrecken, Mädchen«, sagte Bahadur beim Rausgehn.

Bahadur kam am Kohldamm vorbei, bog in den nächsten trockenen Schlammdamm ein, der hinter dem Gelände der Zuckerfabrik entlanglief, und bemerkte, daß niemand auf dem Damm war. Er sah nur den Viehpferch der Plantage, der von ein paar Obstbäumen und Beezie-Bambussträuchern umgeben war. An diesem Abend patrouillierten die beiden Ranger Sugrim und Mutton wie zwei Sicherheitsmänner um den Viehpferch; ein-, zweimal schauten sie sich um, dann rauchten sie und lachten.

Gut, sagte sich Bahadur und nickte mit dem Kopf. Dann versteckte er sich hinter einem Korkbaum, der schon seit Ewigkeiten neben dem Schlammdamm wuchs, und studierte wie ein Dieb, der alles auskundschaftet, die Umgebung. Zwanzig Minuten später holte Bahadur das Laken hervor und warf es sich über. Jetzt sah er aus wie einer der Richternacht-Leute, die man auf der Straße predigen sieht, mit dem Unterschied, daß sein Gesicht verdeckt war. Er achtete jedoch darauf, daß er durch das Laken sehen konnte. Als er sicher war, daß der Schlammdamm leer war und nur Sugrim und Mutton am Pferch zu sehen waren, trat er unter dem Korkbaum hervor, stieg auf den Schlammdamm und ging langsam, ganz langsam auf den Kuhpferch zu. Er lief auf Zehenspitzen und streckte sich ein bißchen, damit er größer aussah, und das Laken flatterte im Wind, flatter, flatter, flatter …

Unterdessen redeten Sugrim und Mutton eine Menge dummes Zeug. Es stimmte, sagten sie, seit der Oberranger sie vor gut einem Jahr zum Viehpferch abgestellt hatte, hatten sie noch nie einen Jumbie gesehen, obwohl die Leute hinterm Damm meinten, ein Haufen Jumbies würde sich dort herumtreiben. Aber das sei alles Quatsch, sagten sie. Und hättest du hören können, wie sie prahlten und protzten, ich sag's dir, du hättest geglaubt, sie könnten sogar einen Löwen erwürgen, wenn er vor ihnen aufgetaucht wäre.

Und Mutton fing an zu erzählen, daß ein paar Wachmänner wegrennen würden wie Kakerlaken. Ramdat war so einer, er erschrak vor seinem eignen Schatten. Gleichzeitig ließ Sugrim seine Augen umherschweifen, und zufällig fiel sein Blick auf die weiße Gestalt, die langsam auf die Weide zukam. He, he, und was glaubst du? Sugrim wurde es schlecht. Und immer noch starrte er wie hypnotisiert dieses Ding an. Da merkte Mutton, daß Sugrim ihm nicht mehr zuhörte, und auch er sah das weiße Ding.

Jetzt bemerkte Bahadur Sugrims und Muttons Reaktion, und er wußte, sie hatten ganz fürchterliche Angst. Also begann er noch langsamer zu laufen und streckte sich auf Zehenspitzen wie der *Moongazer*, der zum Mond hinaufstarrt.

»Scheiße, was'n das?« fragte Mutton, dabei lief ihm der kalte Schweiß den Rücken runter, und seine Zähne klapperten.

»Das is kein Mensch. Das is was Seltsames«, meinte Sugrim, während ihm durch den Kopf schoß, daß manche Jumbies genauso aussahen wie der da, aber Mutton sagte er nichts davon.

Bahadur ging immer noch weiter langsam auf sie zu, und als er den Pferch beinahe erreicht hatte, stieß er einen Schrei aus wie eine Nachteule. Dann fing er an zu kichern und lauthals zu lachen: Ha, Ha, Ha, und dann drehte er um.

»O Gott, Mutton, das is'n *Holländer*«, sagte Sugrim. »Und ich hab gehört, die Holländer sind schlimm, ganz schlimm.«

Kaum hatte Mutton dies vernommen, da schnappte er sich auch schon seinen Sack mit dem Abendessen, machte einen Satz in Richtung Fabrik und rief: »Zur Hölle mit dem Kuhpferch. Ich will heut nacht nicht von 'nem Holländer abgemurkst werden.«

Und wie oft Sugrim auch sagte: »Bleib hier, bleib hier, Mutton« – Mutton war nicht zu halten. Ne, ne, er raste noch schneller davon. Dann, gerade als Sugrim rief, daß der Holländer-Jumbie verschwunden sei, hörte er ein Kreischen und sah das weiße Ding wieder auf den Pferch kommen.

»O Gott, das muß wirklich 'n Holländer sein. Ich will heut nacht nich sterben«, schrie Sugrim und fing an, wie ein Esel auf die Fabrik loszugaloppieren, wobei er immerzu brüllte: »Mutton, Mutton, wart doch auf mich, Mann, Mutton…«

Als Bahadur den ganzen Aufruhr sah, hätte er am liebsten laut losgelacht. Sein Plan lief genauso, wie er es sich vorgestellt hatte. Eine Stunde später, als er im Bett lag und Sumintra schlief und dabei schnarchte, als hätte sie den ganzen Tag hinterm Damm gearbeitet, plante Bahadur schon, was er in der kommenden Nacht unternehmen würde.

Am nächsten Morgen wußte schon die ganze Plantage, daß ein Holländer-Jumbie Sugrim und Mutton zu Tod erschreckt hatte, so daß sie um ihr Leben laufen mußten. Und egal wie oft Big Manager und der Oberranger Sugrim und Mutton versicherten, daß es keine Jumbies gab und daß alles nur Einbildung war – Sugrim und Mutton bestanden darauf, daß sie die Nacht woanders Aufsicht halten wollten, und flehten den Oberranger an, zwei andere Ranger zum Viehpferch zu schicken. Endlich gab der Oberranger nach und entschloß sich, Ram und Pooran zum Pferch zu schicken.

Die ganze Zeit über, während alle über diesen Holländer-Jumbie redeten, blieb Bahadur todernst, obwohl er sich heimlich ins Fäustchen lachte. Und die Leute waren so mit dem Jumbie beschäftigt, daß sie gar keine Zeit hatten, von Bahadur Notiz zu nehmen.

In dieser Nacht so gegen neun erzählte Bahadur Sumintra, daß er schreckliche Magenschmerzen habe und auf die Latrine müsse, die etwa fünfundzwanzig Schritte von der Unterkunft entfernt war.

»Nimm dich in acht vor diesem Holländer-Jumbie, hörst du, Mann?« warnte Sumintra, als Bahadur die Unterkunft verließ.

»Ich hab doch keine Angst vor 'em Jumbie, Mädchen«, erwiderte Bahadur.

Im Mondlicht war es taghell, und alles glänzte silbrig. Als Bahadur sich sicher war, daß niemand am Schlammdamm war, versteckte er sich hinter einem Baum und warf sich das Laken über. Wenige Minuten später lief er gemächlich auf den Kuhpferch zu und heulte dabei wie ein Hund, der einen Jumbie sieht.

Und wirklich hielten Ram und Pooran Wache. Wahrhaftig, als sie das weiße Ding erblickten, wußten sie sofort, das war dieser Holländer-Jumbie, und so wie der heulte, wollte er sie ganz sicher abmurksen. Darum, mein Freund, gingen sie kein Risiko ein, schnappten sich ihr Essen und rannten so schnell wie der Blitz zurück zur Zuckerfabrik und schrien dabei die ganze Zeit. Die wollten ganz bestimmt nicht von diesem Holländer-Jumbie gefangen werden. Sie hatten oft gehört, wie die alten Leute erzählten, daß einem der Jumbie als erstes das Genick bricht und man genauso stirbt wie ein Hahn. Und so wollten sie nicht sterben, denn die alten Leute sagten auch, wenn man auf die Art stirbt, kommt die Seele nie richtig zur Ruhe.

Inzwischen kehrte Bahadur zur Unterkunft zurück, schlich so leise hinein wie eine Katze, und als er sicher war, daß Sumintra schlief, holte er das Laken hervor und steckte es in die Schublade neben dem Bett.

Am nächsten Morgen verbreitete sich die Neuigkeit wie ein Lauffeuer. Big Manager und Big Ranger machten sich Sorgen. Es war klar, wenn niemand den Viehpferch der Plantage bewachte, kamen todsicher Leute wie Black, Sumeer und Nizam und stahlen ein, zwei junge Kälber und Bullen, schlachteten sie und verkauften sie schnell, schnell, noch vor Tagesanbruch, an einen Metzger in Good Hope. Und Big Manager wußte, wenn es zu wenig Kälber oder Bullen auf der Plantage gab, würden all die Aufseher und Manager verärgert sein, denn sie wollten an jedem Tag, den Gott werden ließ, ihr Rindfleisch auf dem Teller haben.

Und ganz gleich, wie viele Fallen Big Manager und Oberranger auch aufgestellt hatten, noch nie hatten sie Black, Sumeer oder Nizam auf frischer Tat ertappt. Die Leute auf der Plantage sagten, die Jungs könnten die Gefahr riechen. Und man konnte sie nicht auf bloßen Verdacht hin anklagen. Nee, nee, man mußte sie schon dabei erwischen. Und die Jungs kannten das Gesetz. Und sie glitschten einem wie Okraschoten immer wieder durch die Finger.

An diesem Nachmittag weigerte sich jeder Wachmann rundheraus, auf dem Kuhpferch Wache zu halten. Sie sagten, sie wollten lieber wieder hinterm Damm arbeiten, das sei allemal besser, als von ’em Holländer-Jumbie abgemurkst zu werden. Und wie verführerisch die süßen Worte und die Aussicht auf Lohnerhöhung aus dem Mund von Big Manager auch klangen, die Ranger und Wachmänner blieben hart. Am Ende wandte Big Manager sich an den Oberranger Sambo.

»Nimm deinen Stellvertreter mit und verbring die Nacht dort, bis wir uns was ausgedacht haben«, sagte Big Manager.

»Ja, Boß«, erwiderte Sambo. Doch insgeheim hatte er Angst, vor allem vor diesem holländischen Jumbie. Doch er mußte Big Manager gehorchen, sonst wurde er vielleich wieder zum Arbeiten hintern Damm geschickt, und das wollte er nicht. Die Arbeit als Oberranger verlieh Sambo Autorität, außerdem bestach Sambo den Antreiber und den Aufseher, und noch dazu hatte er Gelegenheit zum Süßholzraspeln mit den Frauen.

Am Nachmittag ging die Neuigkeit um, daß Oberranger Sambo und der Zweite Ranger Burt selbst den Kuhpferch bewachen würden und sie dem ganzen Spuk ein Ende bereiten wollten. Die ganze Zeit über schlug Sambo und Burt das Herz bis zum Hals, aber sie hielten sich tapfer. Um acht Uhr abends hatten sich alle auf der Plantage in ihren Unterkünften eingeriegelt, denn keiner wollte etwas mit diesem Jumbie zu tun haben. Um neun sagte Bahadur zu Sumintra, er müsse Khan noch was ausrichten, und zwar unbedingt noch heute abend. Diesmal hatte er sich das weiße Laken schon lange vorher unters Hemd geschoben.

Als Bahadur zur Abzweigung am Kohldamm kam und den trocknen Schlammdamm betrat, bemerkte er die zwei Ranger, die vor dem Kuhpferch rauchten, also duckte er sich beim Wall und warf sich das Laken über. Dann stand er auf und lief ganz, ganz langsam auf den Kuhpferch zu.

Sobald Sambo und Burt das weiße Ding erblickten, begannen ihnen dicke, dicke Schweißtropfen die Stirn herabzulaufen, tropf, tropf, und als endlich aus Sambos Mund die Worte erklangen: »He du, wer bist du?«, da schrie Bahadur wie eine

Nachteule, dann gab er ein unheimliches Lachen von sich ... He-he, da bekamen Sambo und Burt eine Gänsehaut, und es wurde ihnen eiskalt, während ihre Herzen bap-bap-bap wie eine Wasserpumpe hämmerten. Jetzt wußten sie, das war ein ganz übler Jumbie, mit dem war nicht zu spaßen. Und als sich dann das weiße Ding umdrehte und lachte, krochen Sambo und Burt durch die Büsche, die um den Kuhpferch wuchsen, erreichten einen ausgetrockneten Schlammdamm und rannten dann, schneller als eine Katze, die von einem Hund gejagt wird, schnurstracks nach Hause.

Am nächsten Tag verbreitete sich die Neuigkeit in Windeseile. Diesmal lagen Sambo und Burt krank im Bett und schrien jede Stunde laut auf, so als ob sie diesen Holländer vor sich stehen sähen. Bald wurde die ganze Plantage von Furcht ergriffen, so daß die Leute von hinterm Damm selbst tagsüber nicht mehr am Kuhpferch vorbeigehen wollten und drei starke Männer Khan und Paul begleiten mußten, um den Pferch zu säubern. Sobald er sauber war, verdrückten sich die Männer.

Big Manager versuchte den ganzen Tag, zwei Wachmänner für den Viehpferch zu finden, doch alle weigerten sich. Big Manager saß jetzt wirklich in der Klemme, vor allem wenn er an Black, Sumeer und Nizam dachte. Um eins schickte er eine Mitteilung an alle Feldarbeiter: Wer sich bereit erklärte, den Kuhpferch in dieser Nacht zu bewachen, bekäme extra Geld. Doch so sehr die Antreiber ihnen auch zuredeten, alle weigerten sich.

Dann teilte Bahadur dem Gruppenantreiber mit, daß er, Bahadur, die Herausforderung annähme.

»Bahadur? Ha, ha, so ein zu kurz geratener Kerl wie der, will den Kuhpferch bewachen«, spotteten ein paar Leute, als die Neuigkeit bekannt wurde.

»Bahadur is wohl verrückt«, sagten andere.

Und um sicherzugehen, daß Bahadur den Viehpferch nicht verließ, hielten einige Männer ohne sein Wissen Wache beim

Kohldamm. Und während im hellen Mondlicht die Nachtstunden vergingen, es zehn, dann elf, dann zwölf Uhr wurde, sahen die Männer am Kohldamm nichts als den Kuhpferch und keine Spur von einem Jumbie. Zwei Stunden später hatten sie die Nase voll und gingen weg. Am nächsten Tag gab es auf der Plantage ein Riesendurcheinander. Man erzählte sich, Sambo, Burt, Mutton und Sugrim hätten gar keinen verdammten Jumbie gesehen. Und wie oft auch Mutton und Sugrim beteuerten, sie hätten ihn doch gesehen, hielten die Leute auf der Plantage sie fortan für Lügner.

Doch als Big Manager dann ein paar Männer bei der Arbeitsverteilung bat, beim Kuhpferch Wache zu halten, fingen alle zu zittern an und sagten: nein, nein ... Also mußte wieder Bahadur den Kuhpferch bewachen. Drei Nächte später, als Big Manager und sein Stellvertreter punkt Mitternacht beim Viehpferch nach dem Rechten sahen, war Bahadur auf seinem Posten, tapfer wie ein Tiger, und die Kühe waren alle in Sicherheit.

»Der einzige tapfere Mann, den wir auf dieser verdammten abergläubischen Plantage haben, ist Bahadur«, sagte Big Manager zum Zweiten Manager bei der Arbeitsvergabe am nächsten Morgen. Und von diesem Tage an wurde Bahadur als Oberranger eingesetzt.

Und eines Morgens, zwei, drei Wochen später, als Bahadur und Sumintra noch im Bett lagen und Bahadur ihr glattes rundes Gesicht und ihre langen Haare, die ihr bis zu den Hüften fielen, streichelte, erzählte er ihr, wie er den Oberrangerjob gekriegt hatte. Sie sah ihn voll Stolz an, während sie sich insgeheim sagte, daß ihr Mann seine Männlichkeit nicht verlieren würde, wie die anderen Arbeiter hinterm Damm, die von der harten Arbeit und der Sonne ganz zusammengeschrumpelt waren. Und sie lächelte ihn an, und sie machten süße Sachen.

Earl Lovelace Schuster Arnold

Schuster Arnold stand in der Tür seiner kleinen Werkstatt, die Hände in die Hüften gestützt, voll Besitzerstolz und unbelehrbar eigensinnig, und seine Haltung verkündete, nicht ohne Genugtuung, daß er zwar im Leben nicht immer erfolgreich gewesen sein mochte, die Welt ihn aber zumindest nicht kleingekriegt hatte. Wie dies hätte geschehen können, war auch schwer vorstellbar, denn er strahlte eine derart starke und unnachgiebige Rechthaberei aus, vermittelte eine so stete Bereitschaft zum Widerspruch, daß, wenn sich Probleme ihre Opfer aussuchen könnten, Schuster Arnold sicher nicht darunter gewesen wäre. Die Welt bestand für ihn nur aus seiner Werkstatt. Hier bestimmte er, und jeder, der hereinkam, hatte sich nicht nur seiner Einstellung zu Schuhen und Leder und Schusterlehrlingen unterzuordnen, sondern auch seinen Ansichten über Politik, Frauen, Religion, UFOs oder irgendeinem der zahllosen anderen Themen beizupflichten, über die er sich ausließ. So wollte im Lauf der Jahre keiner der Dorfbewohner mehr mit ihm diskutieren; jedem, der es wagte, eine widersprechende Meinung zu vertreten, erklärte er ohne Umschweife: »Das hier ist mein Laden. Hier mache ich, was ich will. Ich sage, was ich will. Wem das nicht gefällt, die Tür ist offen.«

Seine Frau war diesem Rat vor vielen Jahren gefolgt, sie war nicht nur aus seinem Haus, sondern auch aus dem Dorf weggezogen, hatte ihre drei gemeinsamen Kinder mitgenommen und ihn mit seinen Ansichten, seiner wachsenden Vorliebe für Alkohol und der lästigen Aufgabe des Essenkochens allein gelassen. Möglicherweise hätte er gerne eines der Dorfmädchen zu sich genommen, er war jedoch zu stolz, zuzugeben, daß er so etwas nötig hatte, und wenn er die Mädchen betrachtete, die draußen an seinem Laden vorbeigingen, verbarg sich hinter seiner säuerlichen Miene ein genauer, prüfender, wenn nicht gar lüsterner Blick; doch wenn eine von ihnen zufällig hereinschaute, fuhr er sie an: »Was willst du denn hier?« Daher bestand zwischen ihm und den Dorfmädchen eine schwierige, doch durchaus lustvolle Beziehung, die von Abneigung und Begierde zugleich geprägt war, und die Mädchen bewegten sich mit weit größerer Lust und Eleganz, wenn sie an seiner Schusterei vorbeikamen, wackelten mit den Hintern und verdrehten die Augen, er aber verzog mürrisch das Gesicht.

Seine Beziehung zu den jungen Männern des Dorfes war nicht besser. Seiner Meinung nach hatte keiner von ihnen Lust zur Arbeit, und er hatte nicht die Absicht, ihnen seine Werkstatt zum Herumlungern zur Verfügung zu stellen. Im Lauf der Jahre hatte er schon viele Lehrlinge gehabt, sie ein oder zwei Monate behalten, manchmal sogar nur einen einzigen Tag, und sie dann wieder hinausgeworfen; erst als Norbert bei ihm anfing, hatte er so etwas wie einen ständigen Gehilfen.

Norbert war jedoch kein Junge. Er war ein Herumtreiber, ein Rumtrinker, genau die Art von Mann, von dem man nicht glaubte, daß Arnold ihn auch nur fünf Minuten ertragen könnte. Norbert neckte die Mädchen, war gut Freund mit den Herumlungerern, spielte, trank zuviel, und wann immer es ihm danach war, zog er einfach los und kehrte manchmal erst einen Monat später zurück. Arnold nahm ihn immer wieder auf. Natürlich stritt er sich mit ihm, beschwerte sich über ihn, doch die Dorfbewohner hatten sich ihre eigene Meinung gebildet: »Mann, irgendwie gefällt dir das doch. Es gefällt dir, wenn Norbert kommt und geht, so wie's ihm grade einfällt, und macht, was er will. Irgendwie gefällt dir das.«

Neben seinen gelegentlichen Ausflügen stahl Norbert auch Arnolds Geld, verkaufte Schuhe, verlor manchmal einen Schuh, kassierte Geld von Leuten und steckte es in die eigene Tasche, berechnete bestimmten Leuten überhaupt nichts und stellte sonst noch alles nur Erdenkliche an. Wahrscheinlich, weil Norbert so eindeutig im Unrecht war, zeigte Arnold eine seiner wenigen guten Seiten, nämlich Mitgefühl. Es schien, als brauche Arnold Norbert, um durch ihn nicht nur der Welt, sondern auch sich selbst zu beweisen, daß er auch diese Eigenschaft besaß, nicht nur der Streithammel war, für den man ihn hielt. Also war Arnold bei diesen Gelegenheiten, wenn er den immerwährend verlorenen Sohn wieder voll Vergebung und Mitgefühl willkommen hieß, durchdrungen von der Vorstellung seiner eigenen Güte, auf der ganzen Welt gab es wahrhaftig keine wohlwollendere Seele als ihn – so dachte er.

Heute war so ein Tag. Zwei Wochen vor Weihnachten war Norbert fortgegangen, um in der wenige Meter entfernten Bar ein großes Stück Eis zum Kühlen der Getränke zu holen. Erst gestern war er zurückgekehrt. »Ja«, dachte Arnold, »schaut mich nur an, ich bin nicht sauer.« Arnold war froh über die Hilfe, denn er hatte Aufträge zu erledigen, für die er im voraus kassiert hatte und die vor Neujahr fertig sein mußten. Eines schätzte er an Norbert. Norbert war gewissenhaft, doch er mußte endlich die richtigen Dinge ernst nehmen. Er war gewissenhaft bei zu vielen nebensächlichen Dingen. Bei dem Mädchen, das hereingeschneit kam und ein Kleid wollte, bei dem Bekannten, der einen trinken gehen wollte. Kam ein Freund in seinem Lastwagen vorbei und meinte: »Norbert, wir fahren nach San Fernando«, dann ließ Norbert die Schuhe fallen, die er gerade flicken wollte, sprang ohne auch nur die Unterwäsche zu wechseln auf den Wagen und war verschwunden. Es war nicht der Rum. Es war etwas Verrücktes, etwas tief in ihm drinnen, das ihn einfach überkam. Manchmal tauchte er eine Woche später auf, schmutzig, stinkend, abgemagert, so als wäre er in einem Kohleneimer um die Welt gereist. Dann schlich er sich in den Laden, hockte sich hin und machte sich wieder an die Arbeit, als ob nichts weiter geschehen wäre. Und wenn er einmal arbeitete, dann mit Hingabe. Norbert wußte, wie man arbeitet. Jeder Laden in Port of Spain wäre froh gewesen, ihn zu haben. Er war ein gewissenhafter Handwerker. Schaut doch nur, in dieser Woche, wo die meisten Geschäfte schon wegen Weihnachten geschlossen hatten, da war Norbert zur Stelle und schuftete wie ein Besessener, um die Schuhe der Leute zu reparieren. Dankbarkeit. Er bewies Dankbarkeit. Es gab keine wirkliche Dankbarkeit mehr, aber Norbert war dankbar. Es hängt davon ab, wie man jemanden behandelt, dachte Arnold. Man muß sich auf die Menschen verstehen. Schaut doch nur, wie gelassen er an diesem letzten Tag des Jahres hier in meiner Schusterei arbeitet, während der Rest der Insel feiert.

An der Tür beobachtete er zwei Mädchen, die die Straße entlangliefen, hübsch, jung. Bei ihrem Anblick mußte er an Regen und Wind denken. Dann sah er einen Eselskarren, der langsam aus Richtung der Hauptstraße nach Sangre Grande herankam. Er stand vor seiner Schusterei mit zusammengekniffenen Lippen und beobachtete, wie der Karren näherkam und vorbeifuhr. Vorne döste Old Man Moses, der Köhler, mit auf die Brust hängendem Kinn, die Zügel lose im Schoß. Hinter ihm saß ein kleiner Junge mit wachen Augen, er trug eine Kappe und ein zerrissenes Hemd und ließ die Füße über die Seite des Karrens baumeln, seine Hand lag auf einem kleinen braunweißen Hund, der neben ihm saß.

Alles wie ausgestorben, dachte Arnold, als er die Mädchen zurückkommen sah; und als er zum Himmel aufschaute, sah er dunkle Regenwolken, und er blickte dem Karren nach. »Moses fährt in den Busch. Der Regen wird ihm den Pelz durchweichen«, meinte er. Und dann, als irritiere ihn dieser Gedanke plötzlich, sagte er: »Heißt das etwa, Moses hat keine

Familie, mit der er Neujahr verbringen kann?« Seine Stimme klang wie ein ärgerlicher Trommelwirbel. »Warum kann seine Familie ihn nicht einladen und ihm zu essen und zu trinken geben und Neujahr mit ihm feiern? Statt dessen muß er in den Busch, wo der Regen ihm den Pelz durchweichen wird? In so einer Welt leben wir«, sagte er, ließ sich auf der Arbeitsbank nieder und griff nach dem Schuh, den er richten wollte. »So leben wir, wie die Tiere.«

»Vielleicht will er ja hoch in den Busch«, bemerkte Norbert. »Vielleicht will er nach seinem Kohlenmeiler sehen und achtgeben, daß die Kohlen auch nicht verbrennen und zu Staub werden.«

»Wie verdammte Tiere«, sagte Arnold noch mal, »wie die Tiere« – als habe er Norbert nicht gehört.

Doch später, nachdem er mit der Arbeit begonnen hatte, einen Rhythmus beim Nähen und Schneiden und Lederklopfen gefunden und mit dem sanften, aber doch nachhaltigen Wachsen des Zwirns begonnen hatte, überkam ihn der Gedanke an das herannahende neue Jahr, und er dachte an die Mädchen und den Regen, und er dachte nach über sein Leben und seine Einsamkeit und seine Trinkerei und die Welt und die Menschen, Menschen, die ohne Familie lebten, auf der Straße und im Waisenhaus, auf Parkbänken und unter Bäumen. »Die Welt sollte sich mal den Spiegel vorhalten«, sagte er. »Die Welt sollte sich selbst den Spiegel vorhalten ... Und du, Norbert, du solltest das auch mal tun«, sagte er und kam so zum erstenmal auf Norberts Verschwinden zwei Wochen vor Weihnachten und seine Rückkehr, erst am Vortag, zu sprechen. »Ich hab nichts gegen dich. Du weißt, daß ich nichts gegen dich hab. Ich weiß, wie das Leben ist. Ich rede, weil ich mich mit der Zeit auskenne. Zeit ist alles, was wir haben, Junge. Zeit ... Zeit zu leben und Zeit zu sterben. Hörst du, was ich sage, Norbert?«

»Was hast du gesagt?«

»Ich sagte, es gibt eine Zeit zu leben und eine Zeit zu sterben ... Leben wir überhaupt?«

Norbert legte den Kopf leicht zurück, und für ein paar Augenblicke schien es, als starre er in die Ferne, als denke er angestrengt nach.

»Mit uns geht's zu Ende«, sagte er, »wir sterben, verdammt noch mal.«

»Du hast verdammt recht. Der Rum bringt uns um. Der Rum. Nicht Bomben oder Krebs oder so was in der Art. Der Rum ist es. Findest du, der Rum sollte uns umbringen?«

Norbert zog den Zwirn aus dem Einstichloch heraus und lächelte.

»Aber hier an diesem Ort muß der Rum dich umbringen. Was sonst könnte hier einen Mann umbringen? Was gibt's sonst zu tun, außer zu trinken, die Zeit zu vergeuden und zu sterben. Deshalb rede ich. Die Leute verstehn mich nicht, wenn ich rede; aber deshalb rede ich.«

Norbert fädelte den Zwirn durch das Loch und lächelte, in einer Hand hielt er den Schuh, und mit der anderen zog er den Zwirn heraus: »Mit uns geht's zu Ende, verdammt noch mal!« Als sei er auf eine Wahrheit gestoßen, die es nun hochzuhalten galt. »Mit uns geht's zu Ende ... verdammt noch mal.«

»Deshalb rede ich. Ich will, daß wir ... daß du auf dich aufpaßt, ein bißchen Öl in deine Lampe gießt, ein bißchen Wasser in deinen Wein.«

Norbert lachte. Seine Gedanken erheiterten ihn, selbst dann, als er sagte, »Mit uns geht's zu Ende, verdammt nochmal, mit uns allen, mit jedem. Ha, ha, ha, ha.« Und er nahm seinen Hammer und begann das Leder über dem Einstich weichzuklopfen, »Ha, ha, ha, ha, ha!«

Arnold war mit dem Flicken des Schuhs fertig und schaute auf den Haufen Schuhe, der in der Werkstatt lag. »Eines Tages werde ich alle die Schuhe verkaufen, die die Leute immer hier lassen. Wenn du sie zurechtflicken sollst, haben sie's immer verdammt eilig. Du verbrauchst Leder, Zwirn, Nadeln, Zeit. Du verbrauchst deine Zeit, und ein Jahr später sind die Schuhe immer noch hier und glotzen dich an. Ich werd jeden einzelnen blöden Schuh an diesem Neujahr verkaufen.«

»Mit uns allen geht's zu Ende«, fiel Norbert wieder ein.

»Deshalb sieht diese Werkstatt immer wie eine Müllkippe aus.«

»Los, wir lassen uns 'nen Schluck Rum kommen«, sagte Norbert, und als Arnold ihn ansah: »Ich zahl's. Heut' ist Silvester, Mann.«

»Rum?« Arnold machte eine Pause. »Wie alt bist du, Junge?«

»Neunundzwanzig.«

»Neunundzwanzig? Du machst Witze. Heißt das, ich bin einundzwanzig Jahre älter als du? Mit uns geht's wirklich zu Ende. Norbert, wir sterben. Junge, das Leben hat dich wirklich mitgenommen.« Und er warf den Schuh hin, den er gerade flicken wollte.

»Wir haben noch drei Paar Schuhe, die heute abend abgeholt werden«, sagte Norbert warnend. »Corbies Schuhe, Syntos Schuhe und Willie Pauls Sandalen.«

Arnold bückte sich und hob den Schuh wieder auf. »Das Leben hat dich nicht gerade gut behandelt. Ich bin also einundzwanzig Jahre älter als du? Norbert, du mußt auf dich aufpassen«, sagte er. »Hörst du, Mann, du machst mir angst. Wenn ich 'nen jungen Kerl wie dich in so 'nem Zustand sehe, dann krieg ich wirklich Angst. Norbert, sag mal, seh ich genauso fertig aus wie du? He? Sag mir die Wahrheit. Seh ich genauso fertig aus wie du?«

»Mit uns geht's zu Ende, verdammt noch mal, mit uns allen, mit jedem«, erwiderte Norbert.

»Nein. Ganz im Ernst. Sag's mir, seh ich genauso fertig aus wie du?«

»Schau mal, da ist jemand an der Tür«, sagte Norbert.

»Was willst du?« fauchte Arnold. Es war eines der Dorfmädchen, ein pummeliges Ding, die Haare klebten ihr auf der Stirn, daß sie aussah wie ein dickes Pony.

»Du mußt mich wirklich nicht so anschreien, weißt du. Ich will Syntos Schuhe abholen.«

»Nun, ich will nicht, daß jemand an der Tür rumlungert. Komm rein und setz dich hin und warte. Ich mach sie grade fertig.« Er sah, wie sie sich nach draußen umdrehte und mit jemandem sprach. »Ist da jemand bei dir?«

»Sie will nicht reinkommen.«

»Sie soll auch reinkommen. Ich will nicht, daß jemand an der Tür rumlungert. Das hier ist ein Geschäft.« Er rief nach draußen: »Komm rein. Wieso bleibst du denn draußen stehen?«

Herein kam das Mädchen, das ihn an Regen, Moos und Blätter erinnerte. Er versuchte sie nicht anzusehen, aber er schaffte es nicht. Und sie schaute ihn ebenfalls an.

»Hast du Angst vor mir?« Und er wußte nicht, wie seine Stimme klang, obwohl er gerade jetzt wünschte, daß sie selbstbewußt klang.

»Ein bißchen«, antwortete sie.

»Setz dich hin«, sagte er, und Norbert machte große Augen. Was sah er da? Arnold stand auf und holte den Stuhl aus der Ecke, ja, er wischte sogar den Staub ab. »Setz dich. Der Schuh ist gleich fertig.«

Sie sah zu, wie er den Schuh bearbeitete, und auf einmal gab es nichts mehr auf der Welt als die Schusterwerkstatt, und sie war erfüllt von Atemlosigkeit und Regen und Moos und grünen Blättern.

»Bist du Syntos Tochter?«

»Seine Nichte«, erwiderte sie.

Und als er mit dem Schuheflicken fertig war, suchte er nach einer Papiertüte, in die er die Schuhe wickeln konnte, denn er sah, daß sie keine Tasche dabei hatte. »Wenn du Schuhe abholen willst, mußt du etwas zum Einwickeln mitbringen. Du kannst nicht einfach so mit den Schuhen in der Hand rumlaufen.«

»Ja«, sagte sie. »Ja.« Schnell, als wollte sie ihm einen Gefallen tun.

Er fand eine alte Zeitung, die er noch hatte lesen wollen, sobald er die Zeit dazu fand, packte die Schuhe hinein, verschnürte sie mit Zwirn und gab sie ihr, und sie nahm sie und sagte: »Danke schön«, mit diesem seltsamen kleinen Gesicht und dieser Stimme, die einen leisen Schmerz in ihm auslöste. Und sie ging und ließ die Atemlosigkeit in der Werkstatt zurück und den Geruch nach Moos und Aloe und Blättern, und es war, als ob all seine Arbeit getan sei. Und als er wieder genug Luft bekam, steckte er die Hand in die Tasche, holte Geld heraus und sagte zu Norbert: »Geh und kauf uns was zu trinken.« Und während sie dann tranken, fragte er Norbert: »Wo bist du denn hin, als du Eis holen wolltest?« Und er wartete nicht wirklich auf eine Antwort, denn er hatte gerade eben begriffen, wie Norbert, wie ein Mann, einfach auf und davon gehen konnte. Gerade hatte er begriffen, wie er alles hinter sich lassen und einfach so weggehen konnte.

»Hast du Spaß gehabt?« Obwohl dies nicht die richtigen Worte waren. Spaß gehabt! Man ging nicht weg, um Spaß zu haben. Es gab noch was anderes, einen tieferen Grund, ein Verlangen, etwas, das tief im Inneren, in der Seele erwachte. »Du weißt, was ich meine?«

»Ja«, sagte Norbert, irgendwie traurig, sanft, und in Sorge um Arnold, doch wollte er es nicht zeigen.

»Mit mir geht's auch zu Ende«, sagte Arnold, und dann stand er auf und sagte wie aus heiterem Himmel: »Wir sollten hier ein paar Bilder aufhängen. Und wir sollten Papiertüten vorrätig haben, wie in einer richtigen Firma.« Und mit dem gleichen Lächeln fuhr er fort: »Schau dir das mal an, eh. Das Mädchen sagt, sie hat 'ein bißchen Angst' vor mir. Ja, ich nehm an, das stimmt. Ein bißchen. Nicht, daß sie Angst vor mir hat. Sie hat nur ‘ein bißchen Angst’.«

Als sie an diesem Abend die Werkstatt zumachten, gingen sie beide ins Tapana Trace zu Britto. Britto wartete schon auf sie.

»Ah«, sagte er. »Da kommt ihr endlich. Ich hab schon vor Weihnachten angefangen mit dem Trinken und werd einfach nicht besoffen. Keiner da, der mit mir Rum trinkt. Aber jetzt seid ihr ja da.«

Sie gingen hinein, und Britto räumte den Tisch ab und stellte drei Flaschen Rum darauf, vor jeden eine, dazu einen Krug mit Wasser und drei Gläser, und sie begannen zu trinken.

Nach einer halben Stunde kam die Parang-Band herein, und sie sangen einen Aguanaldo und einen Joropo, und sie tranken, und Norbert stimmte ein in die schönen feierlichen spanischen Lieder, und Arnold hätte weinen mögen. Und dann wurde es Nacht, und die Parang-Band war immer noch da, und die Familie von Brittos Frau kam hinzu und ein paar von Brittos Freunden, und die Frauen tanzten mit den kleinen Kindern, und dann faßte Josephine, Brittos Nachbarin, Arnold am Arm und zog ihn auf die Tanzfläche, und er versuchte, ein bißchen mitzutanzen, und dann setzte er sich, und sie nahmen die Gaslampe ab und zündeten sie an, und Brittos Frau brachte die Portion *Lappe* herein, die sie über einem Holzfeuer im Hof gekocht hatte, und sie aßen und tranken, und mit der Musik und den Kindern und den Frauen war alles, wirklich alles, ganz wunderbar. Es war wirklich wunderbar. Und Norbert, der mehr betrunken als nüchtern in einer Ecke saß und Clemencias Schwester anmachte, holte sich noch eine Flasche Rum, brach die Versiegelung auf und wollte sie gerade an die Lippen setzen, als er Arnolds Blick auffing und zögerte, dann aber hob er die Flasche wieder zum Mund. »Laß mich tot umfallen«, sagte er. Und Arnold saß da und war in

Gedanken bei dem Mädchen, das die Welt mit Atemlosigkeit und dem Geruch nach Aloe und Blättern und Moos füllte, und er dachte, wenn sie jetzt hier bei ihm säße, würde er ebenfalls mit Freuden tot umfallen.

Neil Bissoondath

Unsicherheit

»Wir leben hier sehr unsicher, so ist das nun mal.« Alistair Ramgoolam schlug die dicken Beine übereinander und lächelte selig. Die Wirkung dieser Worte brachte seine plumpen, mit den Narben einer schlimmen Jugendakne übersäten Wangen zum Zittern. »Leute wie Sie fliegen hier herunter, und alles, was Sie sehen, ist eine schöne Insel, Sonne, Kokospalmen, Strände. Aber ich lebe hier und sehe was anderes, nämlich Studenten, die mit Marx- und Castrorufen auf dem Campus herummarschieren; immer mehr bewaffnete Polizisten; Leute, die in der Innenstadt randalieren, und ich sehe, wie meine Freunde nach Vancouver oder Miami davonlaufen. Sie sehen also, wir hier unten führen ein sehr unsicheres Leben. Daher möchte ich, daß Sie das Geld, das Ihre Firma mir schuldet, auf mein Bankkonto in Toronto überweisen, als private Absicherung. Die Bank wird mich benachrichtigen, daß das Geld eingezahlt wurde, und die Regierung hier wird überhaupt nichts davon mitkriegen.«

Nach Abwicklung ihres Geschäfts steckte der Besucher einen Zettel mit Mr. Ramgoolams Kontonummer ein und war zum Aufbruch bereit. Er bat darum, telefonieren zu dürfen. »Ich möchte ein Taxi rufen. Mein Flug geht morgen in der Frühe.«

»Nein, nein.« Mr. Ramgoolam fuchtelte ungeduldig mit seinem plumpen Arm. »Vijay wird Sie in die Stadt fahren. Sie wohnen doch im Hilton, oder?«

Der Besucher nickte.

»Vijay! Vijay!« Mr. Ramgoolams silberne Haare – die, so bemerkte der Besucher, schon bei der geringsten Bewegung durcheinanderfielen – sprangen hoch wie lebendig.

Vijays Stimme klang wie eine scheppernde Blechdose, als seine verärgerte Antwort aus den Tiefen des Hauses hervordrang. »Ich komm sofort, Pa, ich komm sofort.«

Das Plop-Plop von Vijays Tischtennisspiel war weiterhin zu hören, Mr. Ramgoolams Brust hob sich heftig, und er rief donnernd: »Vijay!«

Noch immer selig lächelnd, wandte sich Mr. Ramgoolam wieder seinem Besucher zu und sagte: »Wann kommen Sie denn das nächstemal auf die Inseln?«

Der Besucher zuckte die Achseln und lächelte. »Das kommt ganz auf die Firma an. Wahrscheinlich so bald nicht mehr.«

»Ihnen gefällt's wohl in der Yonge Street so gut, daß Sie dort gar nicht mehr wegwollen, was?« Mr. Ramgoolam lachte in sich hinein. Der Besucher lächelte höflich.

Spindeldürr und mit wildem Blick schlurfte Vijay ins Wohnzimmer. Mr. Ramgoolam begleitete den Besucher zu Vijays brandneuem Sportwagen. »Sie vergessen doch nicht, meinem Sohn den Brief zu bringen, oder? Sie wissen schon, in der Markham Street, Hausnummer und Telefonnummer stehen auf dem Umschlag. Sie vergessen's doch nicht, oder?«

»Ich vergeß es schon nicht«, sagte der Besucher. Sie schüttelten sich die Hände.

Mr. Ramgoolam war schon im Haus, als der von den Autoreifen aufspritzende Kies wieder zur Ruhe kam. Er beobachtete die Rücklichter durch ein zum Schutz vor Einbrechern vergittertes Fenster – Vijay fuhr schon wieder zu schnell, wahrscheinlich wollte er angeben; er mußte mal wieder ein ernstes Wort mit ihm reden. Nachdenklich nickte er und murmelte: »Das Leben hier ist sehr unsicher, ja, sehr unsicher.«

Alistair Ramgoolam war ein Selfmademan, der voll Stolz auf seine in Armut verbrachte Kindheit zurückblickte. Diese Armut machte er dafür verantwortlich, daß ihm die Distanz fehlte, die ihm bei seinen Freunden so oft auffiel: eine Distanz, die sich in Gleichgültigkeit und einer abschätzigen Einstellung gegenüber der Insel und ihrer Geschichte äußerte. Er hatte das Gefühl, ein besonderes Verständnis für die Insel zu haben, für ihre Geschichte und Politik, ihre Bewohner und ihre Kultur. Er hatte sich eine ganze Reihe von »Ansichten« und Anekdoten zurechtgelegt, die er bei Parties zum besten gab, um die Stimmung zu heben. Zu seinem Verdruß zeigten seine Ansichten und Anekdoten jedoch selten die gewünschte Wirkung, sondern riefen statt dessen nur schweigendes Desinteresse hervor. Er hatte seine Geschichten aufgeschrieben und das dünne Bändchen im Selbstverlag herausgegeben, doch mit Ausnahme der von ihm verschenkten Exemplare verstaubten die übrigen fünfhundert Ausgaben in Pappkartons unter der Tischtennisplatte.

Mr. Ramgoolam hatte die Briten noch als Kolonialherren erlebt und den Abschiedsball für den letzten britischen Gouverneur besucht. Er hatte miterlebt, wie bei Ausbruch des Zweiten Weltkriegs die Amerikaner anrückten, auf großen Flächen besten Ackerlands ihre Stützpunkte errichteten, und wie mehr als zwanzig Jahre nach Kriegsende die letzten von ihnen abzogen, das Sternenbanner sicher unterm Arm ihres Kommandanten verwahrt. Er hatte gesehen, wie die Briten, nun nicht länger die Herren und kaum noch respektiert, das Land in eine Art Unabhängigkeit entließen. Und er mußte mitansehen, wie dieser euphorische Zustand schnell in ein wildes, von Radikalen und Verrückten beherrschtes Treiben ausartete.

Er selbst hatte das Gefühl, daß ihm sein Leben am Rand der Ereignisse eine gewisse Autorität und ein Verständnis für das Vergangene verlieh. Die Gegenwart jedoch, voller Verwirrung und Korruption, bekam er nicht in den Griff. Dieses Gefühl der Unsicherheit nährte Mr. Ramgoolams innere Unruhe.

Einen bestimmten Tag, Ende August 1969, würde er nie vergessen. Er war aus seinem klimatisierten Büro in der Stadt geeilt, um den leitenden Zollbeamten am Hafen zu besuchen. Als Importeur von Nahrungsmitteln und Weinen aus dem Ausland war es Mr. Ramgoolam zur Gewohnheit geworden, die Amtspersonen, die über die verschiedenen Einfuhrstempel verfügten, fröhlich und zufrieden zu stimmen. An diesem Tag lief er eilig über den Platz in der Innenstadt, da schob ihm ein schwarzer Jugendlicher, dessen Haare sich wie Würmer wild um den Kopf schlängelten, ein rosa Flugblatt in die unwilligen Hände: ein sozialistisches Traktat, das von neuen und bombastischen Wortschöpfungen nur so strotzte. Mr. Ramgoolam blickte irritiert darauf, entdeckte dabei mehrere Schreibfehler, knüllte es zusammen und warf es auf den Bürgersteig. Dann erinnerte er sich, daß er Mitglied des Komitees der Handelskammer »Für eine saubere Stadt« war, und hob das Flugblatt wieder auf. Später am Abend fand er es in seiner Hosentasche. Er strich es glatt, las es und entschied, daß es sich dabei um nichts geringeres handelte als um Subversion und Hochverrat. Bei seinem nächsten Partybesuch erläuterte er seine Ansichten zum Sozialismus. Man ließ ihn wissen, er solle endlich damit aufhören, alle zu langweilen.

Nicht lange nach der Party kam es auf den Straßen zu Demonstrationen und Unruhen, über die im Fernsehen und in den Zeitungen als »Black Power« berichtet wurde. In Mr. Ramgoolams Geschäft ging eine Schaufensterscheibe zu Bruch, die Wände wurden mit den Slogans »Sozialismus« und »Schwarzer Kommunismus« beschmiert. Diese Worte verhexten die wenigen schwarzen Haare, die Mr. Ramgoolam noch geblieben waren, und ließen sie zwischen den vielen silbernen verschwinden.

Während Mr. Ramgoolam beobachtete, wie die letzte schwarze Strähne ergraute, wurde ihm klar, daß sich unter dieser unfähigen Regierung und mit dem wachsendem Einfluß des Militärs über Nacht ein so grundlegender/ katastrophaler Wandel im Land ereignen könnte, daß dann keine andere Wahl blieb, als rasch die Flucht zu ergreifen. Mißlang diese, winkte bestenfalls die Aussicht auf Armut.

Er hatte keinerlei Verlangen, zur mittellosen Würde seiner Kindheit zurückzukehren: Stolz war eine Sache, Dummheit etwas völlig anderes, und Alistair Ramgoolam war sich des Unterschieds sehr wohl bewußt.

Er begann sich nach Möglichkeiten umzusehen, Geld von der Insel auf ein illegales Konto im Ausland zu schmuggeln. Einfallsreich wie er war, fand er bald mehrere nicht nachweisbare Methoden: Ankauf von Reiseschecks und Bankwechseln von Freunden, Begleichung offener Rechnungen durch ausländische Firmen auf das illegale Konto, Ankauf fremder Währungen von Reisenden zu günstigen Wechselkursen. Sein ältester Sohn studierte in Toronto, also eröffnete Mr. Ramgoolam dort mit seiner Hilfe ein Konto.

Das Guthaben vermehrte sich rasch. Mr. Ramgoolam übernahm den Export einheimischer Lebensmittel und kunsthandwerklicher Gegenstände, dabei gab er der Inselregierung geringere Preise an, als er den ausländischen Firmen berechnete. Die Differenz landete auf dem Konto in Toronto. Jeder Cent, den er nicht für seinen recht gehobenen Lebensstil ausgab, floß in den Ankauf von Bankwechseln und Reiseschecks.

Dem unzuverlässigen Postdienst, der jeden Tag teurer wurde, vertraute Mr. Ramgoolam die Korrespondenz mit seinem Sohn nicht an. Besucher, die nach Toronto reisten oder von dort kamen, Freunde oder Fremde, wurden um diese Gefälligkeit gebeten.

Im Lauf der Jahre, in denen Mr. Ramgoolam sein Gewerbe ständig ausbaute und seine Auslandsgeschäfte immer mehr ausweitete, wuchs das Guthaben auf seinem Konto stetig und betrug schließlich mehr als vierzigtausend Dollar.

Voll Genugtuung betrachtete er seine Sparbücher. Sollte eine Flucht notwendig werden – und je mehr Zeit verstrich, um so mehr war Mr. Ramgoolam davon überzeugt, daß dies der Fall sein würde –, gäbe es mehr zu retten als das nackte Leben.

Je unsicherer die Insel wurde, um so sicherer fühlte er sich selbst. Aus dieser sicheren Unsicherheit wuchs in ihm eine neue, nie zuvor erlebte Einstellung. Die Insel seiner Geburt, auf der er aufgewachsen war und wo er sein Glück gemacht hatte, veränderte sich in seiner Vorstellung zu einer Art Durchgangsstation. Ihre Geschichte verlor an Bedeutung, und die Gegenwart verwandelte sich in ein instabiles Gebilde, das sich irgendwann auflösen würde. Das Chaos war vorprogrammiert, und ihm blieb nur noch, sich auf der Insel bis dahin so gut wie möglich zu amüsieren. Er konnte zwar darauf hoffen, hier zu sterben, doch seine Enkel, vielleicht sogar schon seine Kinder, würden die Emigration, die sein Großvater in Indien begonnen hatte, fortführen, wobei die Insel letztendlich nur als Zwischenstation gedient hatte.

Als das Guthaben auf dem Konto in Toronto fünfzigtausend Dollar betrug, erhielt Mr. Ramgoolam einen Brief von seinem ältesten Sohn. Er erinnerte seinen Vater daran, daß Vijay bald zum Studieren nach Toronto kommen sollte und daß die fünfzigtausend Dollar unnütz auf dem Konto lagen, dort zwar Zinsen ansammelten, aber doch sehr langsam. Wäre es nicht besser, in ein Haus zu investieren? Dies würde bedeuten, daß Vijay – hier bemerkte Mr. Ramgoolam, daß sein ältester Sohn sich selbst diskret ausgelassen hatte – keine Miete bezahlen müßte und, da die Grundstückspreise in Toronto rasant stiegen, ein bescheidenes Fünfzigtausend-Dollar-Haus später mit großem Profit weiterverkauft werden könnte.

Als er den Brief das erstemal las, entfuhr Mr. Ramgoolam unwillkürlich ein leises Lachen. Sein so auf Selbständigkeit bedachter Sohn schien nach einer Möglichkeit zu suchen, keine Miete zu zahlen. Doch dann fühlte er aufgestaute Wut in sich hochsteigen: sein Sohn hatte immer betont, wie unabhängig er war und daß er allein zurechtkommen würde. Für Privilegien selbst zu zahlen, fand Mr. Ramgoolam, war doch eigentlich die Grundvoraussetzung, um unabhängig zu werden. Er dachte nicht länger über den Vorschlag nach.

Später an diesem Abend, kurz vorm Schlafengehen, las er seiner Frau den Brief laut vor. Das war unter ihnen schon lange so üblich, da sie sich ständig über ihre »schlechten Augen« beschwerte. Als er dann im Bett lag, gingen ihm die Worte »großer Profit« immer noch durch den Kopf.

»Wirst du es kaufen?« fragte seine Frau.

»Wär keine schlechte Idee. Ich muß drüber nachdenken«, erwiderte er.

Als er gegen vier Uhr am nächsten Morgen aufwachte – der üblichen Zeit für seine Hinduandacht – hatte Mr. Ramgoolam sich entschieden. Er lief im Garten umher, pflückte die taubedeckten Blüten, mit denen er die Gottheiten in seinem privaten Gebetsraum schmücken wollte, und während er die kühle, frische Luft im Zwielicht der frühen Morgendämmerung einatmete, gelangte er zu der Überzeugung, daß sein Entschluß bereits von der Schönheit des Morgens gesegnet war.

Nach einer kalten Dusche schlang sich Mr. Ramgoolam einen Dhoti aus feiner Baumwolle um die Hüften und betete zu seinen Göttern. Er bat sie um ihren Segen für sich, seine Frau, seine Söhne und auch für das neue Haus, das bald in Toronto gekauft und bar bezahlt werden sollte. Er war der Überzeugung, daß Geschäftsunternehmungen, auf denen der Segen der Götter ruhte, sicherer waren als ungesegnete.

Den Rest des Morgens verbrachte er damit, seinem Sohn einen Brief zu schreiben, in dem er ihn anwies, ihn zu Rate zu ziehen, bevor er irgendwelche Abmachungen traf. Er wollte nicht, daß irgendein betrügerischer Makler seinen Sohn hereinlegte, mochte der sich auch noch so gut in Toronto auskennen. Er mahnte ihn ebenfalls, daß das Haus in der Nähe von Vijays Schule liegen sollte, so daß er nicht zu weit fahren müßte: eine kurze Fahrt mit öffentlichen Verkehrsmitteln war akzeptabel, doch sein Sohn sollte immer daran denken, daß ein Ramgoolam nicht auf Busse und Bahnen angewiesen war, das war unter seiner Würde.

Das war ein wichtiger Punkt, fand Mr. Ramgoolam. Vielleicht würde diese Überlegung seinen unabhängigen Sohn dazu bringen, seine Ziele höher zu stecken. Wahrscheinlich benutzte er in Toronto den öffentlichen Nahverkehr ziemlich regelmäßig, während es ihm hier auf der Insel nicht einmal im Traum einfallen würde, neben einem schwitzenden Bauern Platz zu nehmen. Der Brief, so hoffte Mr. Ramgoolam, würde seinen ältesten Sohn an den Lebensstandard erinnern, der von einem Mitglied seiner Familie erwartet wurde.

Noch am selben Abend wurde der Brief dem Freund eines Freundes eines Freundes übergeben, der, wie es der Zufall wollte, auf dem Weg nach Toronto war.

Eine Woche verging, ohne daß Mr. Ramgoolam etwas von seinem Sohn hörte. Er begann sich Sorgen zu machen: wenn *er* ein Haus kaufen würde, hätte *er* sicher schon längst eines gefunden und den Vertrag bereits unterzeichnet. Dieser Sohn hatte einfach keinen Geschäftssinn: Kannte er denn nicht den Spruch, Zeit ist Geld? Eine Woche konnte einen Unterschied von tausend Dollar ausmachen! Zu seiner Frau sagte Mr. Ramgoolam: »Ich wäre froh, wenn er das Selbständigwerden mit dem Geld anderer Leute lernen würde.«

Gerade als er im Garten spazierenging, sich um sein Geld sorgte und dabei mit dem Fuß nach dem Gras stieß, rief Vijay aus dem Haus: »Pa, Pa, Telefongespräch aus Toronto.«

Mr. Ramgoolam eilte hinein, so schnell, daß seine Wangen zitterten. »Hallo«. Es war ein Anruf des Immobilienmaklers.

Die Vermittlung meldete sich: »Übernehmen Sie die Gebühren?«

Die Gebühren übernehmen? Mr. Ramgoolam verlor für einen Moment die Fassung. »Nein.« Er schleuderte den Telefonhörer auf die Gabel. Er starrte Vijay an, der am Eßtisch saß. »Was ist das denn für ein Geschäftsmann? Meldet sich per R-Gespräch. Er bekommt mein Geld und erwartet, daß ich sein Geschäftsgespräch zahle? Der is' wohl verrückt oder was?« Wütend lief er in den Garten hinaus. Alle paar Minuten konnte Vijay ihn vor sich hinbrummeln hören: »So was von billig.«

Eine halbe Stunde später klingelte das Telefon erneut. Dieser Anruf war von seinem Sohn und glücklicherweise kein R-Gespräch. Als erstes sagte Mr. Ramgoolam; »Schaff mir diesen billigen Makler vom Hals. Ich trau ihm nicht. Besorg einen anderen.«

Der Sohn stimmte zu. Dann fragte er, ob sein Vater bereit wäre, mehr als fünfzigtausend auszugeben, so an die sechzig, fünfundsechzig. Soviel mußte man mindestens für ein gutes Haus in einer anständigen Gegend ausgeben. Für weniger Geld würden sie zwar auch schon ein gutes Haus bekommen, aber für Vijay wäre dann der Weg mit öffentlichen Verkehrsmitteln weiter.

Mr. Ramgoolam stellte sich Vijay neben einem stinkenden Fischverkäufer in einem klapprigen Bus vor. Kalter Schweiß trat ihm auf die Stirn. »Halt, wart mal 'ne Minute ... gut, gut, sechzig oder fünfundsechzig. Aber keinen Cent mehr. Und schließ das Geschäft schnell ab. Zeit ist Geld, das weißt du ja.«

Die Zeit schleppte sich dahin. Eine ganze Woche lang war nichts aus Toronto zu hören. Mr. Ramgoolam begann sich Sorgen zu machen. Was hatte sein nichtsnutziger Sohn jetzt schon wieder vor? Wahrscheinlich verschwendete er wie üblich seine Zeit, trieb sich irgendwo rum, auf der Suche nach seiner Unabhängigkeit.

Eine weitere Woche verstrich, und Mr. Ramgoolam kam bei dem Gedanken an das Haus in Toronto ins Grübeln. Er mußte immerzu daran denken. Er ging nicht mehr ins Büro. Selbst Gebete vermochten seine wachsenden Zweifel nicht zu beseitigen. War es nicht besser, das Geld sicher auf der Bank zu haben, wo es, langsam zwar, aber doch sicher, Zinsen einbrachte? Und was war mit Vijay? Das Geld für seine Schulausbildung sollte von diesem Konto gezahlt werden: jetzt mußte er ihm noch Geld mitgeben, und damit hatte Mr. Ramgoolam nicht gerechnet. Darüber hinaus würde das Haus zehn- bis fünfzehntausend Dollar mehr kosten, als auf dem Konto in Toronto war: eine Menge Geld, das er da außer Landes schmuggeln mußte. Würde er deswegen eine Hypothek aufnehmen müssen? Er haßte Hypotheken und Kredite. Er haßte Schulden. Kauf nur, wenn du's bezahlen kannst – so lautete noch eines seiner Prinzipien.

Nach drei weiteren Tagen und einer schlaflos verbrachten Nacht schlüpfte Mr. Ramgoolam morgens um 3.30 Uhr aus dem Bett. Er konnte ebensogut beten. Das half ihm immer, beruhigte ihn zumindest ein bißchen.

Der Morgen war düster, die Blumen, die er gesammelt hatte, verwelkt und durchweicht. Er stieß sich den Zeh an einem Stein und fluchte leise auf Hindi. Die kalte Dusche wirkte nicht erfrischend, sondern war einfach nur kalt.

Er betete, doch sein Dhoti hing trostlos an ihm herab, und seine Götter waren traurig über ihre verblaßten Blüten.

Als er fertig war, schrieb er einen eiligen Brief an seinen Sohn und wies ihn an, alles Geld auf der Bank zu lassen und den Hauskauf zu vergessen. Er könne sich das zur Zeit nicht leisten, erklärte er.

Er unterschrieb und versiegelte den Brief. Er überlegte kurz, ob er telefonieren oder telegrafieren sollte, fand aber beides zu teuer. Als nächstes mußte er jemanden finden, der nach Toronto fuhr, was ein leichtes war: der Repräsentant seines wichtigsten Klienten in Toronto, der im Hilton wohnte, würde an diesem Abend in sein Haus kommen, um ein Geschäft abzuschließen und die Kontonummer in Toronto zu erfahren. Er konnte den Brief mitnehmen.

Fünf Tage vergingen, und Mr. Ramgoolam hörte nichts von seinem ältesten Sohn. Wieder begann er sich Sorgen zu machen. Konnte dieser Dummkopf nicht anrufen, um ihm zu bestätigen, daß er den Brief erhalten hatte und daß das Geld in Sicherheit war? Mit brennenden Magenschmerzen verbrachte er den Morgen im Bett.

Der Anruf kam am Morgen des sechsten Tages.

»Hallo, Pa?« Die Stimme seines Sohnes klang deutlich und klar, als telefoniere er von der anderen Straßenseite. »Du bist jetzt der stolze Besitzer eines Hauses in Toronto. Gestern wurde das Geschäft abgeschlossen. Alles ist erledigt.«

Mr. Ramgoolam bekam den Mund nicht mehr zu. Seine Wangen zitterten. »Was? Hast du meinen Brief nicht bekommen?«

»Du meinst den, den der Firmenvertreter mit hochgebracht hat? Noch nicht. Er hat mich erst letzte Nacht angerufen. Ich hole den Brief heute abend ab, vorm Ballett.«

»Vorm-vorm-vorm Ballett?« Mr. Ramgoolam fuhr sich mit seinen dicklichen Fingern über das schweißbedeckte Gesicht. Er konnte fühlen, wie sein Herz schwer gegen das Fett in seiner Brust pochte.

»Ja, ich gehe heute abend ins Ballett. Gute Nachricht, das mit dem Haus, was? Ich habe es genau so gemacht, wie du es mir gesagt hast, Pa. So schnell wie möglich. Zeit ist Geld, wie du immer sagst.«

»Ja-ja«, sagte Mr. Ramgoolam. »Zeit ist Geld, mein Sohn, Zeit ist Geld. Wir leben hier sehr unsicher, weißt du.«

»Was?« fragte der Sohn zurück.

»Nichts.« Mr. Ramgoolam fuhr sich mit zittrigen Fingern durch die Haare. »Wiederhörn.« Er legte den Hörer auf. Der

Holzboden schien unter ihm zu schwanken, und einen Augenblick lang hatte er das Gefühl des Gleitens, sein Leben schien wie eine Flüssigkeit auszulaufen. Er sah seinen Sohn im Wohnzimmer des Hauses in Toronto sitzen – er saß dort und lächelte, in einem Zimmer, von dessen Existenz Mr. Ramgoolam wußte, ohne daß er jedoch feste Umrisse erkennen konnte – und plötzlich begriff er, wie weit sein Sohn sich von ihm entfernt hatte. So wie sein eigener Vater sich von Indien entfernt hatte; genauso wie er selbst sich immer weiter von dem Leben entfernt hatte, für das in der Erinnerung sein Vater stand und dann, später im Leben, von dem, was er selbst auf der Insel gekannt hatte – so hatte sein ältester Sohn ebenfalls einen Schritt weiter fort getan. Mr. Ramgoolam hatte sich ausmalen können, wie das Geld auf der Bank lag, Stapel von Banknoten, dieses Haus jedoch und sein Sohn, der darin saß, mit Karten fürs Ballett in der Hand, das war unklar, verschwommen, kaum faßbar. Er sah sich nun selbst als Zurückgelassener, gefangen zwischen dem Schatten seines Vaters und, völlig unerwartet, dem seines Sohnes. Und er wußte, daß seine Unsicherheit, die er bis dahin immer in dem Land um sich herum, in den Dingen des Alltags gesucht hatte, nun in ihm selbst war. Es war, als seien seine Beine plötzlich hohl geworden, wie zwei äußerst zerbrechliche Hülsen.

Es blieb nur noch eines, eine Sache, an der er sich festhalten konnte. Er eilte in sein Zimmer, schob seine Frau beiseite und zog sich hastig an. Dann nahm er einen kräftigen Schluck seiner Magenmedizin und rief Vijay laut zu, er solle ihn ins Büro fahren.

Jamaica Kincaid

Mädchen

Wasch die weißen Sachen immer gleich montags und leg sie auf den Steinen dann aus. Das Bunte wäscht man am Dienstag und hängt es auf die Leine zum Trocknen. Man läuft nicht ohne Kopfbedeckung in der Sonne herum. Zum Fritieren der Kürbisschnitzel nimmt man sehr heißes, ungesäuertes Öl. Weich deine kleinen Sachen am besten gleich ein, wenn du sie ausgezogen hast. Wenn du Baumwollstoff kaufst, um dir selbst eine nette Bluse zu nähn, mußt du darauf achten, daß er nicht appretiert ist, die Freude dauert sonst nur bis zur ersten Wäsche. Stockfisch muß man vor dem Kochen eine Nacht lang in Wasser legen. Stimmt es, daß du in der Sonntagsschule dieses schreckliche Lied singst? Du solltest stets so zu essen versuchen, daß sich keinem andern der Magen umdreht. Bemüh dich, sonntags wie eine Lady zu gehen und nicht wie die Schlampe, die du unbedingt werden willst. Sing in der Sonntagsschule um Gottes willen nicht dieses Lied! Sprich nicht mit den Jungen vom Hafen, es sind Ratten, nicht mal, um ihnen einen Auftrag zu geben. Iß kein Obst auf der Straße, sonst folgt dir ein Fliegenschwarm. *Aber ich singe sonntags dieses Lied nicht, und schon gar nicht in der Sonntagsschule.* So näht man einen Knopf an. So macht man das Knopfloch für den Knopf, den man angenäht hat. Den Kleidersaum mußt du sofort wieder annähen, wenn er runterhängt, damit kannst du verhindern, daß du wie eine Schlampe aussiehst, zu der du das Zeug hast. So bügelt man das Khakihemd des eigenen Vaters, daß keine Falte entsteht. Und so die Khakihosen des eigenen Vaters, daß auch keine Falte entsteht. Das lohnt sich, so wie den Eibisch immer ein Stück vom Haus entfernt pflanzen, weil er die roten Ameisen anzieht. Wenn du Kolokasien pflanzt, dann mußt du darauf achten, daß sie stets genügend Wasser bekommen, andernfalls brennt dir beim Essen die Kehle. So fegt man eine Ecke. So fegt man ein Haus. So fegt man einen Hof und nicht anders. So lächelt man Leuten zu, die man nicht so gut leiden kann. So lächelt man Leuten zu, die man überhaupt nicht ausstehen kann. So lächelt man jemand zu, den man rundherum mag. So deckt man einen Teetisch. So deckt man einen Dinnertisch. So deckt man einen Dinnertisch, wenn man einen wichtigen Gast erwartet. So deckt man zum Lunch den Tisch. So mußt du immer den Frühstückstisch decken. So solltest du dich in der Gegenwart von Männern benehmen, die dich nicht so gut kennen. Auf diese Weise werden sie die Schlampe, die trotz meiner Warnungen in dir steckt, wenigstens nicht sofort erkennen. Schwöre, daß du dich jeden Tag wäschst. Und wenn's mit der eigenen Spucke wäre. Bück dich nicht, um mit Murmeln zu spielen, du bist kein Junge, wie du ja weißt. Pflück nicht die Blumen von anderen Leuten, du könntest dir da was holen. Wirf keine Steine auf Amseln, weil es sein kann, daß es gar keine Amseln sind. Dies ist die einzige Art, wie man Brotpudding macht. So macht man Doukona. So macht man einen Pfeffertopf. So erhält man eine gute Medizin für eine Erkältung. So erhält man eine gute Medizin, ein Kind loszuwerden, bevor's noch eins ist. Das ist, wie man einen Fisch fängt. Das ist, wie man einen Fisch einfach zurückwirft, den man nicht will, und so wird dich was Schlimmes nicht anfalln. So hat man einen Mann am Schnürchen. So hat ein Mann einen am Schnürchen. So liebt man einen Mann, und wenn das nicht klappt, hat man andere Mittel und Wege, und wenn alles nicht anschlägt, mußt du die Niederlage verkraften. Man spuckt in die Luft, wenn einem so ist, man muß nur schon weiter sein, wenn die Spucke herabfällt. So streckt man sich nach der Decke. Fühl immer das Brot an, damit du wirklich frisches bekommst. *Aber was ist, wenn der Bäcker mich das Brot nicht anfassen läßt?* Wie kommst du darauf, daß du nach alldem die Sorte Frau bist, die der Bäcker nicht an sein Brot ranläßt?

Olive Senior Zwei Großmütter

I

Mummy, weißt du was? Großmutter Del hat ganz kleine Küken. Gelbe und weiße. Sie hat sie mich halten lassen. Und ich helf ihr, die Eier einzusammeln, aber ich geh nicht gern allein hinters Haus wegen dem Truthahn, der schnappt immer so nach meinen Beinen, er macht mir angst, und der Nachbar, Mr. SonSon, hat kleine Ferkel, ich mag aber die Mutter von denen nicht. Großmutter wohnt in dem hübschen kleinen Haus mit weißen Spitzenvorhängen an allen Fenstern. Mummy, du mußt nächstes Mal mit mir und Daddy mitkommen, und dann kannst du durch die Jalousien linsen – Großmutter nennt sie Rolläden, ist das nicht komisch –, und du kannst die Leute draußen vorbeigehn sehn. Aber sie können dich nicht sehn. Mummy, warum können wir keine Spitzenvorhänge wie die von Großmutter Del haben, damit wir durch sie linsen können? An unserem Haus geht niemand vorbei außer den Gärtnern und den Dienstmädchen und den Leuten, die betteln, und den Rastas, die Besen verkaufen. Viele, viele Leute gehn an Großmutter Dels Haus vorbei, und sie rufen alle nach ihr, und Großmutter Del kennt jeden. Meine besondere Freundin ist Miß Princess, die Postbeamtin, die in der Kirche die Orgel spielt, sie hat enganliegende Kleider aus glänzendem Stoff an und trägt ihr Haar hochgesteckt, und sie geht ganz, ganz langsam, und alle sagen, daß sie ein Auge auf Mr. Blake geworfen hat, den neuen Lehrer, und sie hält den Gottesdienst in der Kirche, wenn der Herr Pfarrer nicht da ist, und dann wird Miß

Princess so nervös, daß sie alle Lieder durcheinanderbringt. Mr. Mack ist gekommen und hat Großmutters Dach repariert, und Großmutter hat die ganze Zeit »Armer Mann, armer Mann« gesagt. Mr. Macks Töchter Eulalie und Ermandine sind große Mädchen und gehn in die Mittelschule in der Stadt, obwohl Eulalie einen Fehltritt getan hat, und sie wissen nicht, was sie machen sollen, Mummy, warum sind sie alle so besorgt, daß Eulalie einen Fehltritt getan hat? Sie hat sich nicht das Bein gebrochen oder so was, denn sie geht den ganzen Tag am Haus vorbei und sieht kerngesund aus, finde ich.

Mummy, ich mag Großmutter Dels Haus wirklich, es ist nett und gemütlich und dunkel und kühl drinnen, mit den großen gerahmten Fotos von ihrer Familie und Daddy als Baby und Daddy als kleiner Junge und Daddy in der Fußballmannschaft, sie haben in dem Jahr den Manning-Cup gewonnen, hat Großmutter gesagt, hast du das gewußt, Mummy? Und Daddy an der Universität und ein Hochzeitsbild von Daddy und dir und mir als Baby und all die Fotos, die du Großmutter jedes Jahr schickst, aber das sind die kleinen Fotos auf dem Beistelltisch mit dem wunderschönen weißen Tischtuch aus Spitze. In dem Bilderrahmen an der Wand ist Urgroßvater Del mit einem langen Bart und Schnurrbart, er sitzt auf einem Stuhl und Urgroßmutter steht hinter ihm, und dann ist da ein Foto von Großmutter selbst als junge Dame mit ihrer Hochfrisur, wie Miß Princess eine hat, und ihre Beine hat sie an den Knöcheln übereinandergeschlagen, sie sieht so hübsch aus. Aber weißt du was, Mummy, ich hab kein einziges Foto von Daddys Vater gesehn, und als ich Großmutter danach gefragt hab, ist sie wütend geworden und hat mich weggejagt. Sie ist sogar noch wütender geworden, als ich sie nach ihrem Hochzeitsfoto gefragt hab. Ich hab's ja nur ansehn wollen.

Mummy, weißt du, daß mich Großmutter in die Sonntagsschule schickt? Wir bleiben für den Gottesdienst der Erwachsenen da, und ich geh mit ihr und all den Leuten nach Haus, es ist so nett. Nur der Herr Pfarrer kommt in einem Auto zur Kirche. Mummy, bist du in die Sonntagsschule gegangen? Ich geh mit Joycie, einem großen Mädchen, das neben uns wohnt, und Großmutter hat drei Kleider für mich genäht. Sie sagt, sie versteht nicht, wie ein kleines Mädchen – das bin ich – nur mit Bluejeans und T-Shirts und Shorts und ohne ein einziges Kleid für die Kirche von zu Hause wegfahren kann. Sie hat diese komische Nähmaschine, nicht so eine wie Tante Thelma, sie braucht die Füße, damit sie läuft, wie die Orgel in der Kirche, in der Miß Princess mit den Füßen nur so pumpt, damit dieser wunderschöne Klang rauskommt, und sie arbeitet so schwer, du solltest sie dabei sehn, und das erstemal, als ich in Großmutters Kirche ging, hab ich so vor den Fledermäusen Angst gehabt! Die Kirche ist voll von Fledermäusen, aber meistens bleiben sie hoch oben unterm Dach. Aber sobald die Orgel am Sonntag spielt, flattern die Fledermäuse an, immer tiefer runter, und eine ist so tief runtergekommen, daß ich vor Angst schier gestorben bin und mich so eng an Großmutter geklammert hab, daß mein Hut runterfiel.

Hab ich dir gesagt, daß Großmutter mir mit eigenen Händen einen Hut für die Kirche gemacht hat? Sie hat einen ihrer alten Strohhüte auseinandergenommen, *leghorn* hat sie ihn genannt, und hat mir einen kleinen Hut gemacht, der genau auf meinen Kopf paßt, mit einem Strauß winziger rosaroter Blumen. Großmutter hat ihn mir aber nicht mitgegeben, auch nicht meine Sonntagskleider, sie sagt, sie wird sie behalten, bis ich zurückkomme, denn sie weiß, daß ich in der Stadt gottlos aufwachse. Wenn Großmutter mich für die Kirche zurechtmacht, seh ich in meinen Kleidern wunderschön aus, sie macht sie mit Spitzen und Schleifchen und Plissees. Und auch mit meinem Hut, ich spür, daß ich etwas Besonderes bin, weil meine eigene Großmutter das alles für mich mit ihren eigenen Händen gemacht und nicht in einem Laden gekauft hat. Großmutter kämmt mein Haar so gerne, sie sagt, es ist so lang und dick, und sie reibt es jeden Abend mit Rizinusöl ein. Ich hasse den Geruch von Rizinusöl, aber sie sagt, es ist das Beste, was es für das Haar gibt, und nach einer Weile werde ich den Geruch sogar mögen. Großmutter Del sagt, daß meine Haut so wunderschön wie Honig ist und daß ich überhaupt eine schöne braune Dame bin und innen genauso schön werden soll, wie ich's außen bin, aber, Mummy, wie mach ich das bloß?

Die Abende bei Großmutter sind sehr komisch. Mummy, kannst du dir vorstellen, daß es keinen Fernseher gibt? Und daß es ganz, ganz dunkel ist? Keine Straßenbeleuchtung oder sonst ein Licht. Wir gehn früh ins Bett, und jeden Abend zündet Großmutter die Öllampen an, und dann blasen wir sie aus, wenn wir ins Bett gehn, dazu muß man ganz tief Luft holen, und jeden Morgen schaut sich Großmutter die Öllampen genau an und putzt die Schirme. Auf ihnen steht ringsherum »Home Sweet Home«. Sie sind so schön. Großmutter putzt die Lampenschirme mit Zeitungspapier. Sie sagt, wenn ich nächstes Jahr komme, bin ich alt genug, dann kann ich sie ganz allein putzen. Großmutter kennt so wunderbare Geschichten; sie erzählt mir jeden Abend Geschichten, keine Geschichten aus Büchern, weißt du, sondern Geschichten grad aus ihrem Kopf heraus. Wirklich! Ich werd die Geschichten von Großmutter auswendig lernen, damit ich mich, wenn ich eine erwachsene Dame bin, an all die Geschichten erinnere und sie meinen Kindern erzählen kann. Mummy, glaubst du, daß ich das kann?

2

Mummy, weißt du, Großmutter Elaine ist so komisch, sie sagt, ich soll sie nicht mehr mit Großmutter anreden, ich soll sie wie alle anderen Towser nennen, weil ich so schnell wachse, daß es niemand glauben würde, daß sie so eine große junge Dame zur

Enkelin hat. Ich find's komisch, ich übe immer, wie ich sie Towser nenne, obwohl sie doch immer noch meine Großmutter ist. Ich hab zu ihr gesagt: »Großmutter, ich meine Towser, Großmutter Del hat mich allen als ihre Enkelin vorgestellt, sie nennt mich ihre ›kleine Enkelin‹.« Und Großmutter Elaine hat gesagt: »Schätzchen, so wie deine Großmutter Del aussieht und sich benimmt, kann sie gar nichts anderes sein als eine Großmutter, und, Liebling, sie und ich gehören völlig verschiedenen Generationen an.«

Großmutter Elaine sagt manchmal so komische Sachen. Gestern abend hat sie sich zum Beispiel zum Ausgehen angezogen und sich geschminkt, und ich hab gesagt: »Großmutter« (sie hieß damals noch Großmutter für mich), ich hab gesagt: »Großmutter, du solltest dein Gesicht nicht so anmalen, in der Bibel steht geschrieben, daß es eine Sünde ist. Großmutter Del sagt das, und ich werd mein Gesicht nie anmalen.« Und sie hat gesagt: »Schätzchen, bei aller Achtung vor deiner Großmutter väterlicherseits, sie ist eine reizende Dame oder war eine, als ich sie zum ersten- und letztenmal bei der Hochzeit getroffen habe, und sie hat in ihrem Leben einmal etwas absolut Phantastisches vollbracht, nämlich einen Sohn, deinen verehrten Vater, zu produzieren, einen Mordskerl, aber Liebling, davon abgesehen ist deine Großmutter Del eine Landpomeranze, wie's schlimmer nicht geht, und zitier ihr gottverdammtes Gerede nicht bei mir.« Mummy, weißt du, daß Großmutter Elaine die ganze Zeit so *flucht*? Ich hab gesagt: »Großmutter, du sollst nicht fluchen und den Namen unseres Herrn nicht unnütz im Munde führen.« Und sie hat gesagt: »Liebes Kleines, bei aller Achtung vor dem grauen Haar deiner alten Großmutter und der erstklassigen Gehirnwäsche, die sie mit dir macht, weil dein Daddy das zuläßt, ich wünschte mir, meine Enkelin würd mich in Ruhe lassen und mich in Frieden zur Hölle fahren lassen.« Kannst du dir vorstellen, daß sie das gesagt hat?

Sie ist wirklich wütend, daß du mir erlaubt hast, bei Großmutter Del zu bleiben. Sie sagt: »Schätzchen, ich weiß nicht, was sich deine Mutter denkt, wenn sie dich so lange zu ihr aufs finsterste Land läßt. Ich werd mich um dich kümmern müssen. Es ist mir peinlich, wenn ich höre, was du manchmal so von dir gibst. Deine Mutter wäre besser beraten, dich nächsten Sommer auf den Etikettekurs zu schicken, man kann nicht früh genug damit anfangen. Melody-Ann von nebenan ist letztes Jahr hingegangen, und es hat bei ihr Wunder bewirkt, sie hat sich von einem Trampel in eine richtige kleine Dame verwandelt.« Weißt du, Mummy, ich kann Melody-Ann wirklich nicht mehr ausstehen. »Und deine Mutter täte gut daran, etwas für dein Haar zu tun, jetzt ist es so drahtig wie das Haar deines Vaters, und ich hab deine Mutter von Anfang an gewarnt, ich hab gesagt: ›Liebling, viel Liebe ist ja gut und schön, aber was ist mit dem Haar von dem Kind?‹ Wenn du mein Kind wärst, würd ich's glatt abschneiden, um was von der Krause wegzukriegen.« Mummy, du wirst doch mein Haar nicht abschneiden, oder? Daddy und Großmutter Del mögen es so, wie es ist. Was meint Großmutter Elaine, wenn sie sagt, daß mein Haar drahtig ist, Mummy?

Mummy, kann ich dir ein Geheimnis verraten? Großmutter, ich meine Towser, hat's mir erzählt und gesagt, daß es ein Geheimnis ist, aber du bist ja ihre Tochter, und so wird sie es mir nicht übelnehmen, wenn ich dir's sage. Weißt du, daß Towser einen neuen Freund hat? Er ist am Samstag abend gekommen und hat sie abgeholt, weißt du noch, ich hab dir gesagt, daß Joyce mit mir aufgeblieben ist und daß wir zusammen ferngesehen haben, während Towser ausgegangen ist? Das war neulich, als sie ihr Gesicht angemalt hat, und dann hat sie ihr phantastisches silbernes Abendkleid angezogen, weißt du, das ohne Träger, und ihre Diamanten hat sie auch dazu angelegt, die ihr ihr Mann, der nach Großvater kam, geschenkt hat, und ich war so stolz, daß sie meine Großmutter war, sie hat wunderbar ausgesehen, wie eine Million Dollar, und als ich ihr das gesagt hab, hat sie mir erlaubt, etwas von ihrem Parfüm auf meine Haut zu sprühen, bevor Mr. Kincaid gekommen ist. Er ist ein großer weißer Mann, und er hat Towsers Hand geküßt, und dann hat er meine Hand geküßt, und dann hat er mit Towser ein Glas getrunken und war sehr nett, und dann sind sie in einem großen weißen Auto, wie Onkel Frank eines fährt, weggefahren, in einem Mercedes, und Towser hat die ganze Zeit so zufrieden ausgesehen, und bevor Mr. Kincaid gekommen ist, hat sie mir zugeflüstert, daß ihr neuer Freund kommt und sie zum Abendessen ausführt und daß er so nett ist und gut aussieht und so reich ist. Towser hat so zufrieden ausgesehen wie Eulalie, als der Fahrer vom Paketpostwagen sie angefaßt hat und die beiden geglaubt haben, es sieht niemand, aber ich hab durch die Vorhänge von Großmutter Del gelinst, und ich hab sie gesehn.

Aber Mummy, ich weiß nicht, warum Towser will, daß ich länger bei ihr bleibe, denn sie ist nie zu Hause, wenn ich komme; sie hat's immer eilig, ins Fitneßstudio und zum Schwimmen zu gehn und zu Dinnern und zu Cocktails, und ansonsten telefoniert sie. Ich mag Towser aber trotzdem sehr, sie umarmt mich oft und sagt Sachen, die mich zum Lachen bringen, und sie macht mir wunderbare Geschenke. Weißt du, daß sie Joyce aufgetragen hat, für mich einen Schokoladenkuchen zu backen? Und mein neuer Armreif ist so wunderschön. Weißt du was, Großmutter, ich meine Towser, sagt, daß sie mit dir reden will, daß sie mich zu meinen Cousins Jason und Maureen in Clearwater mitnehmen kann, wenn sie ihre Weihnachtseinkäufe in Miami macht. Oh, Mummy, darf ich mit? Du weißt doch, daß alle Mädels in meiner Klasse in Miami gewesen sind, und du bist nie mit mir dort gewesen. Mummy, können wir bald Disneyworld besuchen? Ich schäme mich so, alle in meiner Schule sind in Disneyworld gewesen, nur ich nicht. Wenn Towser ausgeht, sitzen Joyce und ich im Wohnzimmer und sehen die ganze Zeit fern, nur daß ich während der Late Show einschlafe, aber Joyce schaut alles an, und am nächsten Morgen, wenn sie das Frühstück macht, erzählt sie mir, was ich versäumt habe. Mummy, können wir nicht ein Videogerät kaufen? Alle in meiner Klasse haben zu Hause ein Videogerät, nur ich nicht. Weißt du, Towser bekommt ein Videogerät, sie sagt, daß Mr. Kincaid ihr eins schenken wird. Es macht soviel Spaß, bei Towser zu sein. Nur, Mummy, was hat sie bloß gegen mein Haar? Und gegen meine Haut? Sie scheint sich immer darüber zu ärgern, und Joyce sagt, Großmutter tut es leid, daß ich dunkel auf die Welt gekommen bin, weil sie fast eine weiße Dame ist, und ich bin wirklich dunkel. Aber Mummy, was ist daran falsch? Wenn ich meine Hand neben die von Joyce halte, ist meine Haut nicht so dunkel wie ihre oder wie die von Großmutter Del oder sogar wie die von Daddy. Ist es wirklich schlimm, wenn man dunkle Haut hat, Mummy?

3

Mummy, hast du gewußt, daß eine Frau, die pfeift, und eine krähende Henne dem Herrn ein Greuel sind? Das hat Großmutter Del zu Pearlie und mir gesagt, als Pearlie mir das Pfeifen beigebracht hat. Sag's Großmutter nicht, aber ich kann pfeifen. Willst du's hören? Uii! Uii! Uii! Ha, ha. Mummy, kannst du pfeifen? Pearlie ist meine beste Freundin auf dem Land, sie wohnt in der Nähe von Großmutter in diesem winzig kleinen Haus, und viele von ihrer Familie und alle Kinder schlafen zusammen in einem Zimmer auf dem Fußboden, und Mummy, weißt du was? Pearlie hat nur ein Paar Schuhe und ein schönes Kleid und ihre Schuluniform, auch wenn sie kaum zur Schule geht, und ein paar von den alten Sachen, die Löcher haben, trägt sie im Haus. Kannst du dir das vorstellen? Und du solltest erst ihre kleinen Brüder sehn! Die halbe Zeit haben sie überhaupt nichts an. Mummy, kannst du Pearlie ein paar von meinen Kleidern und von meinen Spielsachen schicken? Aber nicht meine Barbiepuppe! Sie hat überhaupt kein Spielzeug, kein einziges.

Und Pearlie ist nur ein bißchen älter als ich, und sie muß auf ihre kleinen Brüder aufpassen, wenn ihre Mutter arbeiten geht. Sie muß sie füttern und sie baden und ihre Windeln wechseln, und während sie ihnen die Windeln wechselt, machen ihre kleinen Brüder so viel Unsinn. Und wenn sie Sachen kaputtmachen, wird Pearlie von ihrer Mutter geschlagen, wenn die nach Hause kommt. Arme Pearlie! Sie kann einen Eimer Wasser auf dem Kopf tragen, ohne die Hände zu benutzen, weißt du. Ich wünschte mir, ich könnte das. Sie geht zur Wasserpumpe und trägt den Eimer auf ihrem Kopf, ohne einen Tropfen zu verschütten. Manchmal geh ich mit ihr; ich nehme einen Eimer, und obwohl er kleiner ist als der von Pearlie, schütte ich mich ganz mit Wasser voll, und bevor wir an Pearlies Haus kommen, wird der Eimer immer schwerer, bis ich ihn kaum noch tragen kann. Pearlie kann auch Kleider waschen. Ich meine richtige Kleider, nicht Puppenkleider. Wirklich. Die Windeln von ihren kleinen Brüdern und solche Sachen, und sie kocht das Abendessen für sie, aber wie sie essen, ist doch wirklich lustig. Sie haben keine richtige Küche oder so was. Da sind drei große Steine an der Feuerstelle, und Pearlie facht ein Feuer an, wenn sie so weit ist, und sie muß dabei mit einem alten Korbdeckel Luft zufächeln, und das gibt eine Menge Rauch. Ich muß immer niesen. Dann, wenn das Feuer brennt, setzt sie einen großen Topf mit Wasser drauf, und wenn es kocht, schält sie die Sachen und wirft sie zum Kochen ins Wasser – Yamswurzeln und Schnitze vom Kokosnußfleisch und Kochbananen, und das essen sie, kein Fleisch oder Reis oder Salat oder sonst was. Pearlie benutzt ein scharfes Messer wie eine Erwachsene, und sie schält die Bananen unheimlich schnell, sie schneidet sie an drei Seiten an und macht ratsch! ratsch! mit den Fingern, und die Banane ist aus ihrer Schale und wandert in den Topf. Sie sagt, man darf Bananen und Yamswurzeln nie ins kalte Wasser legen und sie dann kochen, weil sie »sich betrinken« und nie weichkochen. Hast du das gewußt?

Einmal hab ich ihr bei den Mehlklößen geholfen, aber meine Klöße sind so weich geworden, daß Pearlie gesagt hat, daß sie lauter Pampe sind und daß sie mich nicht mehr bei den Mehlklößen helfen läßt. Pearlie muß all diese Dinge tun, und wir kommen erst abends zum Spielen, wenn ihre Mutter nach Hause kommt, und kannst du dir vorstellen, Mummy, daß Pearlie noch nie einen Fernseher gesehen hat? Und sie ist auch noch nie im Kino gewesen. Noch nie. Mummy, glaubst du, daß Pearlie zu uns kommen und bei uns leben könnte? Ich könnte jedenfalls mit ihr ins Kino gehen, obwohl ich nicht weiß, wer sich um ihre Brüderchen kümmern soll, wenn ihre Mutter zur Arbeit geht. Weißt du, daß Pearlie keinen Vater hat? Sie weiß nicht, wo er ist. Ich würde sterben ohne meinen Daddy. Großmutter Del sagt, ich soll vorsichtig sein und nicht so lange bei Pearlie bleiben, weil Pearlie anfängt zu tratschen und sehr frühreif ist. Mummy, was ist frühreif?

Manchmal spiele ich mit Eulalies Baby. Es heißt Oral und ist dick und fröhlich, und ich helfe beim Windelnwechseln. Es mag mich sehr und klatscht in die Hände, wenn es mich sieht, und es hat schon zwei Zähne. Es packt mich gerne beim Haar, und wir haben alle Mühe, daß es wieder losläßt. Mummy, warum kann ich kein kleines Brüderchen bekommen, mit dem ich die ganze Zeit spielen kann? Eulalie und Ermandine kämmen so gern mein Haar und spielen damit, sie sagen, ich hätte Glück, lange Haare zu haben, aber Großmutter Del mag Eulalie und Ermandine nicht mehr. Sie sagt, daß sie beide so schändlich wie Isebel sind und schamlos und daß sie ihrem Vater und ihrer Mutter Schande machen, wo die sich doch soviel

Mühe mit ihnen geben. Manchmal redet Großmutter so, und ich versteh's einfach nicht, und wenn ich sie bitte, mir's doch zu erklären, sagt sie: »Ein Kakerlak hat in 'nem Hühnerstall nichts zu suchen«, und sie wird richtig wütend, als hätt ich etwas falsch gemacht, und ich weiß nicht, warum sie manchmal so böse ist und mit jedem streitet, sogar mit mir. Sie macht mir angst, wenn sie böse wird.

Weißt du, wann Großmutter Del so richtig glücklich ist? Wenn sie Kuchen bäckt und Pimentolikör und Orangenmarmelade und Guavengelee macht. Oh, dann singt sie, und Emmanuel muß ein großes Feuer draußen im Hof machen, und dann stellen sie den großen Kessel drauf, und wir schälen andauernd Guaven – Hunderte. Wenn wir Guaven aufkochen, gibt sie mir einen kleinen Löffel, damit ich mithelfen kann, die Samenkörnchen rauszupulen, und ich muß wirklich aufpassen, damit ich es richtig mache und die Schale nicht kaputtgeht. Mummy, hier neben mir habe ich dieses kleine Glas mit gekochten Guaven von Großmutter Del, bei dem ich mitgeholfen habe. Großmutter ist so glücklich, wenn sie sieht, wie sich ihre Küche mit diesen schönen Gläsern voller Marmelade und Guavengelee füllt. Aber weißt du, was? Großmutter macht sie nur, und dann verschenkt sie sie alle. Ist das nicht komisch? Und einmal hat sie einen Hochzeitskuchen gebacken und ihn auch noch geschmückt – drei Kuchen in verschiedenen Größen hat sie gemacht, und dann hat sie einen auf den anderen gestellt. Großmutter ist so klug. Sie hat mir erlaubt, ihr beim Umrühren des Kuchenteigs in der Schüssel zu helfen, aber er war so schwer, daß ich kaum den Löffel bewegen konnte. Als alles fertig war, durfte ich mit den Fingern die Schüsseln, in denen der Teig angerührt wurde, auswischen und mir die Finger abschlecken. Hmmm, Hmmm. Mummy, warum bäckst du keine Kuchen, und ich schlecke dann die Schüsseln aus?

Ich bin jetzt so sehr gewachsen, daß ich nicht mehr in die Kleider für die Kirche passe, die Großmutter letztesmal für mich genäht hat. Also hat sie ein paar neue Kleider für mich gemacht, und sie sagt, daß sie die alten Pearlie schenken wird. Mummy, kannst du dir vorstellen, daß sich in der Kirche alle Leute an mich erinnern? Sie haben gesagt: »Wie biist du nur gewaachsen«, und »Wie geeht's deinem Daaddy?«, und »Wie geeht's deiner Maamie?«, bis ich es nicht mehr hören konnte. Mummy, so reden sie, weißt du, genau wie Richie und der Gärtner von nebenan. »Wie biist du nur gewaachsen.« Mummy, weißt du, sie reden nicht ordentlich wie wir. Eulalie und Ermandine gehen nicht mehr in die Kirche oder in die Schule, und Ermandine sagt, wenn ich nächstes Jahr zurückkomme, wird sie auch ein kleines Baby für mich zum Spielen haben, und Eulalie sagt, daß *sie* ein neues kleines Baby haben wird.

4

Mummy, weißt du, was die Mädchen in der Schule sagen? Sie sagen, daß ich das hübscheste Mädchen in der ganzen Schule bin und daß ich mal Miß Jamaika werden kann. Wenn ich groß bin, geh ich ins Fitneßstudio wie du, und so werd ich immer eine gute Figur behalten, und ich muß meine Haut pflegen, obwohl ich eine hervorragende Haut habe, sagt Towser, muß ich sie immer pflegen. Towser verbringt jeden Morgen Stunden mit dem Pflegen ihrer Haut vor dem Spiegel, und ihr neuer Freund, Mr. Samuels, sagt ihr immer, wie wunderschön sie aussieht. Towser mag das wirklich sehr. Mr. Samuels nimmt sie nach Mexiko für das lange Osterwochenende mit, und Towser geht nach Miami und kauft sich ganz neue Garderobe für die Reise. Sie sagt, daß sie mir alle neuen Filme für das Videogerät mitbringt. Mummy, wenn ich so alt bin wie Großmutter, werden mir dann die Männer auch sagen, daß ich wunderschön bin? Kann ich mir mein Haar glätten lassen, wenn ich zwölf bin, wie du's versprochen hast? Wirst du mir erlauben, am Wettbewerb für die Miß Jamaika teilzunehmen, wenn ich alt genug dafür bin? Du weißt ja, daß Jason mich sehr mag, aber er ist mein Cousin, deshalb zählt er nicht. Mom, werde ich dieses Jahr wieder nach Clearwater gehen und Weihnachten bei Jason und Maureen verbringen? Maureen streitet immer mit mir, weißt du, aber Jason sagt, sie ist eifersüchtig, weil sie nicht so hübsch ist wie ich, sie ist dick und sie muß Zahnspangen tragen. Werde ich je Zahnspangen tragen müssen? Mom, wenn ich nach Miami reise, kann ich dort einen Eingewöhnungsbüstenhalter kaufen? Alle Mädchen in meiner Klasse tragen einen und haben einen Schminkkoffer für Anfängerinnen. Mom, wann bekommen wir eine Satellitenschüssel?

5

Mom, muß ich wieder zu Großmutter Del? Es ist bei ihr so langweilig. Es gibt überhaupt nichts zu tun, niemand ist da, mit dem man reden könnte, und ich schäme mich, wenn meine Freundinnen mich fragen, wo ich denn in den Ferien bin, und ich ihnen sagen muß, ich fahre nur zu meiner alten Großmutter aufs Land. Weißt du, daß Gina nach Europa fährt und Melody-Ann ihre Ferien immer in Kalifornien verbringt und Jean-Ann zu ihrer Tante nach Trinidad fährt? Mom, obwohl Großmutter Del jetzt Stromanschluß hat, hat sie nur einen kleinen Schwarzweißfernseher, und ich verpasse dann immer *alles*, weil sie nicht will, daß ich die Late Show ansehe, nicht mal an Wochenenden, und das Haus von Großmutter ist so klein und vollgestellt und dunkel, und sie läuft immer rum und macht die Lichter aus, und nachts riecht Großmutter immer, weil sie sich mit Liniment einreibt wegen ihrer Arthritis, und es ist schon wahr, daß Großmutter manchmal schreckliche Schmerzen hat. Mummy, was wird aus Großmutter, wenn sie mal wirklich alt ist? Sie ist in dem Haus ganz allein.

Sie ist wütend geworden, als ich ihr gesagt habe, daß ich nicht mehr möchte, daß sie Rizinusöl in mein Haar reibt, weil ich es mir habe legen lassen und das Rizinusöl so furchtbar riecht. Und an den Sonntagen möchte Großmutter immer noch, daß ich mit ihr in die Kirche gehe. Es ist dort so langweilig. Wir müssen hin und zurück *zu Fuß* gehen. Es ist *meilenweit* in der heißen Sonne. Ich kann auf dem Schotterweg nicht mit meinen hohen Absätzen gehen. Wenn eine Verwandte vorbeikommen und mich unter den ganzen Landpomeranzen sehen würde, ich würde sterben, und Großmutter sagt, ich bin viel zu jung, um hohe Absätze zu tragen, ja sogar für niedrige, und ich sage Großmutter, daß ich kein kleines Mädchen mehr bin. Sie kritisiert alles, was ich tue, als wär ich immer noch ein Baby, und sie mag es nicht, wenn ich Lipgloss oder Rouge auftrage, auch wenn ich ihr sage, daß du es erlaubt hast. Und Großmutter will immer noch, daß ich herkomme und ihre ganzen Freunde begrüße, es ist so langweilig, sobald jemand ans Haus kommt, ruft sie mich, und ich muß alles stehen und liegen lassen, was ich gerade tue, auch wenn ich fernsehe, muß ich kommen, und dann muß ich diesen ganzen blöden Leuten guten Tag sagen. Es ist so langweilig, Mom, du kannst es dir nicht vorstellen, wo Großmutter lebt, gibt's nur Schwarze, und sie haben von nichts ne Ahnung, sie stellen so alberne Fragen. Und sie sind dreckig. Weißt du, dieses Mädchen Pearlie, mit dem ich gespielt habe, als ich klein war, sie sieht so schrecklich aus, sie läuft mit zerrissenen Kleidern auf der Straße rum, und du solltest mal ihre kleinen Brüder sehen. Die sind immer schmutzig und in Lumpen und haben Rotznasen. Ich kann es nicht leiden, wenn ich sie um mich habe, und Pearlie und alle anderen betteln mich immer um Kleider und andere Sachen an, ich kann's wirklich nicht leiden, und deshalb geh ich nicht mal mehr die Hälfte der Zeit aus dem Haus. Wenn Leute kommen, kann ich sie durch die Jalousien sehen, und ich tu so, als wäre ich nicht da oder würde schlafen. Und alle kriegen sie Babys, ohne daß sie verheiratet sind, wie Pearlies Mutter, und sie schämen sich nicht einmal. Die Schlimmsten sind diese beiden Schwestern Eulalie und Ermandine, du kannst dir nicht vorstellen, wie viele Kinder die zusammen haben, jedes Jahr ein neues, und Großmutter sagt, kein Mann ist da, der sich um sie kümmert.

Aber etwas Schreckliches ist passiert, Mummy. Diese Eulalie und ich haben uns gestritten. Sie weiß überhaupt nichts, und ich hab ihr gesagt, daß es eine Schande ist, Kinder zu kriegen, ohne daß man verheiratet ist, und sie hat gesagt: »Wer sagt das?« Und ich hab gesagt: »Alle sagen das. Meine Mummy und meine Großmutter Elaine und meine Großmutter Del, um nur mal mit denen anzufangen.« Und sie hat gesagt: »Großmutter Del? Ja? Hast du mal den Satz gehört: 'Wer ohne Sünde ist, der werfe den ersten Stein'?« Und ich hab gesagt: »Was meinst du damit?« Und sie hat gesagt: »Fragen Sie Ihr Großmütterchen Del, meine Gnädigste, nachdem ihr Sohn so was Wichtiges geworden ist und überhaupt. Frag sie mal, wer sein Vater ist. Und warum sie nie Lehrerin geworden ist. Und warum ihr Vater sie fast aus dem Haus geworfen hat und fünf Jahre lang nicht mit ihr gesprochen hat. Und warum's so lang gedauert hat, bis man sie in den Mütterverein reingelassen hat.« Eulalie wollte mir nicht mehr erzählen, und sie waren so schrecklich zu mir, sie haben angefangen zu singen: »Eh ich heirat, umarm ich den Mangobaum. Ja, so will ich leben.« Kennst du das Lied, Mummy? Ich bin nach Hause gegangen und wollte Großmutter Del fragen, was Eulalie gemeint hat, aber Mummy, als ich nach Hause gekommen bin, war mir so komisch, ich hatte so Angst, daß mir mein Bauch ganz schrecklich weh tat, er tat mir so weh, daß ich Großmutter Del überhaupt nichts fragen konnte, und als ich mich besser gefühlt habe, brachte ich es nicht fertig, etwas zu sagen, weil ich

Angst hatte, Großmutter Del würde wütend werden. Mummy, glaubst du, daß Großmutter Del Daddy bekam, ohne daß sie verheiratet war? Hat das etwa Eulalie gemeint? Mummy, wäre Daddy dann ein Bastard?

6

Mummy, bitte schicke mich nicht wieder zu Tante Rita nach Clearwater. Nie mehr. Nie, nie mehr, Mummy… Es ist wegen dieser Maureen. Sie mag mich nicht.

*

Mummy, bin ich wirklich ein Niggerweib? Das hat Maureen zu mir gesagt, als wir gespielt haben und sie sich über mich geärgert hat, und dann hat sie gesagt, »Du bist doch nur ein gottverdammtes Niggerweib, du weißt's nur nicht besser. Tante Evie hat einen großen schwarzen Mann geheiratet, und du bist sein Kind, und du bist's nicht wert, mit mir zu spielen.« Mummy, ich hab ihr eine solche Ohrfeige gegeben, daß sie hingefallen ist, und es war mir egal. Ich hab geweint und geweint, und obwohl Tante Rita Maureen nachher geschlagen und ohne Abendessen ins Bett geschickt hat, hab ich mein Abendessen nicht essen können wegen dieser schrecklichen Schmerzen in meinem Bauch, so furchtbare Schmerzen, und Onkel Rob ist in mein Schlafzimmer gekommen und hat mir die Hand gehalten und gesagt, daß Maureen ungezogen war und daß er sich für sie schämt und daß er mich für ein wunderschönes, liebes Mädchen hält…

Aber Mummy, wie kann ich denn wunderschön sein? Meine Haut ist so dunkel, dunkler als deine und als die von Maureen und Jason und Tante Rita. Und mein Haar ist so drahtig, nicht wie deines oder das von Maureen, aber natürlich ist Maureens Vater weiß. Hat mich Maureen deshalb ein Niggerweib genannt? Ich hasse Maureen. Sie ist dick und häßlich und trägt immer noch Zahnspangen...

*

Mummy, warum kann ich kein glattes Haar wie Maureen haben? Ich schäme mich so für mein Haar. Ich kann einfach nicht nach Clearwater zurück.

7

Mom, es ist mir gleich, was Dad sagt, ich kann diesen Sommer nicht zu Großmutter Del, weil der Etikettekurs drei Wochen dauert, und dann denke daran, daß Towser mich für drei Wochen nach Ochi in ihr neues Ferienhäuschen mitnimmt. Glaubst du, Towser wird Mr. Blake heiraten? Dann fahre ich mit dir nach Atlanta. Du hast's versprochen. Ich habe also wirklich keine Zeit, diesen Sommer bei Großmutter Del zu verbringen. Und erinnerst du dich, daß ich auf den Schulausflug nach Venezuela mitdarf? Ich weiß nicht, warum sich Dad so aufregt, wenn ihm so viel daran liegt, warum verbringt nicht einfach er seine Ferien bei seiner Mutter? Nur ist das zum Lachen, weil Daddy für niemanden mehr Zeit hat, ich meine, ist er überhaupt noch zu Hause? Ich weiß, daß Großmutter Del alt wird und daß sie ganz allein ist, aber sie wird mich nicht vermissen, wenn ich bei ihr bin, streitet sie die ganze Zeit mit mir. Mom, ich habe einfach keine Zeit mehr für sie, und damit basta.

*

O.K. Weißt du was? Ich hab eine Idee. Warum fahren wir diesen Sonntag nicht mal einfach schnell zu Großmutter, und dann brauchen wir uns bis nächstes Jahr nicht mehr den Kopf darüber zu zerbrechen? Daddy kann uns mitnehmen, und wir können von hier ganz früh losfahren, obwohl ich nicht weiß, wie ich nach Melody-Anns Geburtstagsparty Samstag abend früh aufstehen soll, aber wir brauchen ja nicht lange bei Großmutter Del zu bleiben. Wir können von hier gleich nach dem Mittagessen losfahren, damit wir rechtzeitig zurück sind und uns *Dallas* ansehen können. Ja, Mom?

Michelle Cliff

Könnte ich mit Feuer schreiben, dies wäre mit Feuer geschrieben

I

Wir standen unter dem Wasserfall am Oberlauf des Orange River. Unsere Brüste fingen gerade an, sich zu wölben – je ein sanfter Hügel links und rechts. Die Brustwarzen in der Mitte verloren allmählich ihre flache Gestalt und rundeten sich zu wahrnehmbaren Knöpfen aus dunklem Fleisch. Zu schnell, schien es. Wir berührten einander, dann hoben wir rasch, fast gleichzeitig, die Arme, um die Haare darunter zu untersuchen. Ein weiteres Zeichen. Meine waren dünn und hellbraun. Meine Freundin Zoe hatte dunkle, stark gekräuselte Haare. Die Tropfen des Flußwassers in unserem Flaum fingen die Sonne ein, und wir glitzerten.

Der Wasserfall war entstanden, als meine Onkel den Fluß stauten, um die Zuckermühle anzutreiben. Wenn ich das Wort »Zuckermühle« Leuten gegenüber gebrauche, die weder das Leben auf dem Land in Jamaika noch meine Familie kennen, sehe ich geradezu, wie sie sich bei diesen Worten hohe Schornsteine vorstellen, riesige Kupferkessel, einen Mann mit breitkrempigem Hut und Peitsche und mehreren Dutzend Sklaven – vorausgesetzt, sie haben überhaupt eine Vorstellung davon, wie es einst in großen Zuckermühlen zuging. Das klingt so großartig – Zuckermühle – wie Plantage, Veranda, Nebengebäude (richtiger wäre: Farm, Vorhof, Außenklo). Manche finden es sogar romantisch. Unsere Zuckermühle war kaum mehr als eine Hütte mit rundem Dach, in der sich ein Antriebsrad und ein Holzfeuer befanden. Wir bezahlten einen alten Mann dafür, sie zu betreiben und sich ums Feuer zu kümmern, und nachdem meine Großmutter soviel Zucker hatte, wie sie brauchte, tauschten wir den übrigen gegen andere Dinge ein oder verschenkten ihn. Unser Zuckerrohrfeld war ein etwa zwei Morgen großes ebenes Gelände direkt am Fluß. Meine Großmutter besaß insgesamt sechs Morgen Land – und dazu einen Esel, ein Maultier, zwei Kühe, ein paar Hühner, einige Schweine und mehrere zugelaufene Hunde und Katzen, die sich im Hof niedergelassen hatten.

Ihr Haus hatte vier Zimmer, aber weder Strom noch fließend Wasser. Gekocht wurde in einer Hütte hinterm Haus, auf einem kleinen, runden Herd. Dem Herd gegenüber stand ein Arbeitstisch aus Mahagoni, in den ein weißes Emaillebecken eingelassen war. Als einzige Lichtquelle diente ein Fenster, eine kleine Öffnung, die zum Teil von einem hölzernen Laden verdeckt wurde. Wir wuschen uns Gesicht und Hände in weißen Emailleschüsseln voll kaltem Wasser, das wir in Kerosindosen aus dem Fluß geholt und mit Emaillekrügen eingegossen hatten. Unsere ebenfalls emaillierten Nachttöpfe stellten wir morgens vorsichtig auf die Stufen an der Seite des Hauses, wo meine Großmutter sie einsammelte und ausleerte. Im Schuppen, etwa dreißig Meter von der Hintertür entfernt – wir nannten ihn »Klosett« – wimmelte es von Eidechsen, die ihre Farbe zu wechseln verstanden. Bei geschlossener Tür war es völlig dunkel, und die Eidechsen machten sich nur durch das Geräusch bemerkbar, mit dem sie durchs zerrissene Zeitungspapier schurrten, oder durch den sanften Aufprall, wenn sie von den Wänden fielen. Ich erinnere mich vor allem an den Gestank der Toilette, der in diesem Klima in der Luft zu stehen schien.

Doch da selbst der kleinste Teil des Daseins mit einem anderen in Verbindung steht, war unsere Situation nicht so einfach zu verstehen. Mit Neuigkeiten kamen die Leute zuallererst zum Hof meiner Großmutter, und die Christusjünger hielten in ihrem Wohnzimmer ihre Treffen ab.

Zoe lebte mit ihrer Mutter und ihrer Schwester auf einem Stück gepachteten Landes namens Breezy Hill. Über einen Zeitraum von drei Jahren sahen wir uns während der Schulferien fast jeden Tag. Frühmorgens kam sie vorbei, während ich meinen mit gezuckerter Kondensmilch verdünnten Kaffee auf der Betonveranda trank: sie trug einen Strohhut, eine einst blaue, jetzt grauverwaschene Schuluniform und eine weiße Bluse; die Turnschuhe hatte sie sich um den Hals gehängt. Wir teilten uns den Kaffee und ein mit Butter und Käse belegtes Stück *Hard-dough* Brot und machten uns dann nach einer Weile auf den Weg zum Fluß. Zuerst gingen wir schüchtern miteinander um. Wir kamen nicht aus demselben Milieu.

Zum einen war da das Land. Die Farm meiner Großeltern. Zum anderen die Hautfarbe.

(Meine Familie nannte man *rot.* Ein Ausdruck, der einen bestimmten Grad weißer Hautfarbe umschrieb. »Wir sind nur ein Häuflein rote Leute«, sagte einer meiner Cousins einmal.) In der Hierarchie der Farbschattierungen galt meine als eine der hellsten. Die Landfrauen, die meine Großmutter besuchten, machten Bemerkungen über meine »langen« Haare – was glatt bedeutete. Gewellt, nicht gekräuselt.

Vom dritten bis zum zehnten Lebensjahr hatte ich in New York gelebt und sprach – anfangs – wie eine Amerikanerin. Ich trug amerikanische Kleider: Shorts, Hosen, Badeanzüge. Wegen meiner amerikanischen Vergangenheit war ich diejenige, die sich die Spiele ausdachte. Cowboy und Indianer, Räuber und Gendarm, Peter Pan.

Anfall. Die Reaktion auf jede Störung dieser Art war »weitersingen«. Während das Mädchen sich auf dem Steinfußboden hin und her warf, fragte ich mich, was die Lehrerinnen tun würden. Wir sangen »Glaube unserer Väter«, während wir zuschauten, wie unsere Klassenkameradin ihre Augen verdrehte. Ich mußte an Leute denken, die ihre Zunge verschluckten. Diese Schülerin war dunkelhäutig – sie besuchte die Schule mit Hilfe eines Stipendiums –, und die einzige Frau, die ihr zur Hilfe kam, war die Turnlehrerin, die einzige dunkelhäutige Erzieherin. Sie kniete neben dem Mädchen nieder und schob ihr den weißen Stoffgürtel ihrer Tennisshorts zwischen die Zähne. Nachdem der Anfall vorbei war, trug sie das Mädchen zu einer Turnmatte in einer Ecke der Sporthalle und deckte sie zu, damit ihr nicht kalt wurde.

Waren die anderen Frauen unfähig, das Mädchen anzufassen, weil sie dunkelhäutig war? Heute bin ich davon überzeugt. Wegen ihrer dunklen Hautfarbe und ihres Stipendiums. Sie lebte bei ihrer Großmutter in der Windward Road; ihre Mutter war Dienstmädchen. Die dunkle Hautfarbe allein reichte meistens aus, daß Frauen wie diese Lehrerinnen immer auf Distanz blieben. Damals entschuldigten wir ihr Verhalten damit, daß sie »Damen« seien. (Ständig wurden wir ermahnt, uns ebenfalls wie Damen zu benehmen. Eine Lehrerin erzählte uns sogar, viele Leute glaubten, die Jamaikaner lebten auf Bäumen und wir müßten diesen Leuten beweisen, daß das nicht stimme.) Kurz gesagt, wir fühlten uns nicht in der Lage, das Verhalten dieser Frauen zu beurteilen. Die Engländerinnen (sie hatten an der Schule das Sagen) waren von so weit her gekommen, um uns zu unterrichten. Sollten wir sie da nicht als die Missionarinnen behandeln, für die sie sich hielten? Die hellhäutigen Jamaikanerinnen spielten eine andere Rolle: Sie vermittelten denjenigen von uns, die genauso hell waren wie sie, das kreolische Erbe der Kollaboration, der Assimilation und der Loyalität gegenüber den uns Überlegenen. Von uns wurde erwartet, auf diesem Außenposten der Zivilisation gehorsame Untertanen zu sein.

Das Mädchen verließ am selben Tag die Schule und kam nie wieder zurück.

Nach dem Gebet marschierten wir in unsere Klassenzimmer. Nach dem Unterricht fanden Spiele statt: Tennis, Feldhockey, Rounders (wie die Engländer Baseball nennen), Netzball (ihr Ausdruck für Basketball). Für die Spiele wurden wir in »Häuser« aufgeteilt – Gruppen, benannt nach der Jungfrau von Orleans, nach Edith Cavell, Florence Nightingale und Jane Austen. Vier weiße Heldinnen. Zwei Märtyrerinnen. Eine Heilige. Zwei Krankenschwestern. (Keine von uns wußte, daß auch schwarze Frauen mit Nightingale in Scutari waren.) Eine Romanautorin. Drei an Kriegen der weißen Männer beteiligt. Zwei in Kriegen der weißen Männer gestorben. *Stolz und Vorurteil.*

Wir aus dem Cavell-Team trugen rote Abzeichen und rezitierten Edith Cavells letzte Worte vor einem Erschießungskommando im ersten Weltkrieg: »Patriotismus allein ist nicht genug. Ich darf weder Haß noch Verbitterung gegenüber einem anderen Menschen empfinden.«

Doch leider empfinde ich genau das als Erwachsene.

Im Rückblick: Versuche zu erkennen, wann der Hintergrund in den Vordergrund trat. Versuche, den Fluchtpunkt zu lokalisieren: den Punkt, wo die Linien der Perspektive zusammenlaufen und sich auflösen. Linien der Hautfarbe und der Klassenzugehörigkeit, der Geschichte und der gesellschaftlichen Zusammenhänge. Linien der Ablehnung und des Zurückweisens. Wann übernahmen *wir* (die hellhäutigen Jamaikaner der Mittelschicht) *ihre* Rolle als Unterdrücker? Ich muß herausfinden, wann und wie dies geschah. Als das, was Wirklichkeit sein sollte, durch das ersetzt wurde, was ganz sicher eine Illusion war. Als der Hausnigger zum Herrn wurde.

»Was ist denn mit dir los? Du glaubst wohl, du wärst weiß oder so was?« »Kind, warum willst du denn was über Garvey wissen? Der Mann war doch nur ein armer Irrer.« »Mit solchen Leuten wollen wir nichts zu tun haben.« Warum trugen wir breitkrempige Hüte und versuchten, an die Universität in Oxford zu kommen? Wieso kehrten wir nicht zurück?

Große Erwartungen: Ein Roman über Herkunft und Ablehnung. Über die Sinnlosigkeit und Tragödie dieser Ablehnung. Über den Versuch zur Assimilation. Wir lasen diesen Roman unter der Anleitung einer hellhäutigen Jamaikanerin – sie lenkte die Aufmerksamkeit auf das, was sie die »Liebesaffäre« zwischen Pip und Estella nannte.

Im Rückblick: Die letzte Seite des Romans *Sula.* »Und der Verlust preßte ihr die Brust zusammen und stieg ihr in die Kehle. 'Wir waren zusammen Mädchen', sagte sie, als ob sie etwas erklärte.« Es war Zoe, und nur Zoe, an die ich dachte. Plötzlich kam sie mir in den Sinn, und ich erinnerte mich an niemanden sonst. Durch das Grün und Blau des Flußufers. Den flammend roten Hibiskus vor dem Haus meiner Großmutter. Das zerfallene Grab eines ehemaligen Landbesitzers. Die Frucht des Ackeebaums, die jene vergiftet, die nicht wissen, wie man sie zubereitet.

»Was soll bloß aus uns werden?«
Wir liehen uns ein Baby aus und spielten damit, wie mit einer Puppe. Zogen das kleine Mädchen an, zogen sie aus. Tauchten sie ins Flußwasser. Fütterten sie mit der Milch, die ihre Mut-

ter uns gegeben hatte: und kicherten, weil wir wußten, wo die Milch herkam.

Ein Brief: »Ich bin verzweifelt. Ich muß hier weg. Ich bitte dich um fünfzig Dollar.«

Ich schicke das Geld, weil sie mich darum bittet. Ich besuche sie auf einer Reise nach Hause. Sie hat sämtliche Schneidezähne verloren. Ihr Mann schlägt sie, und sie leidet unter Ohnmachtsanfällen. Ich sitze auf ihrem Stuhl. Sie bekommt die Antibabypille, die ihren »Zustand« verschlimmert. Wir kochen Tee aus Sorrelblüten mit Ingwer. Freiwillige des Peace Corps bringen ihr bei, Leinendeckchen mit Schäfchen zu besticken, und sie gibt mir eins als Andenken. Wir kühlen den Sorreltee mit Stücken von einem Eisblock, den wir im Laden nebenan gekauft haben. Der Ladeninhaber erkennt mich sofort als Enkeltochter meiner Großmutter und weigert sich, mir Zigaretten zu verkaufen (ich bin siebenundzwanzig Jahre alt). Wir sitzen am Eingang ihres Hauses, schieben den Vorhang aus farbigen Plastikschnüren zurück und sprechen über *Babylon* und *Dread.* Über Manley und was er für Jamaika tut. Und darüber, wie schwer alles ist. Wir laufen die Bahngleise – die nicht mehr benutzt werden – entlang nach Crooked River und zum Postamt. Zoes kleine Tochter läuft neben uns her, und wir sagen ein Gedicht für sie auf: »Gut'n Morgen, Kumpel/Bin kein Kumpel von dir/Wen hab ich denn dann gesehen?« Und so weiter und so weiter.

Ich kann kommen und gehen. Und ich gehe. Um meine Ausbildung in London zu beenden.

Abdur-Rahman Slade Hopkinson

Marcus Aurelius und der transatlantische Baakoo

Er wird mir immer als Spielverderber in Erinnerung bleiben. Laßt mich erklären, was er mir verdarb.

Es war ein Samstagnachmittag. Die Sonne brannte herab, die Luft flirrte vor Hitze, das Licht brach sich im weißen Sand des Strandes, den Kalksteinhäusern und den Wänden der in hellen Pastelltönen gestrichenen Häuser. Vom Rand des Horizonts bis zum Strand durchlief das Meer eine ganze Farbskala. Vom tiefen Blau, ja fast Schwarz weit draußen ging es über zu einem Kobaltblau, wechselte in ein wunderschönes Blaugrün, welches wiederum in ein funkelndes Grün-Blau-Grün überging, dann wurde es zum reinen Grün, um sich endlich in einer langen, sich kräuselnden, weißen Schaumkrone auf den Strand zu schieben. Der Seewind schnitt den Schaum von den Wellenkämmen und wehte ihn durch die Luft, bis er als salziger, horizontaler Nieselregen gegen die Stämme der Casuarinabäume hinter unserem Haus spritzte.

Monty, Pomp und Fish-Head tummelten sich unten im Meer und bewarfen sich gegenseitig mit einem harten roten Gummiball. Wir nannten dieses Spiel ›Korkenstechen‹ und spielten es im Wasser und an Land. Ich legte die Wasserfarben, mit denen ich gemalt hatte, beiseite. Ich wollte mit ihnen dort draußen sein. Ich schuldete Fish-Head noch was dafür, daß er mir am Morgen den Ball völlig unerwartet aufs Ohr geklatscht hatte. »Heh, heh, heh!« hatte Fish-Head gelacht. »Da hast du aber einen verdammten Knaller erwischt!« Doch Mami meinte, ich solle im Haus bleiben und ihr dabei helfen, alles für den Gast herzurichten. Dieser Mann verdarb einem den ganzen Spaß.

Er kam ungefähr um halb zwei mit einem Taxi vom Flughafen an. Eine Aura der Düsternis schlüpfte mit ihm aus dem Taxi und begleitete ihn unsere Vordertreppe hinauf, in unser Wohnzimmer hinein und hing über seinem Kopf, als er sich auf unser Sofa sinken ließ. Die Aura war zwar eigentlich unsichtbar, aber ich konnte sie sehen. Mami hatte mir beigebracht, diese Aura, die jeder Mensch überm Kopf mit sich herumträgt, zu erkennen. Sie sagte immer, » Junge, sei ja auf der Hut vor einer düsteren Aura. Nimm dich in acht vor düsteren Leuten.«

»Warum, Mami?« fragte ich dann.

»Weil sie undankbar sind. Wo uns doch der Herr im Himmel so viel Gutes widerfahren läßt.«

Der Taxifahrer trug die zwei Koffer die Vordertreppe hinauf, ließ sie am Eingang fallen, kassierte sein Fahrgeld und war so schnell verschwunden, als laufe er vor etwas davon. Vielleicht hatte auch er die Aura gesehen. Ich trug die Koffer durchs Haus und durch die Küchentür hinüber zum Gästehaus. Dann kam ich zurück und fragte Mami, ob ich nun spielen gehen könne.

»Bleib noch ein bißchen hier«, sagte sie. » Bitte. Das ist Mr. Marcus Aurelius Roopsingh.«

»Nennen Sie mich Marcus Aurelius, Mam«, sagte er mit gesenktem Kopf.

Spielverderber. Müde und niedergeschlagen ließ er sich mit seinem Riesengewicht aufs Sofa sinken. Er war ein großer Mann mit schmalen Schultern und einem mächtigen Bauch, der so weit vorragte, daß er selbst im Stehen seine Hände darauf ruhen lassen konnte. Er hatte einen winzigen Mund, dessen linker Winkel ständig zuckte, während gleichzeitig sein Kopf fast unmerklich ruckte, wie von einer Fliege belästigt. Zwei dünne, glatte graue Haarsträhnen fielen von dem leicht nach links versetzten Scheitel herab. Und über seinem Kopf hing diese riesige schwarze unsichtbare Aura der Düsternis.

In Gedanken sah ich ihn schon als Karikatur seiner selbst vor mir.

»Möchten Sie jetzt gleich zu Mittag essen, Herr Roopsingh?« fragte Mami.

»Marcus Aurelius, Mam«, sagte er. »Ich bin so müde. Nein, vielen Dank. Viel zu müde.

»Dann legen Sie sich doch ein bißchen hin«, sagte Mami. »Sie sind in dieser Saison unser erster Gast. Im Gästehaus ist es sehr ruhig. Sie können später essen. Danach kann Boy-ee Sie zum Strand bringen, vielleicht wollen Sie ja miteinander schwimmen gehen.« Sie starrte mich aus den Augenwinkeln an, was soviel hieß wie: Ich hoffe, du hast gehört, was ich sage.

»Kann gar nich schwimmen«, stöhnte Herr Roopsingh. »Ich geh sofort unter! Kann höchstens 'n Bad nehmen! Mich höchstens waschen!«

»Dann wird eben Boy-ee schwimmen«, sagte Mami, »und Sie baden im Meer. Jetzt müssen Sie sich erst mal ausruhen.«

Mr. Roopsingh stand zitterig auf, wobei sein Mund zuckte und sein Kopf wackelte. Ich führte ihn den langen Gang entlang durch die Speisekammer und die Küche und durch die Küchentür hinaus. In seinem Briefwechsel mit Mami hatte er betont, daß er vor allem »Ruhe« brauche, daher hatte Mami das Gästehaus im Hinterhof für ihn hergerichtet.

Mami ließ mich nicht zu den anderen Jungs, selbst dann nicht, als Mr. Roopsingh sich hingelegt hatte. »Vielleicht brauch ich dich noch«, sagte sie. »Dieser Mann ist ein bißchen seltsam, das merkst du doch.«

Ich setzte mich in einen Schaukelstuhl auf der hinteren Veranda. Unten am Strand konnte ich Monty, Pomp und Fish-Head sehen, die immer noch im Meer herumtobten und sich abwechselnd den Ball flach übers Wasser zuwarfen. Sprang der Ball vom Wasser ab, traf er oft den Kopf oder den Oberkörper von einem der Jungs.

Ich steckte zwei Finger zwischen die Lippen und pfiff ihnen zu. Vom Hinterhof rief eine heisere, gequälte Stimme, »Oh, mein Gott! Was war das?« Ich lief zum Ende der Veranda, von wo aus ich das Gästehaus sehen konnte. Am Schlafzimmerfenster stand Mr. Roopsingh in brandneuen, grell orangefarbenen Pyjamahosen, mit nacktem Oberkörper. Sein Brustkorb hob sich heftig, und er drehte den Kopf ruckartig von links nach rechts und wieder von rechts nach links, wie eine aufgestörte Eule.

»Was pfeift hier so?« keuchte er.

»Ich bin's nur«, sagte ich. »Ich grüß bloß meine Freunde am Strand.«

Erst am späten Nachmittag kam er zum Essen ins Haupthaus herüber. Ich wurde immer wütender. Ich hatte mir geschworen, daß ich diesen Fish-Head erwischen würde, bevor die Sonne unterging. Doch Mami bestand darauf, daß ich abwarten solle, ob Mr. Roopsingh mich brauche, um ihn zu seinem Bad im Meer zu begleiten.

Mami und ich leisteten ihm Gesellschaft, während er mit der Gabel auf seinem Teller mit gedämpftem Rotfisch, gekochter Brotfrucht und Yam herumstocherte.

»Sie sehen besorgt aus, Mr. Roopsingh«, sagte Mami und fügte hinzu, »Sie nehmen's mir doch nicht übel, wenn ich das sage?«

»Ich könnt Ihnen was erzählen«, antwortete Mr. Roopsingh. Die meiste Zeit sprach er korrekt, doch wenn er sich wirklich aufregte, wurde seine Aussprache nachlässig und seine Grammatik fehlerhaft. »Ich brauch einfach meine Ruhe. Hier auf der Insel gibt's doch keinen *Baakoo,* oder?«

»*Baakoo*?« fragte Mami unschuldig, mit tief auf der Nase sitzender Brille.

»Ich erzähl's Ihnen,« sagte Mr. Roopsingh. »Zu Haus in Guyana. Mein Nachbar, Mr. Granger. Alle Leute im Ort reden drüber, daß Mr. Granger diesen Geist hat, einen *Baakoo*. Daß er ihn in 'ner grünen Flasche mit 'nem Korken fest eingesperrt hat, die im Hof unterm Soursopbaum vergraben is. Dieser *Baakoo* wird in der Familie weitergereicht, vom Vater übern Sohn zum Enkel. Er sieht aus wie 'n winzig kleiner Mann, etwa zehn Zentimeter groß, mit 'nem uralten Gesicht. Aber nur, wenn er sich sehn läßt, weil meistens isser unsichtbar. Und man läßt 'n besser nich aus der Flasche raus. Wenn er mal rauskommt – dann gibt's Ärger!«

»Was für Ärger, Mr. Roopsingh?« fragte ich.

»Ich erzähl's dir«, antwortete er. »Eines Nachmittags seh ich diese grüne Flasche an meiner Eingangstür, und irgendwie hab ich das Gefühl, das is diese *Baakoo* Flasche. Ich hatt Angst, sie anzufassen, aber noch mehr Angst, sie liegenzulassen. Ich wußt gleich, daß Granger sie dahin gelegt hat, so daß der *Baakoo* Gefallen an mir findet und er ihn los is. Ich heb also die Flasche vorsichtig auf, geh zum Zaun und ruf Granger und sag ihm, er soll seine Flasche wieder zurücknehmen, ich könnt sie nich gebrauchen. Es macht mir nichts aus, euch zu sagen, daß ich dabei gezittert hab wie 'n Blatt im Wind. Granger schüttelt seinen kahlen Kopf und meint, es is nich seine Flasche. Ich zitter so schlimm, daß die Flasche mir aus der Hand fällt, un sie fällt auf 'nen Stein und zerbricht. O Gott, o Gott!«

Der linke Winkel seines winzigen Munds zuckte. Ein paar Tropfen Soße liefen ihm übers Kinn.

»Was geschah dann?« fragte Mami, ohne die Miene zu verziehen.

»Seit dem Nachmittag hab ich keine ruhige Minute mehr! Steine fallen auf mein Haus, als wär Krieg; und wenn ich rausschau, is keine Menschenseele zu sehen. Geschirr fällt in der Küche runter und zerbricht – un ich weiß genau, daß keiner in der Küche is, denn ich leb ganz allein. Manchmal fängt die Glühbirne in meinem Schlafzimmer an zu schaukeln. Eines

Morgens geh ich in die Küche, und auf'm Herd steht 'n Topf voll Pepperpot, den ich garantiert nich gekocht hab. Und während ich noch hinseh, kippt der Topf ganz allein um, und alles läuft auf'n Boden. Nachts hör ich manchmal ein Geheul unterm Bett, wie von 'nem Hund, wenn er 'n Gespenst sieht.«

Sein ganzer Körper zitterte, wie vom Fieber geschüttelt. »Ich hab's nich mehr ausgehalten, Mrs. Haynes! Hab das Haus zugesperrt und bin nach Barbados gekommen, um mich zu erholen. Bin mit den Nerven fertig. Völlig am Ende.«

Er schob den noch halbvollen Teller von sich. Der Kopf sank ihm nach vorn, das Kinn ruhte auf seiner Brust. Seine Aura färbte sich ganz dunkel. Mami sah mich an und nickte mir schnell zu.

»Auf geht's, Herr Roopsingh«, sagte ich zu ihm. »Ich bring Sie zu Ihrem Bad im Meer.«

Unser Haus stand auf einem Felsvorsprung. In den Felsen gehauene Stufen führten zum Strand hinunter. Ein paar Minuten später half ich Mr. Roopsingh die Stufen hinab. Ich ging vor ihm her und hielt ihn an der Hand. Seine langen weiten Badehosen flatterten ihm um Bauch und Knie.

Als ich mich am Strand umschaute, sah ich 'ne ganze Menge Leute auf dem Sand und im Wasser, doch Monty, Pomp und Fish-Head waren weg.

Wir spazierten ein bißchen den Strand entlang und dann führte ich ihn ins Wasser. Er ging ängstlich auf Zehenspitzen hinein. Sobald ihm das Wasser bis zu den Knien reichte, kauerte er sich hin.

Ich malte mir unterdessen lebhaft aus, wie ich Fish-Head im Meer fing, so daß er nicht mehr weglaufen konnte (und sollte er untertauchen, würde ich solange warten, bis er nach Luft schnappte), und ich sah mich diesen harten roten Gummiball werfen, so daß er vom Wasser im Enten-Drachen-Stil abprallte und Fish-Head an der Seite seines Fischkopfs traf. Aber das mußte bis zum nächsten Tag warten. Herr Marcus

Aurelius Roopsingh hatte meinen Nachmittag ruiniert. Spielverderber!

Plötzlich sagte er zu mir. »Rat mal was.«

»Was denn, Mr. Roopsingh?«

»Heute abend werd ich richtig gut schlafen. Das weiß ich genau. Zum erstenmal seit Monaten. Rat mal, warum.«

»Warum denn, Mr. Roopsingh?«

»Eins kann der *Baakoo* nicht: er kann kein Salzwasser überqueren. Hier in Barbados bin ich sicher.«

Um Mitternacht war der Himmel vom Schein des Vollmonds erhellt, der mit einem leuchtenden Ring wie eine Doppelaura über unserem Haus hing. Das Gästehaus, in dem Mr. Roopsingh schlief, sah im Mondschein blaßgrau aus; es wurde von den fedrigen hohen Casuarinabäumen eingerahmt, die sich schwarz vom lichterfüllten Himmel abhoben. Der Duft der Blumen mit dem Namen Dame der Nacht erfüllte die Luft; ihr Geruch war so wunderbar, daß ich mir sicher war, er könne einen Menschen in den Wahnsinn treiben. Ach, du lieber Gott! Es war ein zärtlicher, gesegneter Augenblick: als ob die Welt mir ein großes Geheimnis offenbaren wolle.

Ich hockte mich im Hof hin, nahe der Hintertür des Gästehauses, zu meinen Füßen lag ein kleiner Steinhaufen. Ich trank das Mondlicht und sog den Duft der Dame der Nacht ein; und mir wurde ganz wirr im Kopf.

Ich ließ meine Stimme bis in mein Inneres sinken, bis in den Bauch, und brachte ein solches Geheul hervor, daß ich selbst erschrak. Gleichzeitig schleuderte ich mit beiden Händen nacheinander zwei Steine hoch in die Luft über das Gästehaus, so daß sie aus großer Höhe auf das Wellblechdach herabfielen. Es gab ein schreckliches Geklapper, als sie auf das Dach trafen, die Schräge hinabrollten und dann auf den Boden fielen. Der Frieden und die Schönheit der Nacht waren zerstört. Wieder heulte ich, wieder ließ ich zwei Steine von hoch oben aufs Dach scheppern und zielte dabei auf die Stelle direkt über Mr. Roopsinghs Schlafzimmer.

Ein Fenster wurde aufgerissen, und Mr. Roopsingh stand dort im Mondlicht in seinen orangenen Pyjamahosen, mit nacktem Oberkörper. Er konnte mich hinter dem blühenden Busch nicht sehen.

»Der *Baakoo*«, schrie er. »Der *Baakoo*! Das Ding ist mir gefolgt. Helft mir doch!«

Ich konnte einfach nicht aufhören.

Ich heulte, ich warf Steine in die Luft. Er lehnte seinen Oberkörper aus dem Fenster und schrie.

Stein für Stein. Stein für Stein.

Die Küchentür des Haupthauses flog auf. Mami rief: »Um Himmels willen, was ist mit Ihnen los, Mr. Roopsingh?«

Mit einer Schleuderbewegung meines rechten und dann meines linken Armes warf ich die beiden letzten Steine, die von meinem Haufen übriggeblieben waren, auf das Dach des Gästehauses.

»Sehn Sie, wie das Ding mir folgt?« schrie Mr. Roopsingh. »Sehn Sie, wie dieses Ding den Atlantik überquert hat?« Er war ganz außer sich vor Angst.

Ich glitt von dem Busch weg, kroch am Boden entlang wie eine Schlange, an der Küche des Gästehauses vorbei, hinter den Casuarinabäumen entlang, bis ich endlich nach einem längeren Umweg unter meinem offenen Schlafzimmerfenster angekommen war. Ich zog mich über das Fensterbrett hoch und kroch ins Bett. Der Geruch der Dame der Nacht drang in mein Zimmer. Ich lag da und fragte mich, ob Mami in wenigen Minuten nach mir sehen oder ob sie bis zum Morgen warten würde, um mich dann zur Rede zu stellen. Mami konnte doch jederzeit meine Gedanken lesen.

Mr. Roopsingh hörte ich immer noch schreien.

Earl McKenzie Furcht vor dem Meer

Vor dem Ausflug hatte Ossie das Meer noch nie gesehen. Er hatte gehört, wie Erwachsene darüber redeten – sie hatten es als ein weites, tiefes Wasser geschildert, das sehr aufgewühlt sein konnte und aus dem man Fische fing. Diese Beschreibungen halfen ihm aber nicht viel. Die beste war wohl die eines alten Mannes, der sagte, es sei wie das größte Kohlfeld, das man sich vorstellen konnte.

Eines Tages, wenige Wochen vor Ostern, verkaufte Mass Aston im Viertel Karten für einen Ausflug zum Strand. Ossies Vater kaufte welche für seine dreiköpfige Familie. Ossie hatte noch nie einen Ausflug gemacht und war ganz kribbelig vor lauter Aufregung. In den folgenden Tagen brauchten seine Eltern nur damit zu drohen, ihn nicht mitzunehmen, und sofort folgte er aufs Wort.

Am Tag vor dem Ausflug stand er früh auf und erledigte all seine häuslichen Pflichten. Dann wusch er sich im Fluß in der Nähe des Hauses. Für ihn stellte der Fluß bereits eine ungeheure Wassermenge dar, und es fiel ihm schwer zu glauben, wenn Leute ihm erzählten, daß er im Vergleich zum Meer so gut wie nichts sei. Sie sagten, er sei nur einer von unzähligen kleinen Flüssen, die sich in größere Flüsse ergossen, die ihrerseits ins Meer mündeten. Ossie machte sich viele Gedanken über dieses seltsame Etwas, das aussehen sollte wie der Himmel, jedoch aus Wasser bestand, die Farbe des Gebirges hatte, dabei aber flach und gewellt war und so völlig unwiderstehlich, daß manche Leute dafür bezahlten, es immer wieder zu besuchen.

Kurz vor Sonnenuntergang ging er zum Marktplatz, um zu sehen, was dort los war. Der Lastwagen, mit dem sie fahren sollten, war von seiner täglichen Reise nach Kingston schon zurückgekehrt und stand jetzt an seiner üblichen Stelle neben einem zweistöckigen Gebäude aus Holz an der nördlichen Seite des Platzes. Einer der Beifahrer wusch den Führersitz, und zwei andere beugten sich über den Ersatzreifen und pumpten ihn auf. Einige Leute standen um die Beifahrer herum und schauten zu; andere erledigten noch schnell Einkäufe und eilten dann nach Hause, um das Essen für den Ausflug vorzubereiten.

Bei Einbruch der Dunkelheit verließ Ossie den Platz und rannte nach Hause. Die Vorfreude ließ seine Füße geradezu über die Straße fliegen. Er rannte um die Kurve und prallte mit Adassa zusammen.

»Junge, warum schaust du nicht, wo du hinläufst?« rief sie zornig, als sie ihn zur Seite schubste.

Im Halbdunkel bemerkte er, daß ihr sonst hübsches Gesicht vor Zorn regelrecht verzerrt war, was unmöglich nur an ihrem Zusammenstoß liegen konnte.

»Tut mir leid, Ma'am«, sagte Ossie.

»*Cho*!« erwiderte sie und hetzte an ihm vorbei.

»Ich habe dich nicht gesehen«, rief er ihr nach.

Sie antwortete nicht, und die graue Silhouette ihres Kleides und Kopftuches verschwand rasch hinter der Kurve.

Kurz darauf sah er Caswell, Adassas Freund, der auf einer Bank saß und den Kopf hängen ließ. Ossie sagte im Vorbeilaufen: »Guten Abend«, aber Caswell antwortete nicht.

Zu Hause waren seine Mutter und eine seiner Tanten in der Küche und bereiteten das Essen für den Ausflug vor. Ossie ging ins Haus und setzte sich ans Fenster, wo er die gebratenen Hähnchen und den Reis mit Erbsen riechen konnte. Auch konnte er die Stimmen der Frauen hören, während er dem Flackern des Feuers hinter dem Bambusgeflecht zuschaute.

Sein Schlaf war in dieser Nacht nicht fest, das leiseste Geräusch weckte ihn auf, und jedesmal wenn ein Hahn krähte, glaubte er, der Tag sei angebrochen. Als es endlich soweit war, schlief er so tief, daß er geweckt werden mußte. Es war zwar immer noch dunkel draußen, aber seine Eltern erkannten die Laute und Gerüche des Morgens besser als er.

Sie standen auf, zogen sich an und frühstückten. Dann machten sie sich auf den Weg zum Marktplatz. Das Essen war in einem zugedeckten Bambuskorb verstaut, den sie abwechselnd trugen, während sie zum Marktplatz hinaufliefen.

Dort wimmelte es von bunt gekleideten Leuten, die einander fröhlich grüßten und sich lachend unterhielten. Der Lastwagen stand nun auf der Hauptstraße zwischen zwei Geschäften. Die hintere Klappe wurde geöffnet, und die Leute stiegen ein. Einige, darunter auch Ossies Eltern, benutzten die linke Seitentür zum Einsteigen. Ossie verließ sie, um sich einen Platz in der letzten Reihe zu erkämpfen. Diese Plätze waren heiß begehrt, da man von dort eine bessere Aussicht hatte. Ossie schaffte es, sich zwischen zwei seiner Freunde zu zwängen. In der Mitte wurde ein Platz freigehalten, damit die Leute von hinten einsteigen konnten, und einer der Beifahrer saß während der Fahrt dort. Ossie machte es sich bequem und wartete auf die Abfahrt.

Neville, der Busfahrer, hatte ein Zimmer im Dachgeschoß des Holzgebäudes, vor dem der Bus stand. Wenige Minuten später tauchten er und Adassa oben am Geländer der Außentreppe auf. Adassa trug ein eng anliegendes, rotes Kleid, ihr dichtes Haar war nach hinten geflochten und wurde von wenigen Haarklammern gehalten. Sie lächelte trotzig und schmiegte sich an Neville, als sie die Treppen herunterkamen.

Das Bild von Caswell, wie er allein auf der Bank saß, kam Ossie wieder in den Sinn, und er versuchte sich zu erinnern, ob er Caswell schon gesehen hatte, seit er auf dem Marktplatz angekommen war. Ossie stand auf, schaute zuerst über den

Platz, danach sah er sich im Bus um. Caswell saß in der rechten Ecke, vier Reihen entfernt, und blickte durch den hölzernen Fensterrahmen auf den Platz. Er schien ins Leere zu starren, ohne sich auf irgend etwas Bestimmtes zu konzentrieren. Ossie drehte sich um und bemerkte, wie Neville und Adassa gerade an der rechten Seite des Busses vorbeigingen. Er blieb stehen, um zu sehen, wie Caswell reagieren würde. Sie kamen in sein Blickfeld, und er begann am ganzen Körper zu zittern. Er schaute weg und tat, als ob er die Beifahrer beim Einladen der Picknickkörbe beobachtete. Dann drehte er sich um und starrte mit gebeugtem Kopf und gesenkten Schultern auf den Boden. Die meisten Passagiere lachten und redeten miteinander. Caswell jedoch war der einsamste Mensch, den Ossie je gesehen hatte.

Dann hörten alle, wie Neville und Mass Aston sich draußen vor dem Bus stritten.

»Ich will, daß meine Frau und ich neben dem Fahrer sitzen«, sagte Mass Aston. »Ich bin hier der Chef.«

»Ich will aber Adassa neben mir haben«, sagte Neville. »Wenn ich nicht fahre, fährt keiner.«

Als Mass Aston und seine Frau durch die Seitentür einstiegen, wußten alle, daß Neville gewonnen hatte.

Mass Aston stand vorne und zählte die Passagiere. Er befahl den Beifahrern, die hintere Klappe zu schließen. Dann zog er an einer Schnur, die an einer Fahrradklingel neben dem Fahrer festgemacht war. Der Wagen fuhr los, und die Passagiere winkten den Zurückgebliebenen. Einige schauten ihnen mit offenem Neid nach. Andere überhäuften sie mit so vielen guten Wünschen, daß man meinen konnte, sie wanderten aus.

Der Wagen hielt noch ein paarmal, um zusätzliche Passagiere abzuholen, aber bald waren sie auf der Landstraße. Die Gespräche verstummten langsam, und sie begannen zu singen. Sie sangen *Roll Jordan Roll* und *Chi-Chi Bud O*. Als sie eine gepflasterte Straße erreichten, schlugen sie das *Gangschalter*-Lied an:

Mass Aston	Herr Fahrer!
Passagiere	Wechsel den Gang für mich.
Mass Aston	Herr Fahrer!
Passagiere	Wechsel den Gang für mich.
	Halt nicht nur den Lenker,
	Denk an dein Getriebe.
	Wechsel den Gang für mich.

Neville wechselte die Gänge mit viel Gefühl. Am Ende jeder Strophe schaltete er mit so viel Schwung in den nächsten Gang, daß alle vor Freude jauchzten. Dazu drückte er im Rhythmus des Liedes auf die Hupe.

Später fuhren sie an riesigen Zuckerrohrfeldern und ausgedehnten Weideflächen vorbei, auf denen Kühe grasten. Sie folgten einem breiten Fluß, dessen Anblick Ossie die Augen dafür öffnete, was die Erwachsenen ihm über die Flüsse und das Meer erzählt hatten. Dann ging es bergauf durch eine hügelige Landschaft. Ossie bemerkte viele kleine und dicht bewaldete Hügel, die so völlig anders aussahen als die hohen Berge, die er kannte.

Den ersten Anblick des Meeres würde Ossie nie vergessen. Plötzlich tauchte ein riesiges, tiefblaues Band vor seinen Augen auf; es schien plötzlich aus der Erde aufzusteigen, dann verschwand es wieder. Die Leute drängten zu den Seiten. »Das Meer, das Meer!« riefen sie. »Schaut nur das Meer an!« Der Wagen wechselte die Richtung, und die weite, blaue Fläche schrumpfte plötzlich zu einem langen Streifen, bevor sie hinter dem Grün der Bäume verschwand. Ossie merkte, wie sein Herz klopfte, er atmete schwer, und seine Handflachen waren feucht.

Einige Minuten schien das Meer Versteck mit ihnen zu spielen. Manchmal waren sie so nahe daran, daß sie die weißen

Flecken sehen konnten, die die Leute auf dem Wagen Wellen nannten. Als sie es das nächste Mal sahen, war es nur ein schmaler Streifen in der Ferne. Es dauerte eine Weile, bis Ossie erkannte, daß sie ein und dasselbe Meer aus unterschiedlichen Richtungen sahen, während sie der gewundenen Küstenstraße folgten.

Plötzlich befanden sie sich direkt neben dem Meer, nur durch eine Betonmauer von ihm getrennt. Ossie schaute auf die unermeßliche Weite blaugrünen Wassers hinaus und sehnte sich nach der freundlichen Vertrautheit des kleinen Dorfbaches. Jetzt konnte er sehen, wie die Wellen gegen die Mauer krachten, und er konnte das Meer atmen und schnaufen hören, als ob es lebendig wäre. Sie fuhren schweigend weiter, als wäre es respektlos, in Gegenwart dieses mächtigen Wesens zu lachen und zu singen.

Nach wenigen Minuten bogen sie in eine Seiteneinfahrt und fuhren durch eine Allee von Kokospalmen, bis sie auf einen offenen Platz gelangten, wo schon andere Fahrzeuge, darunter ein Bus und ein Lastwagen, parkten. Am anderen Ende des offenen Platzes konnte Ossie einen Streifen weißen Sandes sehen, dahinter lag das Meer so ruhig, als wäre es plötzlich eingeschlafen.

In der Nähe des Strandes standen drei Gebäude: zwei strohgedeckte Hütten, die als Umkleidekabinen dienten, und ein großes Klubhaus, ebenfalls mit Strohdach, das Raum für ein Restaurant, eine Bar und eine Tanzfläche bot. Die Leute aus den anderen Fahrzeugen bevölkerten bereits den Strand, darunter auch einige Touristen mit Kameras. Ein paar Touristen fuhren abwechselnd mit einem Motorboot aufs Meer hinaus.

Die meisten, die mit Mass Aston gekommen waren, setzten sich mit ihren Familienmitgliedern zusammen und begannen zu essen. Später zogen einige ihre Badeanzüge an und gingen ins Meer. Da nur die wenigsten schwimmen konnten, planschten sie in Strandnähe oder saßen im Sand. Die meisten Männer steuerten, sobald sie mit dem Essen fertig waren, auf die Bar zu.

Ossie ging nicht ins Wasser, er hatte keine Badehose und konnte nicht schwimmen. Außerdem begann er sich vor dem Meer zu fürchten. Daher lief er mit seinen Freunden den Strand entlang und sammelte Muscheln und Treibholz.

Später am Nachmittag wurde es windig, und Ossie bemerkte die zunehmende Stärke der Wellen. Er hörte, wie ein Mann seinen Zuhörern erzählte, daß die Wellen mächtig genug seien, jeden ins Meer zu ziehen. In einem solchen Fall würde man zweimal ans Ufer zurückgespült, bevor man beim dritten Mal für immer verschwände.

Als es ihnen am Strand zu langweilig wurde, gingen Ossie und seine Freunde in das Klubhaus. Dort stand eine Musikbox, und einige Leute tanzten. Neville und Adassa tanzten eng umschlungen allein in einer Ecke. Neville hielt eine Flasche Bier in der linken Hand, mit der rechten umfaßte er Adassa. Sie tanzten Wange an Wange.

Nachdem sie die Tänzer einige Minuten beobachtet hatten, wandten Ossie und seine Freunde ihre Aufmerksamkeit der Musikbox zu. Sie bewunderten gerade, wie die Musikbox Schallplatten wechselte, als sie draußen jemanden schreien hörten. Die Schreie wurden lauter, und eine Frau stürzte in das Klubhaus.

»Caswell ertrinkt!« rief sie. »Caswell ertrinkt!«

Die Leute hörten auf zu tanzen und stürmten hinaus. Ossie und seine Freunde folgten ihnen. Der Strand war voll von Leuten, die alle auf das Meer hinausschauten.

Als Ossie und seine Freunde sich nach vorne gedrängelt hatten, sahen sie einen großen, schwarzen Mann ans Ufer waten, der Caswells Körper über den Schultern trug. Der Mann legte Caswell mit dem Gesicht nach unten auf den Sand. Caswell trug nur seine gestreifte Unterhose.

Eine Touristin, eine Frau mittleren Alters mit roten Haaren, trat vor und kniete sich neben den Körper. Sie legte ihre Handflächen auf seinen Rücken, bewegte sie vor und zurück, um das Wasser aus seinem Körper zu pressen. Jedesmal, wenn sie nach vorne drückte, schoß Wasser aus Nase und Mund.

Die Frau, die die Nachricht zum Klubhaus gebracht hatte, beschrieb nun, was sie gesehen hatte: »Mir ist aufgefallen, daß er seit heut morgen nicht besonders glücklich aussah. Aber was da los war, ging mich ja nichts an. Alle haben mitbekommen, was sich zwischen Adassa und Neville abspielt, aber das ist deren Angelegenheit. Als ich Caswell ins Meer gehen sah, dacht ich, er will nur baden. Ich kam nicht drauf, daß er was anderes im Kopf haben könnte. Dann, nach einer Weile, guckte ich hinaus und sah ihn nicht mehr. Da schlug ich Alarm.«

Wenige Minuten später stand die Touristin mit deprimiertem Gesichtsausdruck auf. »Es tut mir leid«, sagte sie. »Ich habe alles getan, was ich konnte. Es tut mir sehr leid, aber er ist tot.«

Die Frau fing an zu jammern. »Was für eine Nachricht müssen wir da zurückbringen! Was für eine schreckliche Nachricht für seine Eltern!«

Die Touristen befestigten ihr Boot an ihrem Wagen und machten sich zur Abfahrt bereit. Der Mann, der Caswells Körper aus dem Meer geborgen hatte, bat sie, den Todesfall bei der nächsten Polizeistation zu melden. Die meisten Leute gingen zu ihren Fahrzeugen. Einige Autos fuhren vom Strand weg. Die Leute aus dem Bus mußten warten; der Mann, der Caswell aus dem Meer gezogen hatte, gehörte zu ihnen, und er mußte eine Aussage bei der Polizei machen.

Als Ossie zum Lastwagen zurücklief, bemerkte er, daß Neville und Adassa im Führerhaus saßen. Nevilles Augen waren gerötet, und er zog gierig den Rauch seiner Zigarette tief in die

Lungen. Adassa lehnte sich in ihrem Sitz zurück, ihr Gesicht war kalt und ausdruckslos.

Es war schon fast dunkel, als die Polizei endlich eintraf. Ossie wollte nicht zusehen, was sie machten, und blieb auf seinem Sitzplatz hinten auf dem Lastwagen. Es wurde unangenehm kalt. Schließlich hörte er, wie der Bus und der Polizeiwagen vom Strand wegfuhren. Die Mitreisenden aus ihrer Gruppe, die zugeschaut hatten, wie die Leiche untersucht und weggebracht wurde, begannen einzusteigen. Kurz danach fuhr der Wagen durch die Allee der Kokospalmen zurück.

Auf der Fahrt die Küste entlang warf Ossie einen letzten Blick auf das Meer, das Caswell zu sich genommen hatte. Der wiederkehrende Anblick des Meeres weckte in ihm das Gefühl ungeheurer Trauer und Einsamkeit. Jedesmal, wenn er es sah, fing er beim Gedanken an die unvorstellbare Tiefe an zu zittern. Er hörte das Keuchen des Wassers, als ob es dem Ufer Angst einflößen wollte. Erneut kamen sie dem Meer näher, um sich dann wieder zu entfernen; allmählich verschmolz es mit der alles verhüllenden Dunkelheit.

Schweigend fuhren sie viele Meilen. Dann fingen sie an zu singen. Der Lastwagen wurde zu einer Totenwache auf Rädern. Für Ossie waren die Lieder genauso traurig wie seine Erinnerung an das Meer. Und jedesmal, wenn er an das Meer dachte, fühlte er, wie sich kalte Angst um sein Herz legte.

Alecia McKenzie Jacken

Tante Sue hatte eine Kneipe in der Princess Street. Wir gingen jeden Samstag dorthin, und sie gab uns im hinteren Zimmer, abseits der »betrunkenen Männer«, zu essen. Aber während wir Ackee, Salzfisch und gekochte Bananen aßen – es gab immer das gleiche, und niemand würzte es so scharf wie Tante Sue –, konnten wir durch die dünne Trennwand hören, wie die Männer über Frauen redeten. Was sie mit ihnen gemacht hatten und was sie gerne mit ihnen machen würden. Während die Besoffenen prahlten und heiser lachten, brachte Tante Sue ihnen die ganze Zeit wortlos was zu trinken.

Sie war die Halbschwester meines Vaters (als er starb, beanspruchte sie seine ganze Habe), aber sie sah ihm nicht ähnlich. Daddy hatte indisches Blut in den Adern, er war schlank und schön. Tante Sue war klein, zu dick und ziemlich häßlich. Ich wußte jedoch nicht, daß sie häßlich war, bis Mama es sagte.

»Man kann gar nicht mit ansehen, wie sie in ein heißes Pastetchen reinbeißt«, sagte Mama; und Maria, Peaches und Dion schütteten sich aus vor Lachen. Ich verstand den Witz nicht. Aber ich war erst sieben, und mir kam es vor, als wäre Tante Sue Mama ähnlich. Doch ich war klug genug, dies nicht zu sagen.

Tante Sue mochte meine Schwester Peaches mehr als Dion und mich. Meine Mutter erklärte uns, warum. Peaches, dunkel und langhaarig wie sie war, ähnelte meinem Vater am meisten. Dion und ich waren hellhäutig und hatten kurze, feste, rötliche Haare. Und Maria hatte einen ganz anderen Vater. Dion und ich auch, meinte Tante Sue.

»Jacken« nannte sie Dion und mich.

Mit zehn Jahren fand ich heraus, daß die Kinder »Jacken« genannt wurden, deren Vater nicht ihr richtiger Vater war. So hatte es mir zumindest Peaches erklärt.

Tante Sue war tatsächlich häßlich und ähnelte meiner Mama wirklich nicht. Mein Vater starb, als ich elf war, danach gingen wir nicht mehr in ihre Kneipe. Kurz danach reiste sie ins »Ausland«, irgendwohin weit weg. Ich sollte sie fünfzehn Jahre später in New York wiedertreffen, da zeigte ich ihr nur mein Muttermal und lächelte. Die Wut war dann schon verschwunden.

Mein Vater hatte eine Geliebte. »Das Weib« nannte meine Mutter sie. »Das Weib« hatte drei Kinder, von meinem Vater, wie sie sagte. (Eines ihrer Kinder, Stacy, verliebte sich später in meinen Bruder. Mein Bruder glaubte, sie wäre seine Halbschwester, und wußte nicht, was er machen sollte. Am Ende tat er gar nichts und betrachtete sie nur als Freundin.)

»Das Weib« hieß Lucille. Sie hatte ein Wäschegeschäft, ebenfalls in der Princess Street, nicht allzuweit von Tante Sues Kneipe entfernt, und einen alten, kranken Ehemann, Mr. Rodney. Auch sie hatte glatte, dunkle Haut und lange, schwarze Haare. Als mein Vater starb, hinterließ er kein Testament, und die Behörden entschieden, daß Lucille die Hälfte seines Geldes zustand, weil sie ihm drei Kinder geschenkt hatte ... genauso viele wie meine Mutter.

»Alles Jacken, außer Peaches«, sagte Tante Sue, obwohl sie Lucille lieber mochte als meine Mutter. Mama sagte, Tante Sue hätte meinen Vater »angestachelt«, sich mit dem »Weib« einzulassen.

Samstags besuchten wir Daddy in der Church Street, nachdem wir in Tante Sues Kneipe gegessen hatten. Er hatte in der Nähe seines Arbeitsplatzes am Hafen ein Zimmer gemietet und wohnte dort seit ungefähr neun Jahren, seit Mutter ihn rausgeworfen hatte. Er war vor kurzem krank geworden, sagte Tante Sue, deshalb sollten wir besonders nett zu ihm sein. Er lag in einem gestreiften roten Schlafanzug auf dem hohen, eisernen Bett in der Mitte des Zimmers. Im Zimmer war es dunkel, aber als wir hereinkamen, wußten wir, daß »Das Weib« da war. Wir küßten Daddy einer nach dem anderen, aber wir ignorierten »Das Weib«.

»Sagt Hallo zu Lucille«, sagte Daddy, und dabei machte er ein Gesicht wie Dion, wenn er Geld aus Mamas Portemonnaie gestohlen hatte und dabei erwischt worden war. Lucille lächelte uns an. Wir starrten sie an. Sie war schön. Peaches gab ihr als erste die Hand. Dann Dion. Ich rührte mich nicht.

»Der kommt ganz nach seiner Mutter«, sagte mein Vater. Von allen seinen Kindern mochte er mich am wenigsten. Immer wenn er uns zu Hause besuchte, hatte er ein Geschenk für die anderen dabei – Turteltauben für Dion, neue Schuhe für Peaches, sogar fünf Schilling für Maria, die nicht einmal sein Kind war –, aber nie was für mich. Mama machte das wett, indem sie mir am selben Tag oder am nächsten auch irgendwas kaufte.

»Er sieht aber nett aus, der Junge«, sagte »Das Weib« und lächelte mir aufmunternd zu.

Ich wandte ihr den Rücken zu und hörte meinen Vater murmeln: »Verflixte kleine Jacke.« Aber er wußte, daß das nicht die Wahrheit war, denn er hatte ein großes Muttermal, einen Fleck so rund wie ein Tropfen Milch auf seiner linken Pobacke, genauso wie ich eins hatte. An derselben Stelle, sagte Mama. Ich zog meine Hose herunter, um es ihm zu zeigen, aber er verstand mich falsch und stieg aus dem Bett, um mich zu verprügeln, bis er nach Luft schnappen mußte.

Fünf Monate später war er tot. Meine Mutter sagte, es wäre Asthma gewesen. Tante Sue sagte, Bronchitis, und der Arzt meinte, Krebs. Im Gewerkschaftssaal, wo die Trauerfeier stattfand, mußten alle Kinder Daddys in der ersten Reihe sitzen, vier von uns trugen zum erstenmal Jacken; Peaches und Stacy weiße Rüschenkleider. Mama und »Das Weib« saßen hinter uns und flüsterten manchmal miteinander. Sie schienen sich gar nicht böse zu sein, und ich war verwirrt. Tante Sue kam als letzte und ging direkt zum Sarg, beugte sich über meinen Vater und tätschelte ihm die Wangen.

»Was ist mit dir los? Warum siehst du so traurig aus?« fragte sie.

Ich wartete mit angehaltenem Atem auf seine Antwort. Aber er blieb stumm.

Wir beerdigten ihn auf dem Friedhof an der Spanish Town Road. Sein Grab war das erste in einer neuen Reihe. Einen Monat später, als wir zurückkamen, um einen Grabstein für ihn aufzustellen, waren bereits weitere Leute in dieser Reihe beerdigt worden, und niemand wußte mehr, welches das Grab meines Vaters war.

Nicht einmal Peaches.

Lorna Goodison

Bella hat's erfaßt

Es war ihm peinlich, als er sie auf sich zugehen sah. Er wünschte sich, er hätte einfach in der Menge verschwinden und so weit wie nur möglich vom Norman-Manley-Flughafen weggehen können. Bella kam zurück. Bella kam nach einem ganzen Jahr aus New York zurück. Bella in Kleidern, die sie wie ein Taxi mit Schachbrettmuster aussehen ließ. Was trieb um Gottes willen eine dicke, große, gut vierzigjährige Frau, die bereits dick war, als sie Jamaika verließ, und in Amerika noch dicker wurde, was trieb diese Frau dazu, sich so anzuziehen? Bella trug eine schwarze, hautenge Stretchhose, darüber eine weite, gelb und schwarz gemusterte Bluse, an den Füßen ein Paar gelbe Stiefel, in ihrer Hand hielt sie eine große gelbe Handtasche, und dazu trug sie eine gelb eingefaßte Brille. Jesusundmaria! Das war aber noch nicht alles, nein, sie hatte ihr Haar rot gefärbt und in Löckchen gedreht, bis es glänzte, als wär's mit 'nem Spray behandelt. O Bella, was is dir nur zugestoßen? Joseph kam gar nicht dazu, auch ihr Fußkettchen, ihre breiten Armbänder und ihre Goldkette mit dem Anhänger dran zu sehn, der so groß war wie'n Namensschild an 'nem Rechtsanwaltsbüro und auf dem »Goldmädchen« stand.

Joseph hätte die Veränderung bei Bella aus ihren Briefen erahnen können. Als sie grade in New York angekommen war, schrieb sie ihm jede Woche per Eilpost.

Lieber Joe Joe,

wie gehts mein liebling? Ich hoffe gut. Ich vermiß dich un die Kinder so arg, ich denk ich sterb. Dort drüben in Brooklyn wo ich wohn, seh ich ne Menge Jamaikaner, aber ich komm nich mit ihnen zusamm. Die Frau die mich unterstützt sagt, daß viele Jamaikaner hier oben krumme Dinge drehn un ich will damit nix zu tun haben wie du dir denken kannst. Du weißt das ich nur hier bin um etwas Dollars zu machen un dir und mir zu helfen, wenn ich nach Haus komm. Bitte hab keine andre Frau solang ich weg bin. Ich weiß, daß die Männer anders sind als die Fraun, aber bitte versuch es und bleib allein bis wir uns wiedersehn un ich spare all meine Liebe für dich auf.

Deine zuckersüße Bella

Das war einer der ersten Briefe, die Bella an Joseph schrieb, und hier ist einer der letzten:

Lieber Joseph,

was gibts neues? Tut mir leid, daß mein Brief so lang gebraucht hat bis zu dir un daß die Post die Leute links und rechts beklaut. Mann, Jamaika iss wieder ne Wucht. Ich schreib nich mehr so oft wie früher weil ich zwei Jobs hab. Mein Nachtjob is Serviererin in einem Nachtclub in der Nostrand Avenue, die Arbeit is hart, aber die Trinkgelder sind gut. Ich hab ne Freundin bei der Arbeit, die heißt Yvonne un manchmal gehen wir mit n paar Freunden aufn Picknick oder so was aufn Bärenberg. Ich glaub, da wars wo Peaches sagte daß sie mich gesehn hat. Ich denk doch ich kann mich n bißchen amüsiern so lang ich noch nich so alt bin.

Dein Baby, Bella

Amüsiern? Zu dieser Zeit arbeitete Joseph sehr hart, um die beiden Kinder sauber und adrett in die Schule schicken zu können. Joseph wurde ihnen Mutter und Vater zugleich, er lernte sogar, das Haar des kleinen Mädchens zu Zöpfchen zu flechten. Sich amüsiern? Josephs Freunde fingen hinter seinem Rücken an zu lachen, weil es so aussah, als wär's bei ihm mit den Frauen vorbei.

Joseph versuchte wirklich, für sich zu bleiben. Obwohl's da die sehr, sehr nette Frau gab, die am nächsten Straßeneck wohnte. Ne nette Frau, weißt du, redet immer so nett mit ihm. Joseph bemüht sich, daß sie beide nur Freunde bleiben, und Bella in New York dort oben, die ist zum Bärenberg gegangen, und das Klatschmaul von Peaches kommt aus New York zurück und erzählt allen in der Siedlung brühwarm, wie sie Bella beim Picknick traf und wie Bella das Leben der Yankees echt gefällt.

Es war Norman, Josephs Bruder, der sagte, daß Bella wie ein Taxi mit Schachbrettmuster aussieht. Norman hatte Joseph und die Kinder in seinem Bus zum Flughafen gefahren, um Bella abzuholen, denn sie hatte geschrieben, daß sie mit jeder Menge Sachen käme. Als die Kinder sie sahen, sprangen sie in die Luft und schrien: »Mamma komm, Mamma komm.« Als Norman sie sah – er war berühmt für seinen treffenden Humor –, sagte er: »Ich werd verrückt, is das die Bella da drüben, wie die die Taxis mit Schachbrettmuster mag!« Als Bella schließlich ihre vielen riesigen Gepäckstücke durch den Zoll gebracht hatte und rauskam, war Joseph sehr still, er wußte nicht recht, wie er die neue Bella begrüßen sollte. Damit wir uns nich mißverstehn, Bella war immer 'ne scharfe Nummer, aber so wild wie jetzt war sie noch nie gewesen. Sie rannte zu Joseph hin und legte ihre Arme um ihn. Ein Teil von ihm war erleichtert, daß sie nach Hause zurückgekehrt war, daß Joseph und Bella und ihre zwei Kinder wieder eine Familie waren.

Bella redete etwas zu laut: »Manna, ich sag dir, die Typen vom Zoll ham mir die Hölle heiß gemacht, ach, es is großartig, wieder zu Hause zu sein, es war so kalt in New York!« Als sie das sagte, reichte sie ihren Wintermantel mit dem falschen Pelzkragen ihrer Tochter, die unter seinem Gewicht schwankte. Norman, der sich immer noch über seinen Taxiwitz freute, sagte: »Junge, deine Bella ist breiter als der Broadway.« Bella sagte: »Was du nich sagst ...«

Dann fuhren sie alle nach Hause. Joseph war irgendwie auf dem ganzen Weg still und erlaubte es den Kindern, wieder mit ihrer Mutter zusammenzusein. Sie war immer noch Mamma Bella, sie fragte nach der Schule, ob sie bestimmte Pakete, die sie ihnen geschickt hatte, erhalten hätten, und erzählte wichtigtuerisch, daß sie ein Paar von den hochgeschlossenen Turnschuhen der neuesten Mode an den Jungen geschickt hatte und daß man sie wohl auf dem Postamt gestohlen habe.

Ab und zu lehnte sie sich zu Joseph hinüber und küßte ihn. Das machte ihn ein wenig verlegen, aber es gefiel ihm. Einmal flüsterte sie ihm ins Ohr: »Ich hoffe, du erinnerst dich daran, daß ich all meine Liebe für dich aufgespart hab.« Das war aber auch die neue Bella, die Kühnheit und Direktheit gehörten nicht zu der alten Bella, die all ihre Liebe aufsparte für den Augenblick, wenn sie allein waren und die Tür ins Schloß gefallen war.

Vor den Kindern hatte sie ihm gegenüber nicht zuviel Zärtlichkeit gezeigt. Das gefiel Joseph. Es gab aber Veränderungen bei Bella, die ihm nicht in gleicher Weise gefielen. Er glaubte zum Beispiel, daß all die Dinge in den vielen Koffern für die Familie bestimmt wären. Weit gefehlt! Bella hatte zwar eine ganze Menge für sie mitgebracht, aber sie hatte auch vieles zum Verkaufen mitgebracht, und an vielen Abenden, wenn Joe Joe von der Arbeit nach Hause kam und nichts als ein wenig Ruhe und Frieden wollte, sein Abendessen verzehren, ein wenig fernsehen, ins Bett gehn und zu seiner Frau zärtlich sein, war Bella, seine Frau, draußen und verkaufte Kleider und »Dinger«. Sie besuchte verschiedene Büros und Wohnhäuser und redete immer davon, welche junge braunhäutige Frau von Gewicht ihr noch Geld schuldete. Das mochte Joseph nie. Er mochte die Idee, daß es etwas zusätzliches Geld gab, jetzt hatten sie eine Reihe von Dingen, die sie vorher nicht gehabt hatten, aber er vermißte die alte Bella, die sich einfach hinsetzen konnte, mit der man über alle die Kleinigkeiten, die einem das Herz füllten, reden konnte. Bella sagte, Amerika habe ihr beigebracht, wenn du's willst, mußt du dir's holen. Joe Joe war drauf und dran, sie zu fragen, wenn man was will? Joe Joe war nämlich der Ansicht, daß es ihnen durchaus gut genug ging. Er war Besitzer eines Taxis, mit dem er gewöhnlich ganz gut verdiente, auch lebten sie im »sozialen Wohnungsbau« – die Regierung stellte einem dazu unter dem Motto »Fang an, dein eignes Haus zu bauen« vier Wände auf ein kleines Stück Land –, und sie hatten sich ein ziemlich bequemes kleines Haus mit zwei Schlafzimmern, einem netten Wohnzimmer, einer Küche, einem Bad und einer Veranda gebaut. Was meinte Bella denn, wenn sie sagte: »Du mußt es schaffen«?

Was Joe Joe betraf, so hatte er es geschafft. Und er würde sich nicht umbringen, um droben in Beverly Hills zu wohnen, wenn diese Leute ihn und seine Taxifreunde sehen würden, wie sie da rauffahren und ihn besuchten, würden sie die Polizei rufen und den Wachhund auf ihn hetzen. Joe Joe war recht zufrieden. Was war mit Bella los?

»Komm her, kleine Bella, ich will dich was fragen. Glaubst du nicht, du könntest das Kaufen und Verkaufen einfach sein lassen und dich mit mir über ein paar Sachen unterhalten?«

»Joe Joe, ist ja wahr, du lebst schon gut. Gleich kommen drei junge Frauen von der Bank, wenn ihnen die Kleider passen und sie sie kaufen, dann ist das ein schönes Stück Extrageld.«

Nach einer Weile gab es Joe Joe auf, ihre Freundschaft anzumahnen. Nach einem Monat sagte Bella, sie wolle nach New York zurück. Joe Joe fragte sie, ob sie das ernst meine.

»Du weißt, daß dich niemand so liebt wie ich, Joe Joe.«

Joe Joe fragte sich, ob das wirklich so war. Manchmal sah er noch die Dame von der nächsten Straßenecke, ihre Kontakte hatten sich drastisch reduziert, seit Bella nach Hause gekommen war, aber manchmal fand er, daß er die kleinen Gespräche, die sie immer über das Leben und über alles mögliche geführt hatten, vermißte.

Sie war eine sehr einfache Frau. Er mochte ihre Art, sie machte keine großen Umstände. Manchmal bemerkte er, wie ein Mann sie besuchte, der Mann fuhr 'nen Lada, sah aus, als arbeite er für die Regierung, aber er sah auch aus, als wär er verheiratet. Du weißt doch, wie man einem Mann einfach ansieht, daß er verheiratet ist? Nun, dieser Mann da sah aus, als würd er karierte Bermudashorts und Mokassins tragen, wenn er sich am Sonntagabend ausruht, und das ist 'ne Uniform für'n verheirateten Mann.

Als Joe Joe darüber nachdachte, wie ein Leben ohne Bella aussehen könnte, begann die Dame von der nächsten Straßenecke immer besser auszusehen.

»Ist die Bella also wirklich nach New York zurückgeflogen?«

»Ja, meine Liebe, sie sagt, sie muß es schaffen, solange sie's kann.«

»Was schaffen?«

»Es!«

»Also, was is das?«

»Weißt du ... ach, vergiß es.«

Genau das war's, was Joe Joe dann auch tat. Die Dame, die Miß Blossom hieß, fing nicht lange, nachdem Bella nach New York zurückgegangen war, damit an, für Joe Joe das Abendessen herüberzuschicken.

»Sei vorsichtig mit dem Reis mit Erbsen, die dir diese Dame da schickt, sie will dich an sich binden.« Joe Joe sagte: »Wirklich?« und verzehrte weiter das Abendessen, das Miß Blossom ihm rübergeschickt hatte. Es war ihm gleich, was Peaches sagte, sie hatte ohnehin ein zu großes Mundwerk. Er wollte nur das »Frauenessen« genießen. Irgendwie schmeckte das Essen anders, es war schmackhafter, wenn eine Frau kochte.

Bella schrieb ihm, daß es ihr gut gehe.

Lieber Joe Joe,

ich weiß du bist mir böse weil du nich wolltest daß ich in die Staaten zurückgeh, aber Liebling, ich versuch nur, es zu schaffen so daß Du un ich un die Kinder es besser habn un nich aus dem Schweinekoben von der Hand in Mund leben müssen.

Das tat Joe Joe echt weh. Er hätte ihr Zusammenleben nie so beschrieben. Es war schon wahr, manchmal ging's etwas knapp zu, aber es war immer genug fürs Essen und für die Kleider da. Aus dem Schweinekoben und von der Hand in den Mund, das war das niedrigste Niveau des menschlichen Lebens, und all die Jahre hatte er gedacht, daß es ihnen gut ginge. So also sah Bella ihr Zusammenleben. So war das also. Joe Joe war so wütend, daß er nicht mal daran dachte, diesen Brief zu beantworten.

Joe Joe fing an, Miß Blossom ins Kino mitzunehmen, und nach und nach verwischten sich die Grenzen zwischen Bekanntschaft und Liebschaft. Joe Joe sagte ihr, der verheiratete Mann solle lieber aufhören, sie zu besuchen, und Miß Blossom sagte, er sei nur ein Bekannter, und Joe Joe sagte: »Ja«, grad wie er und sie Bekannte seien, und sie sagte, er sei zu eifersüchtig, und er sagte, ja, das sei er. »Aber ich möchte den Mann nicht wieder hier sehn«, und sie sagte: »Guter Gott, Joe Joe.« Nach und nach fing Miß Blossom an, sich um die Kinder zu kümmern und um Joe Joes Kleider und die Mahlzeiten, es war gerade so, als hätten sie sich vorgenommen, Bella einfach zu vergessen. Dann, in der Vorweihnachtszeit, rief Bella im Lebensmittelladen an und ließ Mister Lee ausrichten, daß sie zu Weihnachten nach Hause käme.

Nun, um der Wahrheit die Ehre zu geben, Joe Joe wollte so was gar nicht hören. Auch wenn Miß Blossom sich nicht mit Bella vergleichen ließ, weil Bella die erste Frau war, die Joe Joe wirklich geliebt hatte ... Joe Joe war recht zufrieden, er war ein einfacher Mann, er wollte mit Bella wegen ihres aufgeregten Getues und ihres »Ich muß es schaffen« nie streiten. Wie dem auch sei, er sagt Miß Blossom, daß Bella gesagt habe, sie komme zu Weihnachten nach Haus, und sie sagt: »Nun, Joe, ich glaub, du solltest ihr sagen, wer zu lang allein bleibt, dient schließlich zwei Herren oder in dem Fall zwei Herrinnen.«

Joe Joe sagt: »Hmm, aber denk daran, daß Bella die Mutter meiner Kinder is, und wie die Lage auch immer is, sie verdient Achtung.«

Miß Blossom sagte folgendes: Als Bella sich aufraffte und nach New York ging und ihn verlassen hat, hätt sie wissen sollen, daß auch er Achtung verdient. Joe Joe sagte, ja, aber er is ein Mann, der glaubt, daß alles mit Anstand und ordentlich geschehn muß, wenn er also Bella loswerden würd, würd er es richtig und ordentlich tun. Miß Blossom sagte, sie hofft, daß er sich keine Mühe gibt, sie um was zu fragen, wenn Bella wieder weg is. Joe Joe fühlte sich sehr niedergeschlagen.

Wenn Bella das erste Mal wie ein Taxi mit Schachbrettmuster aussah, sah sie jetzt wie Miami Vice aus, mit 'nem Hosenanzug, der aussah, als hätt er jede Blumensorte der Welt drin, und die Farben warn grell! Und Bella war breiter denn je. O Mann. Norman sagte: »Die Bienen wern Bella in diesen Kleidern ansteuern. Und wenn se am Park von Hope Gardens vorbeikommt, wird man se gießen.«

Bella schien nicht zu bemerken, daß Joe Joe sehr angespannt war. Sie begrüßte ihn, als wären sie gestern auseinandergegangen. »Joe Joe, Liebster, was gibts Neues.« Joe Joe schaut sie nur an, schüttelt den Kopf und sagt: »Was is los, Bella.« Sie gingen nach Hause, aber Joe Joe und die Kinder fühlten sich, als hätten sie eine Fremde am Flughafen abgeholt. Bella war Joe Joe fremder denn je geworden. Er fragte sich, was genau sie in Amerika tat, ob sie wirklich als Serviererin in jenem Klub arbeitete. Bella sagte ihm, daß er offen mit ihr reden solle, denn dies sei das Zeitalter der Frauenemanzipation, und Joe Joe sagte ihr, vielleicht könne sie ihren Hintern aus seinem Leben hinaus emanzipieren, denn er könne sie nicht mehr ausstehn.

Bella weinte und sagte ihm, wie sehr sie ihn liebe. Dann wurde es wirklich heiß, und es war wie im Film, und sie mußten das Radio ganz aufdrehn, damit die Kinder sie nicht hörten.

Joe Joe beschloß, sich auf die Zunge zu beißen, solange Bella zu Hause war. Er begann, die ganze Weihnachtszeit über sehr spät nach Hause zu kommen, denn das Haus war gewöhnlich voll mit Bellas Freundinnen, darunter auch die berühmte »Yvonne«, die beim Picknick am Bärenberg dabeigewesen war, und wenn sie zu Besuch kamen, war das Haus voll von lautem Gelächter und Gerede und allen möglichen Anspielungen, die Joe Joe nicht verstand. Er sehnte sich wirklich danach, daß Bella endlich ging. Er mochte wirklich nicht, was aus der Frau geworden war. Sie nannte zum Beispiel den Kindern den Preis für jedes Geschenk, das sie ihnen mitgebracht hatte. »Devon, bitte nimm den Walkman nicht mit nach draußen, er hat bei Crazy Eddie neunundzwanzig neunundneunzig gekostet«, oder: »Ann-Marie, sei vorsichtig mit dem Jogginganzug, ich hab dreiundzwanzig Dollar bei Macy's dafür bezahlt. O Gott!«

Bella war auch mit zwei Jherri-Lockenwicklersets bewaffnet gekommen, und eines Tages kam Joe Joe nach Hause und fand seinen Sohn und seine Tochter mit Lockenwicklern im Haar.

Joe Joe wurde schier verrückt. »Willst du etwa, daß Devon Zuhälter wird, oder was?«

»Joe, du bist wirklich hinterm Mond, du solltest mal die Kids in meiner Straße sehen.«

»In deiner Straße. Wenn du nicht willst, daß ich dirn Veilchen ins Gesicht drücke, siehst du zu, daß dieser Dreck aus dem Haar von meim Jungen kommt, er sieht ja aus wien Kokspusher. Bella, was zum Teufel tust du, daß Amerika dich verdooft? Warum kehrst du nicht einfach dorthin zurück und bleibst dort, ich hab deine Dummheiten satt ...«

Bella konnte nicht glauben, daß Joe Joe ihr so etwas sagte. Dann sagte sie, er sei ein nutzloser Strolch und daß er nie Ehrgeiz besessen habe, daß er nur in der Streichholzschachtel von einem Haus bleiben wolle und nichts Besseres wolle und daß er eindeutig nicht in ihre Pläne paßte.

Joe Joe sagte, daß er froh sei, daß sie sage, was sie wirklich denke, denn jetzt sei ihm klar, daß sie ihn nur benutzt habe, weil niemand in New York sie wolle. Bella sagte zu ihm ... dann sagte er zu ihr ... Oh, sie sagten sich Sachen!

Eines tat sie jedoch. Da sie Angst hatte, versuchte sie, die Jherrilocken aus Devons Haar herauszuwaschen. Aber alles Waschen half nichts. Der Friseur schor den Kopf des kleinen Jungen fast kahl, und er verbrachte das schlimmste Weihnachten seines Lebens.

All seine Freunde rissen Witze über ihn, wenn sie ihn trafen. Als Neujahr rum war, packte Bella ihre Sachen und ging nach New York zurück.

Joe Joe ließ zwei Wochen verstreichen, bis er bei Miß Blossom vorbeischaute. Die ganze Weihnachtszeit über hatte er sie nicht gesehen. Er nahm an, daß sie die Feiertage auf dem Land bei ihrer Familie verbracht hatte. Als er in der Siedlung fragte, wo sie sei, sagte man ihm, man habe keine Ahnung, wo sie hingegangen sei und daß ihr Zimmer leer sei. Joe Joe fühlte sich wie vor den Kopf gestoßen. Er ging nach Hause und beschloß, sich ausschließlich um seine zwei Kinder zu kümmern und für sich zu bleiben.

Als er einen Monat später nach Hause fuhr, sah er eine Frau am Straßenrand stehen, die wie Miß Blossom aussah. Sie sah aus wie Miß Blossom, aber nein, das konnte sie nicht sein, diese Frau war wie 'ne Punkerin angezogen, ganz in Schwarz, sie trug schwarze Socken mit Spitzen, die über das Oberleder ihrer schwarzen Stiefeletten fielen. Eine große und breite Frau. Er fuhr sein Taxi langsam heran und sagte: »Blossom, wo warst du?«, und dann schoß es ihm durch den Kopf: »Nein, versuch mir nicht zu antworten, du warst in New York, hab ich recht?

»Nein«, sagte Blossom, »ich war in Fort Loortodail. Du scheinst zu glauben, daß Bella die einzige ist, die nach Amerika gehn kann.«

Joe Joe bemühte sich nicht einmal, sie zu fragen, ob sie mitgenommen werden wollte, er legte nur einen Gang ein und fuhr die Straße hinab, ging ins Haus und warf die Tür zu.

Ehe er einschlief, fiel ihm ein, daß er vielleicht eine Amerikanerin finden sollte, die in Jamaika ein einfaches Leben leben wollte. Er kannte da einen Rasta, der so 'ne nette Yankeefrau hatte ...

Christine Craig Pfefferminztee

Das Kleid war rosa, altrosa, wie es damals Mode war, welken Blütenblättern gleich, und Mutter hatte ihr die Perlenohrringe geliehen. Sie schimmerten sanft, als sie den Kopf drehte und sich im trüben Glas des Spiegels betrachtete. Die Spätnachmittagsonne fiel durch die Jalousien und zauberte ein Muster aus goldenen Streifen auf den Holzboden. In diesem Monat kam Annie hereingestürmt, stolzierte langsam über das Muster aus Licht und Schatten, und ihre Füße sahen in den glänzenden Lederpumps ganz klein und zierlich aus. Sie standen beisammen, die beiden Schwestern, schauten in den Spiegel und blickten sich dabei lächelnd in die Augen. Florence ging zur Tür und sah vor der Veranda Vater mit Pferd und Wagen stehen. Dieser Anblick raubte ihr für einen Moment den Atem: Vater in seinem dunklen Anzug, groß und stattlich, der braune Schimmer des Pferdes und dahinter die Berge. Irgendwo sang ein Vogel, und Vater bückte sich, pflückte eine Rose und befestigte sie sorgfältig an seinem Revers. Wie dieser Busch neben der Eingangstreppe doch immerfort blühte, er war ständig mit kleinen, duftenden roten Rosen übersät.

Das Rathaus war mit Palmwedeln und Hibiskusblüten geschmückt, sie saßen in der vordersten Reihe und kamen sich sehr erwachsen und bedeutend vor. Einer der Sänger, ein großer, schlanker, hellhäutiger Mann mit einem Schnurrbart, sang all seine Liebeslieder nur für Annie, und Florence bemerkte, wie Annies dunkle, mandelförmige Augen unter den perfekt geschwungenen Augenbrauen zu ihm aufschauten.

Hinterher scheuchte Vater sie davon, bevor dieser »Stadtmensch« mit ihnen Bekanntschaft schließen konnte, drängte sie in den Buggy, und sie fuhren davon, die steile Straße hinauf. Unter dem leuchtenden Sternenhimmel sangen sie und Annie eines der Lieder:

Für immer werd ich deiner gedenken
Für immer wahre Liebe dir schenken.

Florence schüttelte leicht den Kopf, so als wolle sie den dünnen Film von Erinnerungen abstreifen, der sich zunehmend in ihrem Kopf auszubreiten schien. Das war alles so lange her, dachte sie, und doch erschien ihr die eigene Kindheit manchmal realer, lebendiger als diese bleiche, zerknitterte Gegenwart, die sich Ruhestand nannte. Ein Tag wie der andere, so still und eintönig, ohne den regelmäßigen Klang der Schulglocke, dem eine Geräuschflut folgte, wenn die Kinder aus dem Klassenzimmer strömten.

Da klopfte es an der Pforte. Überrascht blickte Florence nach draußen und sah dort eine junge Frau stehen.

»Bitte, Mam, ich such Arbeit als Hausmädchen.«

Es war mitten am Nachmittag und sehr heiß. Das Mädchen sah müde aus. Ihr Kleid hatte feuchte, dunkle Flecken unter den Armen, die sich immer weiter ausbreiteten.

»Ich brauche niemanden«, sagte Florence.

»Bitte, Mam«, rief das Mädchen hastig. »Krieg ich ein Glas Wasser?«

Florence holte ihr das Wasser und wies sie an, die Pforte aufzudrücken und hereinzukommen. Das Mädchen kam herein, stand neben den Eingangsstufen und hielt eine kleine, braune Kunstledertasche in der Hand. Die Sonne brannte so heiß, daß ihr ganz schwindlig wurde, und als Florence ihr das Wasser gab, trank sie zu schnell, und ihr wurde beinahe schlecht, so daß sie sich einen Moment lang an die Wand der Veranda lehnen mußte.

»Kind, bist du krank?«

»Nein, Mam. Ich bin seit heut morgen auf Arbeitssuche.«

»Komm, setz dich ein Weilchen auf die Veranda.«

Esmie stieg die zwei Stufen zur Veranda hinauf und setzte sich auf einen Holzstuhl.

»Wo kommst du denn her?«

»Mein Name ist Esmie Grant, und ich bin im Waisenhaus aufgewachsen und achtzehn Jahre alt.«

Florence betrachtete das Mädchen, ihren schlaksigen, knochigen Körper und das ausdruckslose Gesicht. Ihr Haar war ordentlich in der Mitte gescheitelt und zu beiden Seiten, wie bei einem Schulmädchen, geflochten, aber um die Augen herum sah sie irgendwie alt und müde aus.

»Nun«, sagte Florence entschlossen, »du mußt jetzt wieder ins Heim zurückgehen, es wird bald dunkel.«

»Ich kann nicht zurück, Mam. Ich bin achtzehn, und ich mußte gehn.«

»Du hast das Heim verlassen, ohne eine Arbeit oder ein anderes Zuhause zu haben?«

»Ich hab gar keine Familie, Mam. Ich muß Arbeit finden.«

»Was kannst du denn, Esmie?«

»Nun, Mam, mit den Büchern hatt ich's nich so, aber ich hab auf die kleineren Kinder aufgepaßt.«

Florence begann wütend zu werden, wie konnte das Heim sie einfach so, ohne irgendwelche Vorkehrungen für sie zu treffen, raussetzen. Kein Wunder, daß so viele dieser Mädchen auf der Straße landeten.

»Hast du seit heute früh schon was gegessen?«

»Nein, Mam.«

Florence richtete ein paar Sandwiches und Limonade, gab sie Esmie und ging dann ins Haus, um das Heim anzurufen. Die Leiterin bestätigte, daß Esmie das Heim heute verlassen hatte, daß sie ein ordentliches Mädchen sei, aber keine besonderen Fähigkeiten besäße.

»Aber wie um Himmels willen«, fragte Florence ärgerlich, »können Sie das Mädchen raussetzen, obwohl sie niemanden kennt und keine Bleibe hat?«

»Vorschriften sind Vorschriften«, erwiderte die Leiterin pikiert. Das Heim sei sowieso überfüllt, jeden Tag kämen neue Kinder, und selbst für die ganz Kleinen hätten sie schon zuwenig Angestellte. Es gäbe deshalb niemanden, der den Älteren bei der Arbeitssuche helfen könne. Sie müßten sich eben selbst helfen und auf ihren eigenen Füßen stehen.

Florence beendete das Gespräch und hängte ein. Spitzzüngigkeit und Jammerei waren ihr gleichermaßen verhaßt, und die Leiterin war von beiden Übeln befallen. Florence kehrte auf die Veranda zurück und schaute Esmie an.

»Esmie, mein Name ist Miß Gates. Ich bin pensionierte Lehrerin und habe zwar leider keine Arbeit für dich, aber hinten ein kleines Zimmer. Dort kannst du ein, zwei Tage bleiben, während du dich nach Arbeit umsiehst. Aber denk dran, nur für kurze Zeit. Gott hilft denen, die sich selbst helfen, daher gib dein Bestes, um Arbeit zu finden.«

»Ja, Mam. Vielen Dank, Mam.« Esmie lächelte schüchtern, und Florence bemerkte, daß ihr Gesicht hübsch war, solange sie lächelte.

»Und ich sag's dir gleich«, fügte Florence hinzu, »konzentriere dich auf ernsthafte Dinge, ich möchte dich nicht mit irgendwelchen dummen Jungen erwischen.«

Esmie schüttelte müde den Kopf.

Florence hieß sie das kleine Zimmer saubermachen, das jahrelang nicht benutzt worden war und in dem nur ein Bett und eine alte Frisierkommode stand. Die Trostlosigkeit des Raumes wurde durch das grelle Licht einer nackten Glühbirne unbarmherzig betont. Florence holte jedoch ein paar Vorhänge, eine alte, blaue Tagesdecke und ein Spitzendeckchen für den Frisiertisch, so daß es am Ende recht wohnlich aussah. Als Esmie ihre Tasche auspackte, drehte sich Florence beschämt um. Zwei Kleider, zwei Garnituren Unterwäsche und eine Dose Lavendelpuder. Florence fügte noch einige Toilettenartikel hinzu und gab ihr eine Bibel, und auf diese Weise richtete sich das Mädchen in einer Ecke von Miß Gates' Leben ein.

Esmie war ordentlich, sauber und pflichtbewußt, für die Arbeitssuche jedoch völlig unbegabt. Florence stellte mit Entsetzen fest, daß sie kaum lesen und schreiben konnte und nur auf direkte Fragen reagierte. »Armes Ding«, dachte sie traurig und begann zielstrebig, Esmie zu unterrichten. Aber obwohl Florence so viel Erfahrung als Lehrerin besaß, erwies sich Esmie als schlechte Schülerin. Florence ermutigte sie, die Zeitung zu lesen und Radio zu hören, aber Esmie schien nichts wirklich zu interessieren, sie hatte weder besondere Interessen noch besondere Abneigungen. Sie machte nur das, was ihr gesagt wurde. »Das kommt durchs Heim«, dachte Florence und versuchte sie dazu zu bewegen, selbst einfache Entscheidungen zu treffen: Sollte es Hähnchen oder Rindfleisch zum Abendessen geben, Eier oder Porridge zum Frühstück?

Die Wochen gingen vorüber. Seit ihrer Pensionierung fürchtete Florence, da so viele ihrer Freunde schon lange gestorben waren, eine einsame, verschrobene, alte Frau zu werden. Um körperlich und geistig rege zu bleiben, führte sie ein sehr geregeltes Leben. Sie hielt ihr Haus in Ordnung, sie arbeitete im Garten, sie las und sie ging sonntags in die Kirche. Aber in letzter Zeit ertappte sie sich dabei, wie sie, vielleicht mit einer Näharbeit im Schoß, dasaß und lebhaften Erinnerungen aus ihrer Vergangenheit nachhing. Der Geruch der Berge am frühen Morgen vermischte sich mit dem Licht und dem Gesang der Vögel. Die Erinnerungen überwältigten sie, waren so deutlich und frisch, daß sie den Kopf hob, um den Geruch der feuchten Blätter und der sich öffnenden Blumen einzuatmen. Sie hörte Mutter in der Küche Kaffeebohnen mahlen und wartete darauf, daß der Geruch sich ausbreitete, nach draußen drang und die anderen Hausbewohner weckte. Mutter und Vater, und Annie, die wunderschöne Annie. Sie alle waren nun tot, und manchmal hatte sie das Gefühl, sie habe zu lange gelebt und nun sei es auch für sie an der Zeit, in ein anderes Leben überzutreten. Aber nun war sie hier in Gesellschaft einer Fremden.

Manchmal machte Esmie sie nervös – sie würde nie Arbeit finden und weiterziehen, und sie wollte nicht die Verantwortung für dieses Mädchen übernehmen, das offenbar kaum Fortschritte machte. Dann wieder tat sie ihr unendlich leid, da sie nie eigene Eltern, nie ein Zuhause gehabt hatte.

Eines Sonntags überredete sie Esmie, mit ihr in die Kirche zu gehen. Bis zur ersten Hymne saß Esmie still da, dann öffnete sie den Mund, und eine so wundervolle Stimme ertönte, daß Florences eigene kräftige Altstimme zu einem Flüstern erstarb, und sie lauschte der goldenen Sopranstimme, die sich neben ihr so mühelos erhob. Esmies Augen waren halb geschlossen, ihr Gesicht ausdruckslos, die Stimme schien sich wie von selbst zu formen und aus ihrem Körper zu strömen, wohl ohne daß sich Esmie dessen bewußt war.

Nach der Kirche schlug Florence ihr vor, sie solle dem Chor beitreten.

»Nein, Mam«, sagte Esmie.

Florence war erstaunt.

»Aber Esmie, du bist mit einer so wunderschönen Stimme gesegnet, das ist ein Geschenk Gottes. Du solltest dem Chor beitreten und deine Stimme ausbilden lassen.«

Esmie schaute weg. Sie war an der Unterhaltung nicht interessiert, von dem Kompliment nicht beeindruckt.

»Ich werd mich umziehn und das Abendessen richten, Mam«, sagte Esmie und lief eilig davon.

»Herrgott noch mal, Esmie, hör auf, mich ›Mam‹ zu nennen«, sagte Florence müde.

Am nächsten Tag schickte Florence nach dem Klavierstimmer. Er verbrachte Stunden mit seinen Stimmgabeln und den Tonleitern, die er immer wieder spielte. Esmie brachte ihm Tee und achtete nicht auf ihn; Florence machte das Stimmen jedoch nervös, sie verließ das Haus, um spazierenzugehen, und ertappte sich dabei, wie sie die Ladenauslagen betrachtete. Es schien ihr, als ob die Geschäfte voll von häßlichen, schlecht verarbeiteten Gegenständen aus Orten wie Taiwan und Hongkong waren. Sie beschloß, Esmie ein Kleid zu kaufen, aber die paar Geldscheine in ihrer Handtasche reichten dafür bei weitem nicht aus. Sie kam erhitzt, müde und schlecht gelaunt nach Hause. Der Klavierstimmer berechnete eine unerhört hohe Summe für seine Arbeit und ging. Sie zog die Vorhänge in ihrem Schlafzimmer zu und legte sich hin. Ihr war heiß, ihre Füße waren geschwollen, und ihre Gedanken rasten wild durcheinander. Ihr Herz schlug zu schnell, sie mußte sich beruhigen, langsam einatmen, langsam ausatmen …

Es wurde dunkel, und Esmie wußte nicht, was sie zum Abendessen machen sollte. Miß Gates legte sich sonst nie tagsüber hin. Sie ging zur Schlafzimmertür.

»Sind Sie krank, Mam, Miß Gates?« fragte sie. »Soll ich Ihnen 'n bißchen Pfefferminztee aufbrühn?«

»Ja, danke, Esmie«, sagte sie, zufrieden, daß Esmie endlich einmal die Initiative ergriffen hatte.

Wiederbelebt durch den Tee, holte sie einen Karton voll alter Notenblätter hervor und begann, zuerst zögerlich, zu spielen, bis die Noten ihren Fingern wieder vertraut waren und sie entschlossen in die Tasten griff. Esmie saß auf der Veranda und wartete geduldig, daß Miß Gates aufhörte zu spielen und ihr sagte, was sie zu Abend zubereiten sollte. Aber Miß Gates spielte weiter, und schließlich machte sich Esmie ein Sandwich und ging auf ihr Zimmer. Später, als sie ins Wohnzimmer gerufen wurde und schlaftrunken im Zimmer stand, war sie über das erregte Gesicht der alten Dame überrascht. Ihre Augen funkelten, und ihr kurzgeschnittenes weißes Haar schien zu leuchten. Sie gab ihr ein paar Notenblätter.

»Ist der Dreiundzwanzigste Psalm, du kennst den Text bereits. Ich spiele die Musik, und du hörst zu und folgst den Worten auf dem Notenblatt.«

Esmie nahm das Papier und hörte zu, während Miß Gates spielte und mit ihrer reifen, etwas heiseren Altstimme sang.

»Bist du soweit? Ich fange noch mal an, und du singst dann mit.«

Miß Gates spielte, und Esmie sang. Sie erfaßte die Melodie sofort, und wieder erklang völlig mühelos ihre glasklare Stimme.

Als sie zum Ende kamen, schaute Miß Gates sie an, noch immer vor Energie sprühend. »Wundervoll, Esmie. Einfach wundervoll. Wir werden noch ein paarmal üben, und dann singst du am Sonntag in der Kirche.«

»Nein, Mam«, sagte Esmie.

Miß Gates wurde furchtbar wütend. »Wag es nicht, mir zu widersprechen. Das ist ja lächerlich. Warum denn nicht? Ich kann dich überhaupt nicht verstehen.«

Esmie sagte nichts, wurde aber doch etwas unsicher, denn sie wollte nicht, daß Miß Gates sich aufregte; sie wollte nicht, daß sie krank wurde. Miß Gates schlug den Klavierdeckel zu und lief aufgeregt vor der regungslosen Esmie auf und ab.

»Ich war mein ganzes Leben lang Lehrerin. Einige waren begabt, andere nicht, aber alle verließen sie meine Klasse mit einem gewissen Selbstbewußtsein, einem Funken Ehrgeiz. Hörst du zu? Jeden Tag schaue ich in die Zeitung und lese, wie der eine oder andere es geschafft hat und etwas aus seinem Leben gemacht hat. Und du, mit dieser großartigen Begabung, du hast keinen Ehrgeiz. Das kann ich beim besten Willen nicht verstehen.«

»Bitte, Miß Gates«, sagte Esmie leise, »bitte regen Sie sich nicht so auf.«

Florence blieb stehen. Sie war schrecklich müde. Sie sperrten das Haus für die Nacht ab und gingen schlafen. Am nächsten Tag blieb Florence die ganze Zeit, ohne etwas zu essen, in ihrem Zimmer. Esmie wußte nicht, was sie machen sollte. Es gab eine Nichte, mit der Miß Gates ab und zu telefonierte, aber Esmie kannte weder ihren Namen noch die Telefonnummer. Wenn der alten Dame irgend etwas zustoßen würde, wußte sie nicht, was sie tun sollte.

Am nächsten Tag zog sich Miß Gates nicht mal mehr an. Sie trank eine Tasse Tee und blieb im Bett. Es gab nichts zu waschen, das Haus war sauber, und Esmie wußte nicht, was sie machen sollte. Irgend etwas mußte sie unternehmen, das war ihr klar. Schließlich stand sie in der Tür.

»Miß Gates, Mam.«

»Ja, Esmie?«

Die Stimme und das Gesicht, das sie ihr zuwandte, machten Esmie angst. Sie sah so alt aus, so alt und zerbrechlich.

»Mam, soll ich einen Arzt holen? Was soll ich denn tun, Mam?«

Miß Gates drehte den Kopf zur Seite und gab keine Antwort.

Esmie ging aus dem Zimmer. Nun bekam sie es wirklich mit der Angst zu tun, sie zitterte, und ihr war kalt. Im Heim war es immer heiß gewesen. Dort waren so viele Mädchen. Manchmal wachte sie nachts auf und war froh über die Kühle und Stille der Nacht. Sie ging in ihr Zimmer und nahm die Bibel, die Miß Gates ihr gegeben hatte. Sie hielt sie, ohne darin zu lesen, in den Händen, berührte nur den weichen, abgewetzten Ledereinband und spürte das leichte Gewicht in ihren Händen. Es gefiel ihr, hier ihr eigenes Zimmer zu haben. Miß Gates hatte weiße Gardinen aufgehängt, und es gefiel ihr, wenn sie am Morgen aufwachte und sie sich leicht bewegten; sie wirkten so zart, fast unwirklich. Juliet war im Heim ihre Freundin gewesen, aber als Juliet vierzehn war, kam eine Dame aus England und sagte, sie sei ihre Tante, und sie weinte, als sie an Juliets Bett stand. Sie hatte einen großen Busen, der sich hob und senkte, während sie weinte. Sie nahm Juliet mit zu sich nach Hause. Esmie dachte an Miß Gates, die in ihrem Zimmer lag und dabei so alt und traurig aussah. Sie sollte nicht fortgehen, so wie Juliet. Dann fiel ihr ein, daß sie sich über den Pfefferminztee gefreut hatte. Sie würde ihr etwas Tee machen. Sie pflückte schnell etwas Minze und eilte in die Küche. Der Pfefferminztee würde der alten Dame guttun, und alles würde wieder so werden wie früher. Nichts sollte sich ändern. Ihr war kalt, und sie zitterte, sie mußte den Tee schnell kochen, er würde die alte Dame wieder gesund machen. Sie griff nach einer Tasse, die fiel ihr aus der Hand und zerbrach in viele Stücke. Sie ließ sich auf die Knie fallen, nahm ein Stück von der Tasse in die Hand und begann zu weinen.

Florence hörte erst den Krach, und dann war es still.

»Esmie, was ist los?« Keine Antwort.

Sie stand langsam auf, zog sich müde den Morgenrock über und ging in die Küche. Esmie saß auf dem Boden, Blut tropfte von ihrer Hand, das sich dunkel von den hellen Fliesen des Küchenbodens abhob.

»Aber Kind, was ist denn passiert? Steh auf und laß mich nach deiner Hand schauen.«

Esmie saß zusammengekrümmt da. Sie gab keinen Ton von sich, aber Tränen strömten aus ihren weit geöffneten, starr blickenden Augen.

»Esmie, steh sofort auf. Steh vom Boden auf.«

Esmie starrte nur geradeaus.

»Mama, Mama«, ihre Stimme war die eines kleinen Kindes. Dann verwandelte sie sich in eine weiche, tröstende Frauenstimme.

»Mama kommt gleich zurück, Baby. Geht nur zur Kirche. Ich werde ein schönes Lied für mein Baby singen. Dein Daddy wird bei dir bleiben. Ich komme bald zurück.«

Esmie hörte auf zu weinen, und ihre Augen starrten ins Leere. Sie war völlig still, als stünde sie unter einem Schock.

Florence lehnte sich gegen die Küchentheke, ihr unregelmäßiger Atem war in dem stillen Zimmer deutlich zu hören. Schließlich half sie Esmie aufzustehen, verband ihr die Hand und ließ sie sich aufs Sofa legen.

»Was ist passiert, Esmie? Was ist deiner Mama passiert?«

Esmies Stimme war flach und tonlos. »Das Haus fing an zu brennen. Mein Daddy hat mich jemand gegeben, und er hat versucht, das Feuer zu löschen. Mama kam grad von der Kirche, und sie sah alles und kam angerannt, um mich zu retten, aber sie und er sind im Feuer verbrannt. Ich weiß nich, warum sie mich nich auch dort gelassen ham. Weiß nich, warum.«

»Esmie, wie alt warst du, als das passiert ist?«

»Ich war noch ganz klein. Hab's völlig vergessen. Hatte früher immer nur böse Träume.« Für einen Moment schaute sie Miß Gates hoffnungsvoll an. »Aber vielleicht bring ich nur die Träume durcheinander.«

Lange Zeit saßen sie schweigend da. Die Nachmittagssonne fiel durch das Fenster und hinterließ ein helles Streifenmuster. Es erinnerte Florence an etwas. Es mußte ihr einfallen. Ja, der Nachmittag, an dem sie ins Konzert gegangen waren. Wie aufgeregt sie damals gewesen waren, wie erwachsen sie sich gefühlt hatten, als sie mit ihrem Vater ausgingen, und wie der Mann aus der Stadt sie angestarrt und Annie Liebeslieder zugesungen hatte. Ein Jahr später ging sie fort aufs College, um Lehrerin zu werden, und Annie brannte mit einem Amerikaner durch, der irgendwas in den Bergen untersuchte. Er war Geologe, ja, das war's. Er war Atheist, glaubte nicht an die Ehe, und Vater war gegen die Verbindung, zumal er ein erwachsener Mann war und Annie erst siebzehn. Von da an verschwamm alles, und ihre Erinnerungen brachen ab. Es gab jedoch welche an frühere Erlebnisse; wie sie im Wasser badeten, wie Mutter ihnen das Singen und Klavierspielen beibrachte, wie Vater immer so ordentlich und korrekt gekleidet aus dem Haus ging, um die Farmers' Credit Union in der nahen Stadt zu leiten. Irgendwie hatte sie das Gefühl, ihre Erinnerungen nach jenem Konzertabend sorgfältiger auswählen zu müssen. Als Erwachsene hatte sie ein geschäftiges, ausgefülltes Leben geführt, und doch hatte sie vieles aus dem Gedächtnis getilgt, vieles ließ man besser auf sich beruhen. Esmie bewegte sich auf dem Sofa, und ein Kissen fiel zu Boden. Florence hob es auf und schob es ihr unter den Kopf.

Das Licht veränderte sich, und Florence ging auf die Veranda und sah gerade noch, wie die Sonne unterging. Ein Vogel sang, und sie schaute sich langsam um, suchte ihn in ihrem kleinen Garten, aber er versteckte sich irgendwo, und sie konnte ihn nicht finden. Nur sein Zwitschern war laut und klar zu hören, während sich der Nachmittag seinem Ende zuneigte und die Abenddämmerung sie umhüllte.

Madeline Coopsammy Der Junge aus Petitville

Als der Abend des Abschlußballs der St.-Francis-Jungenschule endlich herankam, empfand Jocelyn tiefe Enttäuschung. In den Augen der Mädchen von St. Simeon, der Mädchenschule von gegenüber, waren die Jungen von St. Francis die begehrtesten in ganz San Pedro, der Hauptstadt von Santa Maria, einer kleinen, von Menschen unterschiedlichster Rassen bewohnten Insel im Karibischen Meer. Kein Mädchen von St. Simeon würde sich je mit einem Jungen sehen lassen, der nicht St. Francis besuchte, eher würde sie tot umfallen. Als dann jedoch ihr Begleiter für den Abend, den sie vorher nicht gesehen hatte, vor der Tür stand, fühlte Jocelyn sich betrogen.

Er entsprach ganz bestimmt nicht ihren Vorstellungen von St. Francis. Ein Fußballstar des Gymnasiums, wie der, mit dem ihre beste Freundin sich an diesem Abend verabredet hatte, war vielleicht zu viel erwartet, aber auf keinen Fall dieser Typ. Hinter der Tür stehend, konnte sie einen Blick auf den Jungen werfen, der sie zu ihrem ersten Ball begleiten sollte. Er war groß, jedoch schlaksig und unbeholfen, und er sah nicht besonders gut aus. Aber am schlimmsten war, daß er nicht zu ihr paßte. Sein öliges Haar, die rote Fliege und der Anzug, offensichtlich sein erster, alles unterstrich, daß er Inder war. Jocelyn brach in Panik aus. Was sollte sie bloß machen? Mit so jemanden konnte sie sich wirklich nicht sehen lassen. Er war die Verkörperung all dessen, was ihre Familie nach hartem Kampf überwunden hatte.

Sie hörte die Stimme ihrer Schwester. »Sie kann nicht zu dem Ball gehen. Sie fühlt sich nicht wohl.« Das Auto fuhr davon, und die Enttäuschung schien sogar im Klang des Motors mitzuschwingen.

Später, beim Ball, bat sie Barney, ihr Joseph Singh zu zeigen, um sich selbst zu überzeugen, daß sie keinen Fehler gemacht hatte. Sie war schließlich doch mit Angela, ihrer besten Freundin, und Barney, einem Jungen, den Angela bereits über das Geschäft ihres Vaters kennengelernt hatte, zum Ball gegangen. Das ist halt mein Problem, hatte Jocelyn neidisch gedacht, als Angela ihr eine Woche zuvor von dem netten Jungen Barney Chang erzählt hatte. Sie hatten sich gerade erst kennengelernt, und er hatte sie sofort zum Abschlußball eingeladen. Aber ich, dachte Jocelyn, treffe nie interessante Leute oder einen Jungen, mit dem meine Eltern einverstanden wären, da sie nicht wissen, was sie eigentlich wollen. Sie tun gerne so, als ob sie einen sehr westlichen Lebensstil führen, aber wenn's ums Verabreden geht, sagen sie plötzlich Dinge wie: »Inder lassen ihre Tochter nicht mit jedem Hinz und Kunz ausgehen.« Jocelyn war sich nie sicher, wer Hinz und Kunz waren. Sie vermutete nur, daß sie nicht Basdeo, Dass oder Persad waren.

Im Gegensatz zu Angelas Leben war das von Jocelyn streng reglementiert. Wenn sie sich bei ihrem Onkel Soogrim beklagte, erwiderte er: »Nun, was erwartest du denn? Dein Vater war Muslim, deine Mutter Hindu, und jetzt sind beide Katholiken. Ausgerechnet diese Religion! Wenn ihr Presbyterianer wärt, das ginge ja noch. Alle Inder in der Stadt sind entweder noch Heiden oder sind Presbyterianer geworden. Aber Katholiken! Zu den Katholiken paßt ihr nicht. Das ist die Kirche der französischen Kreolen, der *Potogee* und der Neger. Die einzigen anderen Inder in der katholischen Gemeinde von San Pedro sind ungebildete Bauern. Und ich will dir noch was sagen, mein Fräulein. Seit vor zwei Jahren der Hindutempel in dieser Stadt gebaut wurde, wenden sich viele der konvertierten Inder wieder dem Hinduismus zu.«

Jocelyn wußte, daß ihr Onkel die Wahrheit sagte. Ihr Problem war, daß von ihr erwartet wurde, nur einen Inder zu heiraten. Aber in ihrem Bekanntenkreis gab es niemanden, der diese Bedingung erfüllte. Sie ärgerte sich über das, was sie die Heuchelei und »Rückständigkeit« ihrer Eltern nannte, wollte aber doch ihre Liebe und Anerkennung. Sie waren eine stolze Familie. Sie hielten sich für etwas Besseres, jedoch in bezug auf materiellen Erfolg oder gesellschaftlichen Status traf das nicht zu. Ihre Stärke lag in ihren intellektuellen Leistungen, in der Fähigkeit, vorauszuschauen, und ihrer steten Weigerung, die Verhaltensweisen und Grundsätze der einfachen Leute zu übernehmen. Und niemand verkörperte das Ansehen der Familie besser als Onkel Soogrim.

Er war ein Bruder ihrer Mutter und wohnte bei ihnen, wenn er nicht gerade reiste, sich gesellschaftlichen oder politischen Angelegenheiten widmete oder an einer Universität lehrte. Er war ein hochbegabter Wissenschaftler gewesen, ein vielversprechender Mann, der zu einer Zeit, als es auf der ganzen Insel nur vier staatliche Stipendien gab, eines davon gewonnen und an einem hochrenommierten Institut in England studiert hatte. Sein Lebenswandel war ständig Gegenstand von Klatsch und Aufregung. Er hatte nie geheiratet, war immer am Schreiben, und Jocelyn nahm an, daß er Artikel über irgendwelche gelehrten Themen oder vielleicht sogar Bücher veröffentlicht hatte. Aber ganz sicher war er kein Romanautor, und im Gegensatz zu den Töchtern der Familie Ramrattan, die im Gespräch ganz beiläufig ihren Onkel, den berühmten Schriftsteller, erwähnen konnten, vermochte Jocelyn nicht zu sagen: »Mein Onkel, der berühmte Schriftsteller Ram C. Soogrim.« Jeder kannte den Onkel der Ramrattans. Seine Bücher wurden auf beiden Seiten des Atlantiks als Meisterwerke geschätzt.

Aber mein Onkel Soogrim, dachte Jocelyn oft, bringt nur meinen siebzehnjährigen Verstand durcheinander. Einmal hatte ihre Mutter den Onkel angefahren: »Du grübelst zu viel, Ram, und du hast kein Recht, dem Kind solche Sachen zu erzählen. Und was ist schon dabei, wenn die Politik dieser kleinen Insel auf Rassentrennung basiert? Das war ja nicht immer so. Wir Inder wohnten lange Zeit Seite an Seite mit all den anderen Rassen, und Leute wie du stacheln nur zu Rassenkonflikten an.«

»Entschuldige, meine liebe Schwester«, hatte Onkel Soogrim erwidert, »wir waren nicht immer frei von Rassenkonflikten. Das ist reine Schönfärberei, wie sie nur die Verfasser von Touristikbroschüren und Politiker betreiben. Noch vor wenigen Jahren war ein Schwarzer in Gefahr, wenn sein Auto in Petitville plötzlich stehenblieb. Jeder weiß, daß man bei Petitville trotz des französischen Namens gleich an indische Zuckerrohrschneider denkt. Frau, du hast nie so wie ich für die Zeitungen und Büros im Geschäftsviertel gearbeitet. Kennst du nicht die Geschichte von dem Fremden, der in Petitville ein Huhn überfuhr und so schnell wie möglich abhauen mußte, bevor die Dorfbewohner mit Sicheln und Macheten sein Auto umstellen konnten? Und weißt du was? Wenn sie diese Geschichten erzählen, schauen sie mich an und lachen. Sie betrachten mich nicht als einen ›dieser Kulis‹, einen dieser indischen Barbaren aus Petitville. Und du würdest als erste erklären, daß du nichts mit den Leuten aus Petitville gemein hast. Aber du gehörst auch in San Pedro nicht richtig dazu. Du bist anders als deine schwarzen Nachbarn. Du ißt nicht das gleiche, du hast nicht dieselben Werte, du kommst aus einer anderen Kultur, was immer davon übrig sein mag. Und was haben du und Khan diesen Kindern gegeben, damit sie erhobenen Hauptes sagen können, sie wissen, woher sie kommen? Sie haben keine Wurzeln mehr. Sie sind die Produkte der Religion des weißen Mannes und der Kultur des Afrikaners.«

Was Jocelyn an Onkel Soogrim stets faszinierte, war, daß er immer halb lachte, während er das alles erzählte. Er konnte weder mit dem Regelzwang des Hinduismus noch mit der Lehre Mohammeds etwas anfangen. Er glaubte, daß im Westindien der fünfziger Jahre Erfolg nur möglich war, wenn man den Orient und alles, was dafür stand, ablehnte. Andererseits war allgemein bekannt, daß er ein Jahr in Indien verbracht hatte, obwohl niemand genau wußte, was er dort eigentlich getrieben hatte.

Ja, ich wünschte mir wirklich, Onkel Soogrim hätte mir nicht soviel erzählt, dachte Jocelyn, während sie Joseph Singh beobachtete. Sie hatte ihn abgewiesen, nicht weil er Inder war, sondern weil er sich nicht so gewandt wie ein Junge aus der Stadt benahm, kurz gesagt, weil alles an ihm an Petitville erinnerte. Ich lehne Joseph Singh eigentlich nicht wegen Onkel Soogrim ab, sondern wegen meiner Freunde. Ihr Einfluß oder einfach ihr Verhalten hat mich dazu gebracht, eine andere Art von Mann zu begehren. Das Ideal war ein gut gebauter Junge, der zu jedem lateinamerikanischen oder Calypsorhythmus anmutig die Hüften wiegen konnte. Ein Junge mußte die Hosen knapp über der Hüfte tragen, und seine Haare durften weder zu lang noch zu kurz sein, aber vor allem durften sie unter keinen Umständen mit Kokosöl eingerieben werden, wie die Inder das taten. Was rote Fliegen betraf, waren sie für Jungen genauso tabu wie nach der Mode des letzten Jahres rote Kleider für Mädchen. Diese Dinge waren Teil des Evangeliums der Mädchenschule St. Simeon, von dem Jocelyn, ihre Schwester und ihre Freundinnen ihre eigenen Gesellschaftsregeln ableiteten.

Joseph Singh entsprach diesen Regeln nicht. Jocelyn war sich nicht sicher, ob es an der roten Fliege, dem öligen Haar oder der Stimme mit dem charakteristischen Akzent der Zuckerrohrfelder lag, daß sie so voreilig ihre Entscheidung getroffen hatte. Klar war nur, daß sie und ihre Schwester sich sofort verschworen hatten, was zu tun sei, als sie hinter der Schlafzimmertür vorlinsten, während der zwölfjährige

Gobin die Tür öffnen und sagen mußte, ja, Jocelyn Khan wohne hier und dies sei Nummer siebzehn Humming-Bird Avenue.

Und hier beim Ball war nun Barney, der nicht zu verstehen schien, warum sie nach Joseph Singh gefragt hatte, und der all das verkörperte, was dem anderen Jungen fehlte. Freundlich und ernst erklärte er ihr: »Joseph Singh, der gewinnt dieses Jahr bestimmt das naturwissenschaftliche Stipendium.« Und in seiner Stimme lagen weder Hohn noch Spott, sondern nur Bewunderung. Joseph Singh wird wahrscheinlich Arzt werden, dachte Jocelyn, das wünscht sich doch jeder Vater aus Santa Maria für seinen Sohn, besonders ein Zuckerrohrbauer aus Petitville. Aber als sie ihn anschaute, konnte Jocelyn sich nur wundern. Schau ihn nur an! Dünn, bläßlich, weder schwarz und stattlich wie Onkel Soogrim noch hell und breitschultrig wie ihr Vater. Er war schüchtern und tanzte nicht. Wahrscheinlich konnte er nicht tanzen, dachte Jocelyn. Tanzen war bei den Hindus sowieso verpönt, und wo sollte er in Petitville tanzen lernen? Es gab keine Jugendklubs, keine Tanzveranstaltungen an der Schule, und auf Hochzeiten trommelten die Leute und sangen die ganze Nacht, aber Männer und Frauen tanzten nicht miteinander. Wie könnte ich mit diesem Jungen zu einem Ball gehen? Ich sehe nicht wie eine Inderin aus, und bis die Leute meinen Namen hören, sind sie nicht sicher, was ich bin.

Einmal während des Abends kam Joseph Singh auf sie zu.

»Du bist doch Jocelyn Khan?« fragte er höflich. »Dir scheint es ja wieder besser zu gehen?«

In seiner Stimme lag ein sarkastischer Unterton. Jocelyn zögerte. Sie war solche gesellschaftlichen Konfrontationen nicht gewohnt. Es war das erste Mal, daß sie so etwas gemacht hatte, aber der Ball war zu bedeutsam, zu wichtig in ihrem siebzehnjährigen Leben, als daß sie es riskieren konnte, von den Joseph Singhs dieser Welt dorthin begleitet zu werden.

»Ich weiß, daß ich mit dir verabredet war«, log sie, »aber meine Mutter war im letzten Moment dagegen, daß ich mit einem völlig Fremden ausgehe.« Es war einfach, die Schuld auf altmodische Eltern zu schieben. »Deswegen bin ich mit meiner Freundin Angela und Barney hier. Angela wohnt neben uns, und da meine Mutter Barney kannte, sagte sie, wenn ich wirklich zum Ball gehen wollte, sollte ich mich ihnen anschließen.«

»Ich verstehe«, sagte er, und das war alles. Aber er ließ sich nicht täuschen und schaute sie den Rest des Abends nicht mehr an.

Als Jocelyn, Angela und Barney den Ball verließen, mußten sie an einer Gruppe von Jungen vorbei, die um den Eingang herumstanden. Joseph Singh war unter ihnen, und ein paar andere sahen ebenfalls wie Inder aus Petitville aus. Aber es gab andere, deren Rassenzugehörigkeit sich nicht so leicht feststellen ließ, was in Santa Maria bei gesellschaftlichen Anlässen oft der Fall war. Ein Junge war schwarz, einer war hellhäutig mit dunklem, lockigem Haar, auch ein *Doogla,* in dessen Adern indisches und afrikanisches Blut floß, war dabei.

Jocelyn war es peinlich, an ihnen vorbeizulaufen, denn sie hatte Angst, Joseph Singh in die Augen zu sehen. Aber als sie sich der Gruppe näherte, sagte der junge *Doogla* absichtlich so laut, daß sie es hören konnte: »Ist das diese Beti, die nicht mit dir zum Tanz gehen wollte, Singh? Anscheinend findet sie den Chinesen besser als dich.« Jocelyn hätte im Boden versinken mögen, während Angela und Barney überrascht aufblickten. »Mach dir nix draus, Singh«, fuhr die Stimme fort, »sie ist wirklich nichts Besonderes. Sie könnte 'n bißchen mehr Fleisch auf den Knochen vertragen, meine ich, und ein bißchen Sandpapier für die Pickel in ihrem Gesicht würde auch nichts schaden.«

Kaum war sie zu Hause, begutachtete Jocelyn als erstes ihre Pickel. Eigentlich hatte sie geglaubt, sie seien unter der Schminke nicht zu sehen.

John Wickham Reisegefährten

Die drei mit Gepäck beladenen Männer kamen durch die Tür der Abfertigungshalle und gingen zielstrebig zum Flugschalter. Das perfekt geschminkte Mädchen hinter dem Schalter hatte ein sprödes Lächeln auf den glänzenden Lippen und strahlte eine mechanische Höflichkeit aus. Die Uhr am anderen Ende der Halle zeigte fast Mitternacht an.

Die leere Halle war größer als ein Fußballfeld. Wie gelangweilte Zuschauer, die einem ereignislosen Spiel beiwohnen, schliefen ringsherum Passagiere, die auf ihren Weiterflug am nächsten Morgen warteten. Zusammengekrümmt lagen sie auf den Bänken, warm eingehüllt in dicke Wintermäntel und Decken, die für ein ganz anderes Klima gedacht waren. Ein blondes Mädchen hatte im Schlaf ihre Knie so angewinkelt, daß sie ihr Kinn berührten, von der Seite betrachtet nahm sie die ideale Flughaltung eines Weitspringers ein. Den Daumen im Mund, mit seligem Gesichtsausdruck, schien sie bereits im Land ihrer Träume angelangt. Ein Mann mit Glatze und Bart schlief kerzengerade, sein Taschenbuch immer noch fest in der Hand, die Umgebung wurde nur durch sein kaum hörbares Schnarchen gestört. Ein Gepäckträger mit roter Kappe überquerte gemächlich das große Fußballfeld, er war nicht in Eile, ohne Ziel. Ein übernächtigter Passagier versuchte vergeblich zu telefonieren, und ein Taxifahrer steckte seinen Kopf durch die Tür, um zu sehen, ob irgendwas los war.

Doch es tat sich nichts. Bis die drei Männer eintraten.

Die Männer, drei sehr unterschiedliche Typen, alle schwarz, genau wie das Mädchen hinter dem Schalter, zeigten denselben gequälten Gesichtsausdruck. Gekleidet waren sie nachlässig, ziemlich nachlässig, ihre verschwitzten Gesichter gezeichnet von den Strapazen der Reise und der Enttäuschung, daß sie selbst jetzt, zu so später Stunde, noch nicht am Ziel angekommen waren. Sie waren allesamt verärgert, und als sie das Mädchen ansprachen, konnte man ihren schrillen, aufgebrachten Stimmen entnehmen, daß sie alle drei aus Trinidad stammten. Sie fingen alle gleichzeitig an zu reden, und das Mädchen reagierte angesichts dieses Stimmengewirrs mit stoischer Gelassenheit. Ich kann warten, sagte ihr Gesicht, bis ihr von allein erkennt, daß ich mich nicht um alle gleichzeitig kümmern kann. Ihr Gesicht war genauso ausdruckslos wie die schmucklose Wand gegenüber.

Und obwohl die Männer Enttäuschung und Ärger teilten, das gleiche schlampige Äußere und den gleichen Akzent hatten, zeigte ihre Haltung – die Art, wie sie zusammen und doch jeder als ein einzelner auftraten – ganz deutlich, daß sie nicht befreundet waren. Sie waren Reisegefährten, von gemeinsamen Mißlichkeiten in eine befristete Allianz gezwängt, aber wohl kaum Freunde.

Als ihr Anführer, die dominante Persönlichkeit unter den dreien, konnte am ehesten ein untersetzter Mann von mittlerer Größe gelten. Sein Gesicht fiel auf durch das fast völlige Fehlen eines Kinns und durch die spärlichen Bartsprossen, die lachhafterweise da wuchsen, wo man das Kinn erwartet hätte. Er hatte schwarze, lockige Haare und eine Goldfüllung, die aufblitzte, wenn er sprach. Mit den Händen redete er genauso fließend wie mit dem Mund, und seine Beredsamkeit war wahrscheinlich den gestikulierenden Fingern und Armen ebenso zu verdanken wie dem Gewicht seines speziellen Anliegens, das er dem Mädchen hinter dem Schalter darlegte. Er zog seine Reisepapiere aus der Hosentasche – seine Jacke lag zerknüllt auf seinem Gepäck –, fand sein Flugticket und lenkte die Aufmerksamkeit des Mädchens mit spitzem Zeigefinger auf die Einzelheiten.

»Schauen Sie«, sagte er, »hier steht es: von St. Croix nach Antigua, Antigua nach Barbados, Barbados nach Trinidad – hier steht es, schwarz auf weiß! Jetzt komme ich nach Barbados, und es gibt keinen Flug mehr nach Trinidad. Beim Kauf dieses Tickets hieß es, ich komme noch heute abend in Trinidad an. Wollen Sie etwa sagen, die haben mich am Ticketschalter reingelegt? Wollen Sie das behaupten?«

Einen Moment lang schien das Mädchen von dem Gewicht der Argumentation beeindruckt. Aus ihrem Gesicht sprach die Bereitschaft, dem Mann unter Umständen recht zu geben.

»Zeigen Sie mir das Ticket«, sagte sie.

Der kinnlose Mann merkte, daß er das Interesse des Mädchens geweckt hatte. Er gab ihr das Flugticket und redete dabei unentwegt weiter.

»Hören Sie mal«, sagte er, »ich bin wirklich wütend. Ich habe ein Auto, mehrere Autos, die in Piarco auf mich warten, und ich sitze hier wie ein Idiot fest, komme nicht an mein Ziel. Habe ich jemals behauptet, daß ich eine Nacht in Barbados verbringen will?«

Er wurde immer wütender und wandte sich von dem Mädchen ab. Frustriert machte er einige Schritte, um sich dann wieder den anderen zuzuwenden, die wie ein Chor im Scheinwerferlicht neben dem Schalter standen.

»Hörn Sie zu«, sagte er, »ich hol mir was zu trinken. Passen Sie mal auf die Sachen hier auf.« Er zeigte auf die drei Koffer und die Pappschachtel, über denen seine zerknitterte Jacke lag. Während er die Treppe zur Bar hinaufging, schüttelte er langsam den Kopf und zuckte mit den Schultern und brachte damit zum Ausdruck, wie empört er über die katastrophale Betreuung bei dieser Reise war. Das Mädchen betrachtete weiter stumm, jedoch ohne Interesse das Flugticket, und es sah nicht so aus, als ob sie etwas unternehmen würde oder könnte, um die Verärgerung des Besitzers zu lindern. Vor ihr schrillte das Telefon. Sie nahm ab, und schon war sie in einer anderen Welt.

Ein kleiner Mann mit Hut entfernte sich vom Rande des Kreises, den das Gepäck auf dem Boden umschrieb, und schlich sich verstohlen zum Schalter. Er schien zwei linke Hände zu haben, etwas zwiefach Linkisches sozusagen, und seine Bewegungen waren extrem unbeholfen. Seine neue Kleidung – kanariengelber Pulli und braune Sportjacke mit einem derart schreienden Karomuster, daß man sich fragte, welches Pferd zitternd in der Kälte zurückgelassen worden war, dazu ein grauer, glatter Filzhut, der ihm auf den Ohren saß – machte ihn unsicher. Im Neonlicht vor dem stromlinienförmig gestylten Schalter machte der kleine Mann eine gänzlich unpassende, bäurische Figur. Verstohlen beobachtete er das Mädchen am Telefon und bewunderte sichtlich ihre raffiniert lackierten Fingernägel und die schlichte und dennoch modische Eleganz ihrer Frisur. Wie er so verlegen dastand, erinnerte er an Charlie Chaplin in seinen frühen Filmen. Nicht, daß sie einander ähnlich sahen, aber beide wirkten ähnlich verstört, hatten den gleichen, tölpelhaften, starren Blick, voll Bewunderung gegenüber so viel Weltgewandtheit und Selbstbewußtsein. Das Mädchen ignorierte den kleinen Mann und sprach weiter ins Telefon. Er wartete, aus Angst, den Fluß ihres Gespächs zu unterbrechen, und trat von einem Bein aufs andere.

Nach einer halben Ewigkeit legte das Mädchen den Hörer auf. Sie herrschte den kleinen Mann an, versteckte ihren unverschämten Ton jedoch hinter ihrem Berufsjargon.

»Und was kann ich für Sie tun, Sir?« Der Sarkasmus in ihrer Stimme war so dick aufgetragen wie ihre Wimperntusche. Das Wort 'Sir' stieß sie genauso beleidigend hervor, wie es gemeint war.

Der kleine Mann teilte die mißliche Lage mit seinem Vorgänger. Von St. Croix nach Antigua, Antigua nach Barbados, Barbados nach Trinidad, aber es gab keine Verbindung nach Trinidad. Die Geschichte war bereits zu abgedroschen, um noch ihr Interesse zu wecken.

»Ticket?« Voll Anmut streckte sie ihm ihre elegante Hand mit den langen, grazilen Fingern entgegen.

Der kleine Mann öffnete seine lederne Brieftasche und suchte unter seinen Papieren, wobei er jedes Dokument prüfte – Einwanderungsformular, gelber Impfpaß, Reisepaß, Ausreisegenehmigung, Gepäckscheine, Broschüre der Fluggesellschaft, Reiseschecks – aber da war kein Ticket.

Der kleine Mann war völlig verwirrt. »Aber im Flugzeug hatte ich es noch, ich habe es mit eigenen Augen gesehen.« Verzweifelt versuchte er, das Mädchen davon zu überzeugen, daß er die Wahrheit sagte. Er durchsuchte nochmals seine Brieftasche, wiederholte die gleiche Prozedur, indem er aufgeregt die gesammelten Unterlagen seiner Reise durchwühlte.

»Aber ich hatte es, Miß.« Er war verzweifelt.

Das Mädchen glaubte ihm nicht. »Aber wo ist es jetzt?« fragte sie. Sie schien froh zu sein, daß der kleine Mann sein Ticket nicht finden konnte, daß er es verloren hatte. Sie schien zudem nicht davon überzeugt, daß der kleine Mann jemals ein Ticket besessen hatte.

»Miß«, sagte der kleine Mann, »sieht so aus, als ob ich das Ticket verloren habe, Miß, aber ich hatte es, ich sage Ihnen, ich hatte es. Gerade bevor das Flugzeug landete, hatte ich es noch in der Hand. Miß, glauben Sie, ich lüge Sie an?«

Das Mädchen war von der wehleidigen Stimme des kleinen Mannes nicht beeindruckt. Sie nahm einen Notizblock von einem Stapel auf dem Schalter und begann, Fragen zu stellen.

»Wo wurde das Ticket ausgestellt?« fragte sie.

»Ich verstehe nicht, Miß?« Die Verwirrung des kleinen Mannes war komplett.

»Wo wurde das Ticket ausgestellt?« Die Frage wurde etwas langsamer, mit übertriebener, kränkender Geduld wiederholt. Sie redete zu einem Kind, einem Idioten, und durfte deswegen nicht zuviel erwarten. Einfache, einsilbige Wörter waren erforderlich. Sie formulierte ihre Frage um.

»Wer stellte das Flugticket aus?« Sie hoffte, daß die einfachere Satzstellung die Verständigung erleichtern würde. Sie irrte sich.

»Ich kenne den Namen des Herrn nicht, Miß.«

Das Mädchen war mit ihren Nerven fast am Ende. Sie zermarterte sich den Kopf, um die Wortstellung zu finden, die der Situation am besten gerecht würde.

»Wo«, fragte sie, »haben Sie das Ticket gekauft, das Sie nicht finden können?«

Das war leicht zu beantworten.

»In St. Croix, Miß. Ich sagte Ihnen doch, daß ich von St. Croix nach Antigua geflogen bin.«

»Ja, ich verstehe. Aber wo in St. Croix haben Sie das Ticket gekauft, das Sie nicht finden können?«

»Ich kann mich an den Namen des Ortes nicht erinnern, Miß.«

Das Mädchen ließ den Bleistift, den sie schreibbereit über dem Notizblock gehalten hatte, auf den Schalter fallen. Er rollte langsam, ganz langsam bis zum Rand des Schalters, fiel auf den Boden und verursachte dabei ein lautes Knallen. Sie beugte sich hinunter und hob ihn auf.

Das Mädchen mußte bis zehn gezählt haben, denn als sie sich aufrichtete und dem kleinen Mann wieder ins Gesicht schaute, lächelte sie süß und verkörperte den Inbegriff einer hilfsbereiten, effizienten Bodenstewardeß, der Stolz einer jeden Fluggesellschaft. Ihr Benehmen war nun wirklich tadellos. Sie hatte ihre gelassene Haltung wiedergewonnen. Es war nach Mitternacht, und der kleine Mann vor ihr hatte sein Flugticket verloren, das er irgendwo in St. Croix gekauft hatte, er wußte nicht mehr wo und erwartete nun, daß sie es für ihn fand. Und niemand sollte sagen können, sie habe es nicht versucht. Sie würde es ein weiteres Mal versuchen.

»Verstehen Sie, Sir«, sagte sie, wie eine Lehrerin, »ich muß eine Mitteilung nach St. Croix schicken, um den Verkauf des

Tickets zu überprüfen. Ich brauche die Ticketnummer oder muß wissen, wo Sie es gekauft haben, um dem Reisebüro Bescheid zu geben, damit es nachforschen kann. Verstehen Sie, Sir?«

»Ja, Miß.« Der kleine Mann war nun eifrig bei der Sache. »Aber ich kann mich an die Nummer erinnern, Miß.«

Das Mädchen lächelte, und ein fast unmerklicher Schimmer von Ungläubigkeit huschte über ihr glattes Gesicht. Wirklich, das war so gut wie unmöglich! Der kleine Mann begann wieder zu sprechen. Er hatte bemerkt, daß sie ihm nicht glaubte.

»Doch, Miß, sie fing mit 5-5-1 an, und dann kam 6-3-1, 2-2-2, 1-1-8. Das war die Nummer, Miß, ich sehe sie geradezu vor mir.« Er war stolz, daß er behilflich sein konnte.

»Vergessen Sie es«, sagte das Mädchen, »eine falsche Nummer anzugeben würde nur zur weiteren Verwirrung beitragen.«

Der kleine Mann trat aus dem erleuchteten Schalterbereich zurück, das kurzlebige Hochgefühl des Stolzes war zerplatzt wie eine Seifenblase. Er nahm seine Position außerhalb des Gepäckkreises wieder ein. Er wußte nicht, was er machen sollte. Er hatte es versucht. Nun war er in Barbados gestrandet und würde, wie es aussah, Trinidad nie mehr wiedersehen.

Während der kurzen Gesprächspause schrieb das Mädchen, den Kopf in Konzentration niedergebeugt, so daß ihr Haar das Licht der Lampen über ihr reflektierte.

Plötzlich tauchte der kinnlose Mann wieder auf. Er kündigte seine Anwesenheit mit selbstbewußter Stimme – Wer-hat-hier-Angst-vor-irgendwem? – an, während er an einem Glas Bier nippte.

»Was passiert jetzt?« Er verlangte einen aktuellen Lagebericht zum Stand der Dinge.

»Was glaubst du denn, was passieren könnte?« Die Antwort kam vom Dritten in der Runde. Er hatte bis jetzt nichts gesagt. Er war Soldat und trug riesige, schwarze Stiefel mit metallverstärkten Kappen, die an eine Clownsnase erinnerten, eine khakifarbene Jacke mit seinem Namen in schwarz gedruckten Buchstaben auf der einen und 'US Army' auf der anderen Brusttasche. Sein Gesicht sah jung aus, aber er blieb gelassen, wollte sich partout nicht aufregen, nahm die Dinge, wie sie kamen.

»Ich habe euch von Anfang an gesagt, daß wir in Barbados übernachten müssen. Das beste ist, wir lassen das Gepäck hier, gehen in die Stadt und trinken 'n Glas Rum.«

Der Vorschlag schien jetzt durchaus reizvoll.

»Ist das Gepäck hier sicher?« fragte der kleine Mann.

»Das meinst du doch nicht ernst«, sagte der Soldat, »wir sind nicht in Trinidad, weißt du, wir sind in Barbados. In Barbados stiehlt man nicht.«

»Was? Jetzt machst du wohl Witze.« Der kinnlose Mann traute seinen Ohren nicht. »Man macht was nicht in Barbados?«

Der Soldat wollte angesichts solch starken Widerspruchs das Thema nicht weiterdiskutieren.

»Barbados müßte sich dann geändert haben«, sagte er und beließ es dabei.

Der Kinnlose trank sein Bier, leerte das Glas und stellte es auf den Boden neben seine Koffer.

Dann richtete er seine Aufmerksamkeit wieder auf das Mädchen hinter dem Schalter.

»Miß«, sprach er sie an, »haben Sie entschieden, was jetzt zu tun ist?«

Das Mädchen sah von ihrem Schreiben auf. »Ich kann gar nichts tun. Es geht heute nacht kein Flieger mehr nach Trinidad.« Ihre Stimme klang endgültig.

»So geht das nicht«, antwortete der kinnlose Mann. »Man wartet auf mich am Flughafen in Trinidad, Autos warten auf mich, so geht das nicht. Sie haben den Vertrag gebrochen, und Sie müssen mich dafür entschädigen. Ich kenne meine Rechte, Sie können mich nicht für dumm verkaufen.«

Das Mädchen sah auf die Uhr an der Wand. Es war fast ein Uhr.

Ein Junge in leuchtend rotem Sweatshirt mit dem Aufdruck 'Love and Peace' in schwarzen Buchstaben kam zum Schalter gelaufen. Er wedelte mit einem Flugticket vor dem Gesicht des Mädchens.

»Das lag auf dem Schalter der Einreisebehörde«, sagte er.

Das Mädchen nahm dem Jungen im leuchtend roten Hemd das Ticket aus der Hand und las den Namen, der darauf stand. Sie las den Namen laut vor, und der kleine Mann trat wieder in die Mitte des Lichtkreises.

»Das ist meins«, rief er. Mit unerwarteter Heftigkeit riß er dem Mädchen das Ticket aus der Hand.

»Ich bin sehr froh, daß es aufgetaucht ist«, sagte das Mädchen. Sie riß ein Blatt vom Notizblock, zerknüllte es und ließ den kleinen Ball in den Abfalleimer zu ihren Füßen fallen.

»Ich bin froh, daß es gefunden wurde«, wiederholte sie, »das erspart uns eine Menge Arbeit.«

Der kleine Mann studierte das Ticket.

»Sehen Sie«, sagte er, da sehen Sie, ich lüge nicht, schauen Sie sich die Nummer an.« Er las die Nummer laut vor, sehr laut: »5-5-1 6-3-1 2-2-2 1-1-8.«

Er zeigte auf die Nummer und versuchte die Aufmerksamkeit aller darauf zu lenken, wie zuverlässig sein Gedächtnis und wie glaubwürdig er selber war, was, so glaubte er, in Zweifel gezogen worden war. Aber keiner hörte ihm zu.

»Wir sollten das alles vergessen und in die Stadt gehen. Ich sage euch, das ist das Vernünftigste, was wir machen können«, schlug der Soldat nochmals vor.

Der kleine Mann war so erleichtert, daß er glaubte, er habe Grund zum Feiern. Der Kinnlose, nunmehr in der Minderheit, gab nur widerwillig nach.

»Okay«, sagte er, »aber wir müssen das Gepäck verstauen.«

Er trat gegen seinen Koffer und drehte sich dann um, um seine Gepäckstücke zu überprüfen.

»Gott!« rief er. »Wo ist mein Fernseher?«

»Du hattest einen Fernseher?« fragte der Soldat, so als ob ein Fernseher im Besitz des kinnlosen Mannes ganz unvorstellbar, ein Weltwunder wäre.

»Sag bloß, die haben meinen Fernseher im Flugzeug gelassen!« Kaum auszudenken, aber trotzdem möglich. Er zählte seine Gepäckstücke. Eins. Zwei. Drei. Vier. Nicht eines ein Fernseher.

»Ein Farbfernseher«, erklärte der kinnlose Mann jedem, der zuhörte. »Mit einem 23-Zoll-Bildschirm. Der kann nicht einfach verschwinden. Er ist nicht hier. Jemand muß dafür bezahlen. Hah, ha!« Seine Stimme klang triumphierend. Er drehte sich dem Mädchen zu.

»Miß, Sie müssen meinen Fernseher finden, verstehen Sie!« Seine Stimme klang unheilvoll gelassen und ruhig.

Das Mädchen nahm das Telefon ab, sprach einige Worte und legte wieder auf.

»Das liegt nicht in meiner Zuständigkeit«, sagte sie und freute sich darüber, soviel war klar.

Sie fuhr fort: »Jemand kommt vorbei und kümmert sich darum.«

Der kinnlose Mann wandte sich dem Soldaten zu. »Auf dieser Reise liegt ein Fluch«, sagte er.

Der Soldat nahm sein einziges Gepäckstück, einen Seesack, löste die Zugschnur und wühlte in ihm herum. Er zog eine Stange Zigaretten heraus, riß die Zellophanhülle ab und warf sie auf den Boden. Er öffnete den Karton und nahm zwei Schachteln Zigaretten heraus. Er machte eine Schachtel auf, nahm eine Zigarette heraus und steckte sie sich in den Mund. Dann durchsuchte er fieberhaft sämtliche Taschen und ärgerte sich, daß er die Zigarette unangezündet im Mund behalten mußte.

Der Kinnlose schwieg, starrte seine Taschen an und zählte sie wieder und wieder, aber es wurden nie mehr als vier. Als er zwischen den Gepäckstücken hin und her lief, ständig auf der Suche nach seinem fehlenden Fernseher, stieß sein Fuß gegen das leere Glas, das er vorher auf dem Boden abgestellt hatte. Ein Klirren und Splittern war zu hören.

Der Angestellte der Fluggesellschaft erschien mit einem Notizblock und fragte, wer seinen Fernseher verloren hatte. Der Soldat deutete wortlos auf den Kinnlosen.

»Kann ich Ihre Gepäckscheine sehen?« sagte der Angestellte und wandte sich dem kinnlosen Mann zu, der wie gebannt auf die Scherben des zerbrochenen Glases starrte.

»Ihre Gepäckscheine«, sagte der Angestellte nochmals, dieses Mal mit mehr Nachdruck, und der Kinnlose reichte ihm einige Scheine, fünf an der Zahl.

Der Angestellte verglich die Nummern auf den Scheinen mit denen auf dem Gepäck, murmelte sie vor sich hin und notierte sie auf seinem Notizblock.

Ein Gepäckträger mit roter Kappe näherte sich der Gruppe, und der Soldat warf ihm die ungeöffnete Schachtel Zigaretten, die er in der linken Hand hielt, zu und deutete auf die Zigarette in seinem Mund. Der Gepäckträger reichte ihm ein Feuerzeug, und der Soldat zündete die Zigarette endlich an.

Der kleine Mann sagte verwirrt: »Ich dachte, wir gehen in die Stadt, Rum trinken.«

Das Mädchen am Schalter drehte sich um, schob die Tür zum Büro auf und hinterließ nur den Duft ihres Parfüms.

Der Soldat gestikulierte ungeduldig in Richtung des Kinnlosen, der auf das zerbrochene Glas am Boden starrte, und nickte dem kleinen Mann zu. Die zwei stellten ihr Gepäck in einer Ecke des weitläufigen Fußballfeldes ab und gingen durch die breite Tür hinaus in die Dunkelheit.

Der kinnlose Mann, nun verlassen, starrte auf das zerbrochene Glas auf dem Boden und fing an zu weinen. Der Angestellte der Fluggesellschaft legte einen Arm um seine Schulter und sagte: »Wir werden Ihren Fernseher schon finden. Ganz bestimmt.«

Aber der kinnlose Mann konnte nicht aufhören zu weinen.

Pauline Melville Botschaften von Toten werden nicht übermittelt

Shakespeare McNab wartete im Vorzimmer des Innenministeriums. Sein Termin beim Vizepräsidenten der Republik war für elf Uhr anberaumt. Inzwischen war es halb zwölf. Er hatte keine Ahnung, warum er herbestellt worden war. Die Sekretärin konnte oder wollte ihm nichts sagen. Jedesmal, wenn sie von ihrer Schreibmaschine aufblickte, lächelte Shakespeare ihr liebenswürdig zu, doch sie ignorierte ihn. Er holte einige Unterlagen aus der Aktentasche auf seinen Knien und tat so, als lese er darin. Das weitläufige Holzgebäude, in dem er wartete, war eines jener alten, von der früheren Pflanzeraristokratie erbauten Kolonialhäuser, die jetzt in Regierungsbüros und Ministerien umgewandelt waren. Vor dem Haus wurde die beeindruckend breite Straße der Länge nach durch einen Kanal mit stehendem Wasser geteilt. Etwa alle vierzig Meter stellten riesige Königspalmen ihre schäbigen und gelbverfärbten Palmwedel zur Schau. Shakespeare fand, daß Sekretärinnen öffentlicher Amtsträger einen Kurs in gutem Benehmen absolvieren sollten. Er würde diese Dame jedoch nicht für ihre Unhöflichkeit rügen, sondern sie ganz einfach durch seine eigenen makellosen Manieren beschämen. Einen Augenblick hielt sie im Tippen inne und schaute auf. Shakespeare schenkte ihr sein strahlendstes Lächeln. Sie tippte entschlossen weiter. Er fächelte sich mit seinen Unterlagen Luft zu. Es war heiß und er war durstig.

»Der Genosse Vizepräsident wird Sie gleich empfangen.« Die Sekretärin schaute ihn bei diesen Worten nicht an.

Shakespeare fühlte einen Anflug von Angst in sich aufsteigen. War es möglich, daß jemand von der Radiostation, bei der er arbeitete, ihn angezeigt hatte, weil er als Anrede für seine Kollegen nicht oft genug den Ausdruck »Genosse« benutzte? Er bereitete seine Verteidigung vor. Er war Rundfunksprecher. Er mußte in der Wahl der Worte korrekt sein. Laut Wörterbuch bezeichnete das Wort »Genosse« einen »engen« oder »intimen Gefährten« und nicht jeden Hans und Franz, wie es heutzutage üblich war. Außerdem würde der Vizepräsident ihn wohl kaum wegen solch einer trivialen Angelegenheit zu einem persönlichen Gespräch vorladen. Nein, es mußte etwas Wichtigeres sein. Vielleicht suchte der Vizepräsident jemanden, der seine offizielle Biographie schrieb. Das wäre ein passenderer Grund für diese Vorladung. Shakespeare überlegte besorgt, wie er dann mit dem weitverbreiteten üblen Gerücht verfahren sollte, daß der Vizepräsident für den Tod seiner eigenen Frau verantwortlich sei, die während eines Staatsbanketts vergiftet wurde, nachdem sie damit gedroht hatte, bestimmte delikate Tatsachen bezüglich seiner finanziellen Transaktionen während der laufenden Regierungsperiode zu enthüllen. Gerade noch hatte sie, so schien es, auf das Wohl der Republik angestoßen, da sank sie schon vornüber in eine Silberschüssel voll Curryshrimps. Shakespeare runzelte die Stirn. Wir räumen Skandal- und Klatschgeschichten eine viel zu große Rolle in unserer Politik ein, dachte er. Das kommt daher, daß wir eine relativ junge Nation sind. Mit der Zeit werden wir reifer werden. Jedoch war ihre Leiche verbrannt worden, fiel ihm ein, was allerdings ungewöhnlich war: Und das auch noch überraschend schnell.

Shakespeare rutschte so weit auf der Bank, bis er im Schatten saß. Wenn ihm wirklich die Stelle als Genosse Biograph des Genossen Vizepräsidenten angeboten werden sollte, würde er zweifelsohne einige detaillierte Angaben über seinen literarischen Werdegang machen müssen.

»Natürlich sind da meine beiden Gedichtbände. Ja, gelegentlich werde ich von der Muse geküßt, meistens nachts ...« Shakespeare hielt in seinen Gedanken inne. Die grobschlächtige Gestalt des Vizepräsidenten deutete nicht darauf hin, daß er sich für Gedichte interessierte. Er war verwirrt. Sollte der Vizepräsident sich etwa für das interessieren, wofür er, Shakespeare, am besten bekannt war – das Sammeln von Folklore? Jeden Morgen nach den Neun-Uhr-Nachrichten ging Shakespeare mit einem Sprichwort oder einer Redensart auf Sendung, das aus einer der vielen kulturellen Traditionen der Nation stammte: der afrikanischen, asiatischen, chinesischen, indianischen, portugiesischen oder holländischen. Donnerstags hatte er eine zehnminütige Sendung, während der er eine längere Folkstory erzählte. Heute war Freitag. Er hatte gerade ein kurzes Sprichwort vorgetragen, als sein Boß, Horace Tinling, den Kopf durch die Tür des kleinen Raums schob, das als Studio diente, und ihn wissen ließ, er werde augenblicklich im Innenministerium erwartet. Shakespeare konnte Horace Tinling nicht ausstehen. Seiner Meinung nach war ein Mann, der zu seiner Militärtarnjacke eine Fliege trug, ein ganz besonderer Heuchler. Dabei kam ihm der Gedanke, daß man ihn möglicherweise fragen würde, ob er Horace Tinling als Leiter des Inlandprogramms ablösen wolle. Ein Gefühl von Genugtuung stieg in ihm hoch. In Gedanken begann er bereits, das offene Mann-zu-Mann-Gespräch einzustudieren, in dessen Verlauf ihm seine neue Position angeboten wurde, hoffentlich bei einem kühlen Drink:

»Wieso ich Shakespeare genannt werde? Nun, Genosse Vizepräsident, man erzählt sich, daß, als ich geboren wurde, mein Vater von der Arbeit nach Hause kam, mich anschaute und sagte: Na, der sieht aber nicht so helle aus. Und hübsch ist er auch nicht grade. Da müssen wir uns was einfallen lassen, damit er seinen Weg im Leben macht. Nennen wir ihn Shakespeare. Und wirklich, es stellte sich heraus, daß ich ein gewisses literarisches Talent besitze.« Shakespeare beendete diese Anekdote gerne mit einem selbstironischen Lachen. Er stellte sich vor, wie der Vizepräsident in sein Lachen einstimmen würde, während sie an ihren Drinks nippten – Drinks, die von der Sekretärin serviert wurden, die nun gezwungen war, ihre arrogante Distanziertheit aufzugeben und angesichts der Kameraderie der beiden Männer ein respektvolles Lächeln aufzusetzen. Andererseits war es vielleicht besser, keine Namen zu erwähnen. Der Name des Vizepräsidenten war Hogg. Shakespeare hatte dieselbe Schule wie Hogg besucht, der einige Jahre älter war als er. Seine deutlichste Erinnerung an den Genossen Vizepräsidenten galt dem Empire-Tag, als jener als Vorsänger des Schulchors kraftvoll das Lied »Auf das Wohl seiner Majestät. Fa-la-la- la-la Fa-lala-la« angestimmt hatte. Sicher wäre es nicht taktvoll, ihn daran zu erinnern. Doch er mußte unbedingt daran denken, ihn zu seiner kürzlichen Ernennung zur angesehenen Position des Vizepräsidenten zu beglückwünschen. Sie war erfolgt, nachdem der einzige ernsthafte Mitbewerber in der Camp Street erschossen aufgefunden worden war.

»Der Genosse Vizepräsident möchte Sie nun sprechen.« Die Sekretärin hielt ihm die Tür auf.

Shakespeare stand mit einem ehrerbietigen, starren Lächeln auf den Lippen seines schelmenhaften Gesichts in der Mitte des Raums. Der Vizepräsident erwiderte sein Lächeln nicht. Er war ein untersetzter schwarzer Mann, dessen überwältigende Verdrossenheit die Gravitationsdichte eines implodierenden Sterns besaß. Er blieb hinter seinem Schreibtisch sitzen und starrte Shakespeare an. An der Wand hinter seinem Kopf hing ein offizielles Porträt des Präsidenten selbst, der auf Shakespeare mit gespitztem Mund und hervorstehenden Augen herabzugrinsen schien. Der Vizepräsident erhob sich und kam hinter dem Schreibtisch hervor. Trotz seines Umfanges wiegte er sich locker in den Hüften wie ein verdorbenes Schulmädchen. Er trat ohne Zögern auf Shakespeare zu und ließ auf dessen linke Gesichtshälfte eine schallende Ohrfeige klatschen: »Überleg dir in Zukunft sorgfältiger, was für Geschichten du im Radio bringst, Genosse McNab. Das ist alles. Guten Morgen.«

Grün vor Angst verließ Shakespeare McNab das Büro.

Shakespeare ging an der Sekretärin vorbei zur Tür, seine Gesichtszüge waren in einem gelähmten, schiefen Grinsen erstarrt, wie die Ohrfeige sie hinterlassen hatte. Er hoffte, die Sekretärin würde seine unbewegliche Grimasse mit einer Art Abschiedslächeln verwechseln. Er war unfähig, auch nur ein Wort hervorzubringen. Er stolperte die Holztreppe hinab auf die Straße. Es war Mittagszeit, und nur wenige Passanten waren unterwegs, doch Shakespeare war der festen Überzeugung, jeder von ihnen wußte, was ihm gerade zugestoßen war, als ob jemand mit einem Megaphon auf einem Fahrrad neben ihm herfuhr und verkündete: »DIESER MANN WURDE GERADE VOM VIZEPRÄSIDENTEN DER REPUBLIK GEOHRFEIGT.« Seine zitternden Beine bewegten sich, scheinbar ohne vorwärts zu kommen, mechanisch am Straßenrand entlang. »Was hab ich bloß gemacht? Was hab ich bloß gemacht?« wiederholte er ständig. Normalerweise verlangsamten die Hitze und die breiten, offenen Straßen selbst die eiligste Gangart zu einem Spaziergang, doch seine Furcht und das Verlangen, sich möglichst weit von dem Vizepräsidenten zu entfernen, ließen Shakespeare über eine der kleinen Kanalbrücken ins Zentrum der Stadt eilen. Der Zipfel seines Khakihemdes flatterte hinter ihm her. »Was hab ich bloß gemacht? Was hab ich bloß gemacht?« fragte er sich immer wieder.

Instinktiv steuerte er auf sein Haus zu. Als er gerade die altertümliche Eisenkonstruktion des ehemaligen holländischen Sklavenmarkts erreichte, dämmerte ihm die schreckliche Erkenntnis: Der Fehler, den er möglicherweise begangen hatte, war ein grober Schnitzer von so grauenhaftem Ausmaß, daß sein Verstand fast aussetzte. Er schloß sich einer Gruppe von Leuten an, die, ermutigt vom Gerücht, es werde bald ein Bus abfahren, unter der erbarmungslosen Sonne zusammengekommen waren. Doch seine Aufregung machte es ihm unmöglich, länger als eine oder zwei Minuten stillzustehen, und so lief er bald weiter, aus dem Stadtzentrum hinaus. Folgendes war ihm eingefallen:

Gestern war Donnerstag gewesen, der Tag, an dem er regelmäßig eine seiner längeren Folkstories sendete. Irgendwie war er zu faul gewesen, das Programm vorzubereiten. Die Studiouhr zeigte bereits zehn Minuten vor neun, als er in den Senderaum stürzte und dabei über das chaotische Durcheinander von Spulen, Bändern und Märchenbüchern stolperte. In einem solchen Notfall griff er üblicherweise darauf zurück, eine *Anancy*-Geschichte zu erzählen – Anancy war der Volksheld der Region, der magische Spinnerich mit dem gespaltenen Gaumen und dem Sprachfehler, ein listenreiches Geschöpf von groteskem Äußeren, das immer wieder die großen, wilden Ungeheuer des Dschungels austrickste. Er griff sich ein Buch mit Anancy-Geschichten vom Bücherbrett und blätterte es durch, um eine Geschichte zu finden, die er noch nicht vorgelesen hatte. Die Geschichte, die er auswählte, trug unglücklicherweise den Titel »Anancy und *Hog* – Anancy und das Schwein«.

»Guten Morgen, Guyana. Was ist das wieder für ein wuuunderschöner Tag in unserer kooperativen sozialistischen Republik, heute erzähl ich euch allen die Geschichte von Anancy und Hog.

Eines Tags gehen Anancy und seine Großmama zum Ernten aufs Feld. Anancy vergaß dort seine Gitarre. Als er mit seiner Großmama zu Hause ankommt, sagt er: ›Großmama, weißt du was, ich hab meine Gitarre auf'm Feld liegen lass'n.‹ Die Großmama sagt: ›Mein Sohn, bist'n böser Junge. Geh sie holn, aber spiel nich drauf.‹

Als Anancy heimkommt, spielt er:

Wenn du 'n häßlichen Mann siehst
Wenn du 'n häßlichen Mann siehst
Wenn du 'n häßlichen Mann siehst
Geb'm nie deine Schwester zur Frau.

Da hört Anancy Schritte. Er hebt eins seiner Beine hoch und lauscht. Da kommt Hog. Hog sagt: ›Bruder, du spielst da 'ne mächtig süße Melodie.‹ Anancy sagt: ›Nee Bruder.‹ Hog sagt: ›Spiel noch mal.‹ Anancy spielt, Bum ti bum, lauter falsche Noten. Hog schnalzt verächtlich mit der Zunge und sagt: ›Mann, pfui, kannst ja gar nicht spielen.‹ Hog geht weiter, da hört er doch Anancy wieder die Melodie spielen. Hog kommt zurück: ›Bruder Anancy, du machst dich über mich lustig, du Lump. Ich bring dich um.‹ Und Hog trägt Anancy zu sich nach Haus und will ihn zum Abendessen kochen, denn an diesem Abend hat er ein großes Fest geplant und viele hochwichtige Schweine zum Abendessen eingeladen. Doch im Haus drin befreit sich Anancy von seinen Fesseln und putzt sich mit den Kleidern von Hogs Frau heraus. Und er sagt zu Hogs Frau: ›Wenn du hübsch aussehn willst, zieh meinen kleinen schwarzen Anzug an und halt'n Mund!‹ Und dann kommt Hog ins Haus zurück und tötet seine eigne Frau. Und während Hog denkt, er hätt Anancy erledigt, war's statt dessen seine eigne Frau, die er zum Abendessen serviert. Und aus dem Grund bleibt Hog der ekelhafteste Freßsack, den es je gab.

Ja, das ist alles für heute. Shakespeare MacNab meldet sich morgen wieder.«

Als Shakespeare sich mit allen Einzelheiten daran erinnerte, was er tags zuvor gesendet hatte und was das für sein Leben bedeutete, blieb er abrupt an der Ecke Howard und Queen Street stehen. Warmes Spülwasser, das eine Frau von der Veranda ihres Hauses schüttete, bespritzte ihn. Er bemerkte es kaum. Vizepräsident Hogg glaubt, so dachte er, daß ich der ganzen Nation die Tatsache verkündet habe, daß er seine Frau umgebracht hat. Shakespeare fuhr sich mit der Zunge über die trockenen Lippen und rannte fast die gesamte letzte Wegstrecke.

Sicher in seinem einstöckigen, auf Stelzen errichteten Haus angelangt, machte Shakespeare drinnen schnell die Runde und schloß sämtliche Jalousien. Zwar wurde es daraufhin im Haus unerträglich heiß, doch er fühlte sich so weniger verwundbar. In fast völliger Dunkelheit ging er zum Tisch und schenkte sich ein großes Glas Rum ein. Danach setzte er sich aufs Sofa, schlürfte den Rum und kaute an seinen Fingernägeln. Gerade als er darüber nachdachte, wie er seine Sendung am nächsten Morgen zu einer ausgiebigen Lobrede umgestalten konnte, in der er die Tugenden des Vizepräsidenten Hogg in den Himmel hob, klingelte das Telefon. Es war die schmierige Stimme von Horace Tinling, der ihm den Laufpaß gab: »Tut mir ja leid, Genosse ... unvorhersehbare Umstände ... ersetzen dich durch eine Kochsendung ... wenn du deine Sachen spätestens neun Uhr Montagabend abholen könntest, denn dann übertragen wir eine offizielle Rede des Vizepräsidenten.«

Shakespeare war zu erschüttert, um zu protestieren. Er ging zum Fenster und spähte durch einen der Jalousienschlitze. Sein Herz machte einen Sprung. Auf der anderen Straßenseite, seinem Haus genau gegenüber, parkte ein Auto ohne Kennzeichen. Dagegen lehnten sich drei kräftige afroguyanesische Männer, alle mit Sonnenbrillen. Gleichzeitig sah er seinen Freund Denzil Bennet die Holzstufen zu seiner Haustür heraufeilen:

»Wieso hockst'n du im Dunkeln?« erkundigte sich Denzil und nahm sich ein Glas Rum. Seine Verfolgungsangst hinderte Shakespeare, Denzil zu erzählen, was geschehen war.

»Ich hab Kopfschmerzen ... Das Licht tut mir in den Augen weh.« Denzil ließ sich aufs Sofa fallen und fuhr sich mit den Händen durch seine wilde Mähne kräusliger, ergrauender Haare.

»Kennst du den neuesten Witz über Hogg?« fragte er.

Shakespeare warf ihm einen mißtrauischen Blick zu.

»Was für'n Witz?« Hatte Denzil schon was gehört? Er trat näher und setzte sich aufs Sofa.

»Weißt du noch, wie wir über die Cuffy-Statue gelacht haben?« fuhr Denzil fort.

Und wirklich erinnerte Shakespeare sich noch daran, wie sie gelacht hatten, als die Statue des großen Sklavenanführers enthüllt worden war. Die Statue hielt eine Schriftrolle in der Hand, auf die Hüfte gestützt, so daß sie aufwärts zeigte, jedoch in einem solchen Winkel, daß es nach Entfernen des verhüllenden Fahnentuchs manchen Zuschauern schien, als halte Cuffy seine eigene riesige Erektion in der Hand. Shakespeare erinnerte sich, wie er und Denzil in das sich langsam ausbreitende Gelächter eingestimmt hatten. Gerade jetzt wollte er jedoch nicht zugeben, daß er je über irgendeine Veranstaltung der Regierung gelacht hatte.

»Nun«, erzählte Denzil weiter, »der Witz geht so. Eines Nachts betrachtet Hoggs persönlicher Berater die Statue, als diese anfängt zu sprechen: ›Besorg mir ein Pferd‹, sagt Cuffy. ›Du kannst nicht sprechen, du bist eine Statue‹, sagt der Berater. ›Besorg mir ein Pferd. 1763 in Berbice ritt ich auf einem Pferd.‹ Nun, der Berater ist so erschrocken, daß er den ganzen Weg zu Hoggs Wohnhaus rennt. ›Cuffy spricht‹, sagt er. ›Die Statue spricht. Komm, hör selber.‹ Und wie du weißt, ist Hogg extrem abergläubisch. Er konsultiert eine *Obeahfrau* und all den Quatsch. Es heißt, er hat von ihr einen besonderen Ring bekommen, dessen Stein die Farbe wechselt, wenn sein Leben in Gefahr ist. Also glaubt Hogg nun, dies sei ein besonderes Zeichen, zieht die Hosen an und geht mit dem Berater zur Statue. ›Idiot‹, sagt Cuffy zum Berater. Ich sagte ein Pferd, nicht ein Esel.«

Denzil schüttelte sich vor Lachen. Shakespeare blieb stumm. Er war sich sicher, daß Denzil losgeschickt worden war, um ihm eine Falle zu stellen. Lachen könnte unter den gegebenen Umständen als eine Art Hochverrat interpretiert werden.

»Du findest das nicht lustig?« Denzil starrte Shakespeare ungläubig an. »Was ist los mit dir, Mann? Verlierst du jetzt den Verstand wegen deiner Kopfschmerzen, oder was?«

»Ich geh ins Bett«, verkündete Shakespeare plötzlich. »Mein Kopf tut weh.« Denzil zuckte die Achseln und trank seinen Rum aus.

»Sag mal, ist dir irgendwas aufgefallen auf der Straße?« fragte Shakespeare, als Denzil die Tür öffnete.

»Nichts ist los auf der Straße. Die ist leer. Geh ins Bett, Mann. Du bist krank.«

Die Tür fiel mit einem Knall hinter ihm ins Schloß, und Shakespeare blieb im Dunkeln zurück.

In dieser Nacht wälzte Shakespeare sich im Schlaf unter seinem Bettlaken wie eine Katze im Sack. Er hatte einen gräßlichen Alptraum. Ihm träumte, er stehe oben auf der Mauer am Meer. Um ihn herum roch es nach den Überresten von Krabben und Schalentieren, die Fischer dort zurückgelassen hatten. Während er über das Wasser des Atlantik hinwegschaute, tauchte eine schwarze Gestalt aus dem Meer auf. Sie wurde größer und größer und lachte drohend, während sie immer riesigere Ausmaße annahm. Dann sank sie zurück ins Meer, und er sah die Buchstaben HOGG am Himmel. Shakespeare erwachte schweißgebadet aus seinem Traum. Er hatte zu viel Angst, um wieder einzuschlafen, und verbrachte den Rest der Nacht damit, seine Knie mit den Armen zu umklammern und sich den Kopf zu zerbrechen, was er tun solle.

Am nächsten Morgen räumte Shakespeare kläglich sein Büro aus und schob seine Tonbänder und Bücher in eine große Segeltuchtasche. Horace Tinling beobachtete ihn mit einem Blick, der zwischen falscher Sympathie und offener Herablassung schwankte. Seinen Platz im Studio hatte eine elegant gekleidete, junge schwarze Frau übernommen, sie beugte sich übers Mikrophon und gab ein Rezept für gestampfte Yamswurzeln zum besten. Auf dem Heimweg besuchte er das Haus seiner Großmutter in Albuoystown. Während er in Kokosnußmilch gekochte Brotfrucht knabberte, erzählte er ihr der Reihe nach alles, was geschehen war, einschließlich des Traums der vergangenen Nacht. Sie war eine Frau, die wenige Worte machte: »Verlaß das Land«, sagte sie.

Gerade in einem Land, das nicht über die Segnungen fortgeschrittener Kommunikationstechnologien verfügt, verbreiten sich Neuigkeiten besonders schnell. Den ganzen Samstag über und am folgenden Tag erhielt Shakespeare keinerlei Besuch. Keiner seiner Freunde erschien. Das Telefon blieb stumm. Es war, als sei er über Nacht zum Aussätzigen geworden. Shakespeare nutzte die ungewohnte Einsamkeit, um über sein Dilemma zu brüten. Er überdachte jede Einzelheit dessen, was ihm geschehen war. Er rief sich wieder Denzils Spott über Hoggs Aberglauben in Erinnerung. Hoggs Termin beim Radiosender fiel ihm ein. Am späten Sonntagabend kam ihm die erste schwache Ahnung, wie er sich retten könnte, eine Idee, die so wild und phantastisch war, daß er sich den Mund zuhielt und den Kopf schüttelte. Nein, das kann ich nicht, dachte er. Doch, es könnte klappen. Nein, es ist unmöglich ... Ja, ich mach's.

Als am frühen Montagmorgen die Straßenverkäufer gerade ihre Pyramiden aus scharlachrotem Wiri-wiri Pfeffer und grünen Wassermelonen für den Tag zum Verkauf zurechtlegten, klopfte Shakespeare bereits an die Haustür seiner Großmutter.

»Willst du Kaffee-Tee, Kakao-Tee oder Tee-Tee? Hab aber keine Milch.« Sie machte sich in der winzigen Küche an die Arbeit.

»Tee-Tee«, sagte Shakespeare. Seine nächste Bitte aber machte sie stutzig. Sie schob den Unterkiefer vor und schaute ihn mißtrauisch an. »Wieso willst du meine Kleider ausleihen?« fragte sie argwöhnisch.

Shakespeare vermied eine Erklärung. Er schmeichelte seiner Großmutter und bettelte so lange, bis sie endlich nachgab und ihn mit einem langen Rock, einer alten Bluse mit Puffärmeln, einem Kopftuch und einem Paar Stöckelschuhen von dannen ziehen ließ, die ihre Tocher im Jahr zuvor bei ihr liegengelassen hatte.

Auf dem Heimweg kaufte Shakespeare eine alte Kokosnuß. Wieder im Haus, ließ er die Jalousien geschlossen und lief im Halbdunkel umher. Ab und zu blickte er zur Kontrolle durch einen Spalt, um zu sehen, ob der Wagen ohne Kennzeichen mit den unheilverkündenden Insassen wieder aufgetaucht war. Kein Zeichen von ihnen. Er leerte die Tonbänder und Bücher aus seiner Tasche aufs Sofa und ersetzte sie durch die Kleidungsstücke, die seine Großmutter ihm geliehen hatte. Dann hackte er die Kokosnuß entzwei und schnitt das weiße Fleisch mit einem kleinen Messer heraus. Danach verbrachte er einige Zeit damit, die beiden Hälften der Schalen gegeneinanderzuschlagen, bis sie ein Geräusch produzierten, das ihn zufriedenstellte. Dann legte er sie in die Tasche. Er holte eine Axt, und die kam ebenfalls in die Tasche. Jetzt kommt der schwierige Teil, sagte er zu sich selbst und ging zum Telefon. Mehrere Male hob er den Hörer ab und legte ihn wieder auf. Jedesmal nach dem Auflegen wanderte er durchs Zimmer und übte eine etwas andere Version seiner Rede ein. Endlich nahm er den Hörer in die Hand und wählte die Nummer von Vizepräsident Hoggs Büro. Die Sekretärin antwortete.

»Guten Morgen.« Der Klang von Shakespeares Stimme war einschmeichelnd. »Hier spricht Genosse Shakespeare McNab. Entschuldigen Sie die Störung – ich würde Sie nicht belästigen, wenn es sich nicht um eine Angelegenheit von größter Wichtigkeit handelte. Ich hatte einen Warntraum, der den Vizepräsidenten betrifft. Meine tote Mutter erschien mir heute nacht in einem Traum und warnte mich, daß er sich in äußerster Gefahr befindet. Ich empfinde es als meine Pflicht, diese Botschaft weiterzugeben.«

Nach einem Augenblick des Zögerns am anderen Ende der Leitung kam die schnippische Antwort:

»Botschaften von Toten werden nicht übermittelt.«

Shakespeare dachte fieberhaft nach. Sein ganzer Plan geriet ins Wanken, wenn die Botschaft nicht ausgerichtet wurde.

»Nein. Die Botschaft ist von *mir*,« sagte er hastig. Und um sicherzugehen, daß der Vizepräsident auch wirklich die Information erhalten würde, fügte er hinzu: »Ich werde natürlich eine schriftliche Bestätigung schicken, doch ich fand, ich sollte es so schnell wie möglich weiterleiten, damit ihm nichts geschieht, bevor er den Brief erhält. Ich möchte nicht für das Zurückhalten einer solchen Information verantwortlich sein.« Das sollte sie umstimmen, dachte Shakespeare, wobei er zu seiner Überraschung feststellte, daß er vor dem Telefon auf den Knien lag.

»In Ordnung«, erwiderte die Stimme zögernd. »Ich werde den Genossen Vizepräsidenten informieren, wenn Sie meinen, daß es wirklich so wichtig ist.«

»Vielen Dank«, sagte Shakespeare. »Das glaube ich ganz sicher.« Als er auflegte, kribbelte es ihn überall.

Den ganzen Nachmittag über entschloß sich Shakespeare mehr als einmal, seinen Plan völlig aufzugeben. Es war zu riskant. Zuviel stand auf dem Spiel. Es wäre vernünftiger, dem Rat seiner Großmutter zu folgen und das Land zu verlassen. Niemand würde ihm eine vernünftige Arbeit anbieten, wenn er nicht seine alte Stelle zurückbekam, und wenn sein Plan scheiterte, konnte er der Radiowelt für immer Adieu sagen. Und trotzdem, vielleicht war es einen letzten Versuch wert.

Bei Anbruch der Dämmerung konnte man in einiger Entfernung von der Stadt einen kurzgewachsenen Mann die Bäume an einer engen Straße untersuchen und abmessen sehen. Zu seiner Rechten führte die Straße zum Eingangstor von Vizepräsident Hoggs Privatresidenz. Das Haus selbst befand sich außer Sichtweite am Ende einer langen Auffahrt. Zu seiner Linken setzte sich die Straße, die nur von wildwachsenden Bäumen und Büschen gesäumt war, noch etwa hundert Meter fort, bis sie auf die Hauptstraße traf. Ein Schwarm Fledermäuse durchschnitt in flatternden, sich überkreuzenden Flugbahnen die großen opalfarbenen und silbernen Wolken. Auf halber Strecke zwischen dem Tor und dem Ende der Straße fand Shakespeare den Baum, den er gesucht hatte, einen jungen schlanken Casuarinabaum. Er nahm die Axt aus der Tasche und begann, den Stamm unten durchzuhacken. Bei jedem Hieb machte sein Herz vor Furcht einen Sprung, und er blickte rasch die Straße auf und ab. Doch niemand war zu sehen. Als er den Stamm halb durchtrennt hatte, schaute Shakespeare auf die Uhr und entschloß sich zu warten. Er versteckte sich außer Sichtweite zwischen den Büschen. Der Baum blieb aufrecht stehen. Ungefähr zum erwarteten Zeitpunkt bog eine von einem Chauffeur gelenkte Limousine von der Hauptstraße ab und glitt majestätisch die ausgefahrene Sandstraße entlang zum Eingang von Hoggs Anwesen. Der Fahrer hielt an, um das Tor aufzuschließen, und dann verschwand der Wagen in der Auffahrt. Es war fast dunkel.

»Schnell. Schnell. Jetzt oder nie«, flüsterte Shakespeare sich zu und verzog sein Gesicht zu einer wilden Grimasse. Mit aller Kraft zog er am Stamm des Casuarinabaums, bis dieser in graziler Ohnmacht niedersank und so die Straße blockierte. Shakespeare verschwand wieder zwischen den Büschen, erinnerte sich dann gerade noch, daß er seine Tasche bei dem Baum stehengelassen hatte, rannte hin, um sie zu holen, und rutschte dabei auf ein paar Tamarindenschoten aus. Er fluchte, doch die Schoten brachten ihn auf eine Idee. Er hob eine auf und schüttelte sie. Sie rasselte. Er schob sie sich unter den Arm und verschwand erneut hinter den Bäumen. Der Himmel hatte sich von Silber über Grau zu Schwarz verfärbt.

Vizepräsident Hogg starrte trübsinnig aus dem offenen Rückfenster seiner Limousine, als der Fahrer bremste. Die Zweige des umgekippten Casuarinabaums schwankten im Strahl des Scheinwerferlichts.

»Ich muß Hilfe holen, um dieses Hindernis wegzuräumen«, entschuldigte sich der Fahrer, nachdem er den ungehörigen Baum untersucht hatte. Hogg grunzte zustimmend und wartete, während der Chauffeur eilig zur Hauptstraße lief.

Danach begann Hogg auf einmal seltsame Dinge zu vernehmen. Zuerst hörte er ein Plumpsen, wie von weichen, dumpfen Schlägen auf das Wagendach, was er als etwas, das von den Bäumen fiel, abtat. Dann schrillte ihm etwas wie das schrille Pfeifen eines Vogels in die Ohren, ein Pfeifen, das in ein überirdisches Rasseln überging. Zwei Minuten später hörte er von rechts ein lautes Schmatzen aus den Büschen. Fast gleichzeitig begann von links eine hohe Stimme nach ihm zu rufen: »Hallo Lieeebling.«

Dann wurde es still: Hoggs kleine Augen huschten flink von links nach rechts und wieder zurück. Nichts rührte sich. Hogg erlaubte es sich, den Bruchteil eines Augenblicks zu entspannen, als die Stille durch das Klipp-klapp von Hufen auf der trockenen Sandstraße unterbrochen wurde. Hogg lehnte den Kopf aus dem Wagenfenster. Was er sah, erfüllte ihn mit Entsetzen. Jenseits des Straßenabschnitts, der von den Autoscheinwerfern erhellt wurde, konnte er gerade noch die Gestalt einer Frau ausmachen. Sie trug eine Art Kopftuch und ein weißliches Kleid mit Puffärmeln. Sie näherte sich ihm langsam mit schwankendem ungleichmäßigem Gang. Das allerschlimmste jedoch: Sie winkte ihn zu sich, bedeutete ihm mit gekrümmtem Zeigefinger, ihr in die Büsche zu folgen. Hogg gab ein leises Stöhnen von sich und ließ sich im Fond des Autos auf die Knie fallen. Kaum hatte er diese Position eingenommen, da schien in den Bäumen neben dem Wagen die Hölle loszubrechen. Er hörte Schreie, das Krachen von Ästen und das Knacken von Zweigen, als ob ein riesiges Monster dort sein Unwesen trieb. Dann hörte Hogg den gellenden Aufschrei einer ihm bekannten Stimme: »Geh weg! Laß ihn in Ruhe, sag ich dir.« Dann wieder Stille.

Voll Furcht hob Hogg sein Gesicht zum Fenster, wo er sich den gleichermaßen angespannten Gesichtszügen von Shakespeare McNab gegenübersah.

»Gott sei Dank. Sie sind in Sicherheit«, keuchte Shakespeare. »Haben Sie meine Botschaft erhalten? Ich bin hergekommen, um Sie zu warnen, falls Sie die Botschaft nicht gekriegt haben.«

Hogg wischte sich den Schweiß mit einem Taschentuch vom Gesicht. Die Vorderseite seiner Khakijacke hob und senkte sich, während er Shakespeare wie gebannt anstarrte, die Kinnlade hing ihm schlaff herunter.

»Darf ich vielleicht einsteigen? Ich glaube, es wäre sicherer für uns beide.« Shakespeare versuchte seinen Atem unter Kontrolle zu bekommen. Hogg rutschte auf die gegenüberliegende Seite des Rücksitzes, und Shakespeare stieg neben ihm ein.

»Gütiger Gott. All die Jahre hab ich Geschichten über so Sachen erzählt und nie richtig dran geglaubt. Jetzt weiß ich, daß das alles wahr ist. Was für ein Glück, daß ich hier war. Ich hab sie in die Flucht geschlagen. Wissen Sie, wer das war?«

Hoggs Augen blickten auf Shakespeare. Sie schienen eine Art Warnung zu enthalten, doch Shakespeare konnte jetzt nicht aufhören: »*La Diablesse*, die Teufelin.«

»Wer?« fragte Hogg verwirrt.

»*La Diablesse.*« Shakespeare senkte seine Stimme zu einem Flüstern. »Das muß die Warnung gewesen sein, die meine Mutter mir im Traum übermitteln wollte. Sie haben doch meine Botschaft erhalten?«

Hogg nickte.

»*La Diablesse.* Sie kennen sie doch. Sie hat einen gesunden Fuß und einen Huf. Sie lockt Menschen in den Wald und bringt sie dort um.«

Hogg brach in schallendes Gelächter aus. Shakespeare zuckte zusammen. Sein Plan war schiefgelaufen. Hogg wußte die Schwere eines Zusammentreffens mit *La Diablesse* nicht zu würdigen. Shakespeares heldenhafter Mut würde nicht belohnt werden. Er warf einen beunruhigten Blick auf Hoggs riesige, zitternde Gestalt.

»Jesus und Maria«, sagte Hogg. »Und ich hab gedacht, es wär meine Frau.«

Alle Kraft wich aus Shakespeares Gliedern. Es wäre ihm nie eingefallen, daß Hogg die Erscheinung für den Geist seiner Frau halten könnte. Er versuchte die Sache richtigzustellen:

»Entschuldigen Sie bitte, daß ich Ihnen widerspreche, Genosse Vizepräsident. Ich bin sicher, ich habe *La Diablesse* gesehen. Als ich rief und die Äste schüttelte, verschwand sie einfach so zwischen den Bäumen.«

Hogg runzelte die Stirn. »Was hat dich denn hierher gebracht?« Er klang mißtrauisch.

»Nur ein Gefühl. Ein starkes Gefühl«, sagte Shakespeare.

Shakespeare blickte ängstlich auf die korpulente Gestalt neben sich. Hogg schien beschäftigt. Finsteren Blicks fingerte er an einem Ring an seiner rechten Hand herum, drehte ihn in eine, dann in die andere Richtung. Plötzlich riß er ihn sich vom Finger und warf ihn durch das Autofenster. In diesem Augenblick tauchte im Licht der Scheinwerfer das ängstliche Gesicht des Chauffeurs auf. Er hatte noch einen Mann dabei, und zusammen machten sie sich daran, den Baum aus dem Weg zu räumen. Shakespeare wußte, daß er schnell handeln mußte, wollte er die Gelegenheit ergreifen, bevor es zu spät war.

»Nun, Sir, Genosse Sir, ich sehe, daß Sie jetzt in Sicherheit sind. Ich muß jetzt auch nach Hause. Leider wurde ich vom Rundfunksender entlassen und muß morgen früh aufstehen, um mir eine andere Arbeit zu suchen.«

Hogg drehte sich langsam um und musterte Shakespeare eindringlich. Shakespeare zuckte unter dem durchdringenden Blick zusammen.

»Ich habe eine Idee«, sagte Hogg nachdenklich. »Ich glaube, ich könnte dir da helfen.«

Shakespeare zuckte mit den Augenlidern und begann ihm überschwenglich zu danken, er hoffte auf die baldige Rückkehr zur Runkfunkstation. Doch Hogg fuhr fort: »Ich biete dir eine Position als mein persönlicher Berater an.«

Am nächsten Tag stolzierte Shakespeare in der Küche seiner Großmutter auf und ab, schilderte prahlerisch und mit Gelächter den Erfolg seiner List:

»Was meinst du nun, Großmama, bin ich nicht schlau? Ist dein Enkel nicht schlau? Jetzt bin ich persönlicher Berater des Genossen Vizepräsident Hogg«, prahlte er.

Sie rührte etwas Casreep in das Pepperpotgericht.

»Verlaß das Land«, sagte sie.

Roger McTair Zu Besuch

»Es sollte Brücken zwischen den Inseln geben«, sagte Solomon und schaute über die Bucht. Clapham wischte nachdenklich über die Bartheke und sagte: »Ja, Sir.«

»Hör doch mit dem ›Sir‹ auf«, sagte Solomon, »meine Freunde nennen mich Sol, oder Sol-oh; verstanden? Sol-oh. Ich bin doch nur aus Trinidad, von der Insel gegenüber; eine Flugstunde entfernt. Gäb's ne Brücke zwischen Bridgetown und Port of Spain, würd man's mit dem Auto in acht Stunden schaffen.«

»Ich kann nicht Auto fahren«, erwiderte Clapham. »Ich hab nur ein altes Raleigh-Fahrrad.« Er wischte wieder und wieder über die bereits blitzsaubere Theke.

Eine leichte warme Brise strich durch die Palmen und zurechtgestutzten Ziersträucher, und der schwere Duft von Blumen mischte sich mit der salzigen Meeresluft. Die Musik, die vom Hotel herüberdrang, klang aus, und statt dessen hörte man das Tosen des Meeres. Clapham wischte nicht länger den Tresen sauber, sondern wartete mit wachem Blick.

Eine kleine Gruppe von Männern und Frauen kam den Kiesweg entlang, der vom Hotelgelände und dem Parkplatz herführte. Sie setzten sich auf die andere Seite der runden Gartenbar, erzählten sich Witze, lachten und plauderten. Solomon drehte sich auf seinem Barhocker, um die Bucht zu betrachten. Es war sein letzter Urlaubstag, und er war ein wenig melancholisch. Er wünschte, der Mond würde über der Bucht am Himmel stehen. Er pfiff einige Takte aus »Mood Indigo«. Auf See blinkten Lichter. Muß ein Kreuzfahrtschiff sein, das die Inseln anläuft, dachte Solomon.

»Ellington, nicht wahr?« fragte Clapham leise.

»Ja«, sagte Solomon. »Der Duke persönlich.«

Clapham bewegte sich ruhig und geschickt innerhalb des ihm verfügbaren begrenzten Raums. Seine Stimme klang leise und sanft, während er die lachenden Touristen bediente. Die drei Männer und vier Frauen scherzten lauthals mit dem alten Barkeeper. Er lächelte nur. Ihre Stimmen hatten einen plärrenden, nasalen Unterton. Solomon war sich nicht sicher, ob es ein Südstaatenakzent oder einer aus dem Mittleren Westen war. Aber er war ja auch kein Experte auf diesem Gebiet, dachte er bei sich. Er saß mit dem Rücken zur strohgedeckten Bar und beobachtete, wie die Wellen auf den Sand zuliefen. Er versuchte die Stimmen auszublenden. Es war sein erster Besuch auf einer anderen Insel. Irgendwie kam ihm an diesem verdammten Ort alles wie zu Hause vor. Diese Bucht konnte genausogut Salybia oder Point Cumana sein, doch sie war es nicht, es war eine andere Insel, zweihundert Meilen entfernt, Claphams weicher Akzent erinnerte ihn daran.

Ein weißhaariger weißer Mann in tadellosem Abendanzug lehnte sich auf den Arm eines schwarzen Mannes mittleren Alters und kam langsam den Kiesweg entlang. Er setzt sich auf eine Bank unter einer Palme, einige Meter von der Bar entfernt. Er trug eine rote Nelke im Knopfloch. Sein Diener steckte in einem schwarzen Chauffeuranzug wie aus einem englischen Film der dreißiger Jahre. Der alte Mann ließ sich auf der Bank nieder und stützte die Hände auf seinen Gehstock. Er starrte aufs Meer hinaus. Sein Diener stand regungslos, ohne eine Miene zu verziehen, ein Stück hinter der Bank.

Ach ja, die Antillen, dachte Solomon, nippte an seinem Rum und schloß die Augen. Er hatte eigentlich vorgehabt, diesen Urlaub in New York zu verbringen, bis Beckles ihn gefragt hatte, ob er jemals in Grenada gewesen sei. Nein, hatte er gesagt. Warst du je in Barbados? In Jamaika? Nein! Beckles lächelte. Warst du schon mal in Toronto? Ja, hatte er geantwortet. Montreal? Ja! Brooklyn? Ja! Und wieder hatte Beckles gelächelt.

Solomon buchte drei Wochen Barbados.

Er wollte gerade die Ellington-Melodien pfeifen, als sich jemand neben ihn setzte. Er öffnete die Augen, es war eine attraktive blonde Frau. Sie lächelte ihn an. Solomon lächelte zurück. Sie hatte sehr schöne Zähne und war um die Dreißig. Solomon streifte ein angenehmer Hauch von Parfüm. Sie trug ein geschmackvolles, leichtes Sommerkleid, das mit jeder ihrer Bewegungen mitschwang. Ihr Haar war kurzgeschnitten und sah aus, als sei es gerade frisch gestylt worden. Sie faßte sich immer wieder an den Kopf und befühlte ihre Haare, so als ob es mehr sein müßten, dann berührte sie vorsichtig die kurzgeschnittenen Strähnen. Clapham kam zu ihr und nahm ihre Bestellung entgegen. Solomon nippte an seinem Drink.

Sie unterhielt sich zwanglos mit Clapham. Solomon betrachtete die dunkle Weite des Meeres.

»Arbeiten Sie hier in der Nähe?« fragte sie und schaute dabei Solomon an. Solomon drehte sich langsam auf seinem Hocker zu ihr. Clapham wischte wieder mit klaren, präzisen Bewegungen über den Plastiktresen. Solomon glaubte den Anflug eines Lächelns auf seinem Gesicht zu erkennen.

»Dies ist mein dritter Besuch hier. Sie haben wirklich eine sehr schöne Insel.«

Solomon erwiderte nichts.

»Manchmal, im Winter, in Ottawa, ich komme aus Ottawa …« Sie hielt inne, schaute Solomon aufmerksam an. »In Kanada …« Solomon nickte.

»Manchmal im Winter, in Ottawa …«

»In Kanada«, fiel Solomon hilfsbereit ein.

»… ja, in Kanada! Sehe ich diese Leute, ja! Einwanderer? Wissen Sie, nicht nur Neger, ja? Schwarze? Nein, auch Inder, Lateinamerikaner, sogar Portugiesen, alle kommen aus einem warmen Klima. Und sie sehen so traurig aus in der Kälte und dem Schnee, und ich hab mich immer gefragt ...«

Solomon lächelte. Er wußte, daß der alte Barkeeper hinter seinem ernsten Gesicht und den gesenkten Augen ebenfalls lächelte.

»... wie sie nur ihre wunderbaren, warmen Länder verlassen konnten ...« Sie schien erleichtert, es ausgesprochen zu haben. Solomon war ebenfalls erleichtert. Er hatte diese Ansicht schon so oft vernommen.

Drei weitere Leute gesellten sich zu den Amerikanern, ein dünner Mann in weißem Safarianzug und zwei Frauen in Abendkleidern. »Wir haben gerade Limbo getanzt«, sagte der dünne Mann. Es wurde weiter gewitzelt und gelacht. Einer aus der Gruppe bestellte wieder etwas zu trinken. Die Neuankömmlinge standen dicht zusammen hinter der sitzenden Gruppe. Sie lachten laut über jede ihrer eigenen Bemerkungen.

Der alte Mann im Abendanzug schaute mißbilligend herüber. Das Gesicht seines Dieners blieb ausdruckslos.

Clapham brachte die neuen Drinks. Die Männer machten ein großes Theater, wer bezahlen sollte. »Die sind ganz schön laut, nicht wahr«, sagte die Frau aus Ottawa zu Solomon. Die Hotelband fing wieder an zu spielen. Die Band begleitete einen Calypsosänger. Der Calypso, den sie spielten, war der Hit der Saison. Auch die Amerikaner sangen mit:

Sie sagt, sie mag keinen Bambus,
aber sie steht auf mein Zuckerrohr.
Der Zuckerrohrsaft ist süß, sagt sie,
und er steigt ihr gleich zu Kopf.
Das Zuckerrohr wird weich,
und der Saft, er rinnt heraus,
süßer Zuckerrohrsaft, er tropft
überall von ihrem Mund.

Wir springen in ein Taxi.
Und sie steigt in ihren Flieger.
Nächstes Jahr, sagt sie, da kommt sie wieder,
wegen dem Zuckerrohr immer wieder.

Einer der Amerikaner sang nicht mit. Er hoppelte nur auf seinem Hocker herum. Die Haare fielen ihm ins Gesicht, während er sich zur Musik bewegte. Er fuchtelte wild mit den Händen. Seine Hände und Unterarme wirkten riesig. Seine Freunde fanden ihn sehr komisch.

Der dünne Mann im Safarianzug begann im Sand Limbo zu tanzen. Die anderen folgten in einer sich windenden Schlange, tanzten lachend um die Bar, wirbelten Sand auf und sangen laut:

Nächstes Jahr, sagt sie, da kommt sie wieder
wegen dem Zuckerrohr immer wieder.

Clapham spülte ungerührt Gläser. Manchmal schaute er auf die Nachtschwärmer. Er bewegte sich in seinem Käfig hinter der Bar wie ein grauhaariger Geist.

Der alte Mann im Abendanzug flüsterte seinem Diener etwas zu. Der Diener ging eilig den Kiesweg entlang zum Hotel. Der alte Mann lehnte sich auf dem Gehstock nach vorn und zog die Stirn in Falten. Die Amerikaner bemerkten es nicht.

»Das ist wirklich widerlich«, sagte die Frau aus Ottawa. »Wollen Sie zur Hotelbar gehen?«

»Nein«, sagte Solomon. »Ich fühle mich hier ganz wohl. Ich unterhalte mich mit Clapham.«

»Ich bin mit ein paar Leuten gekommen«, sagte sie. »Die sind alle dort drüben im Hotel und tanzen noch dazu.«

»Besser, Sie gewöhnen sich an die Musik«, sagte Solomon. »Sie werden sie jeden Tag hören, bis Sie wieder abreisen.«

Leicht angewidert verzog sie das Gesicht. Solomon mußte lächeln.

Die Amerikaner tanzten den Strand entlang bis zur Brandung. Sie bildeten eine Conga-Schlange, hüpften herum und lachten. Als sie zurückkamen, waren sie außer Atem.

»Ich weiß Ihren Namen gar nicht«, sagte die Frau aus Ottawa.

»Solomon«, sagte er. »Eric Solomon.«

»Ich heißte Margaret, Margaret Robinson. Ich wohne im Hilton. Wohnen Sie hier in der Nähe? Gehören Sie, ehm, irgendwie zum Hotel?«

»Ich glaube«, sagte Solomon, »ich sollte Ihnen netterweise sagen, daß ich genauso ein Gast bin wie unsere fröhlichen Freunde da drüben und wie Sie selbst.« Eine Zeitlang schwieg sie. Solomon drehte sich auf dem Hocker herum und betrachtete das Meer. Die blinkenden Lichter waren verschwunden. Die Hotelband spielte »Big Bamboo«, »Dick the Handyman«, »Benwood Dick«, »My Pussin«, »Miss Tourist«, »No Money No Love«. Dann spielten sie wieder »Sweet Cane Juice«.

»Ich habe mich wohl ziemlich blöd benommen, nicht wahr?« sagte sie.

»Warum ...«

»Man kommt nach Barbados und man erwartet ...«

»Und ich bin schwarz, ein Mann und sitze hier ...« Er dachte, warum um den heißen Brei herumreden?

Die Band ging über zu »Big Bamboo«.

»Nein! Nein!« sagte sie. »Das meine ich nicht.« Es war ihr peinlich. »Tut mir leid.«

»Es muß Ihnen nicht leid tun«, erwiderte Solomon.

»Diesen Fehler macht man leicht. Passiert oft auf diesen Inseln.«

Bestürzt schüttelte sie den Kopf, als ob sie glaubte, Solomon hätte sie mißverstanden.

Ein junges Paar schritt den Weg zur Bar herunter. Am Ende des Wegs zögerte die Frau, der Mann ging weiter auf die Bar zu. Sie hielt an und flüsterte eindringlich mit ihrem Begleiter. Er nickte und drängte sie weiter. Sie folgte ihm zögernd. Sie setzten sich neben Margaret und Solomon und ließen zwischen sich und den Amerikanern ein paar Plätze frei. Die Frau war herausgeputzt, als hätte sie gerade eine Hochzeitsgesellschaft verlassen. Der Mann trug einen dunkelgrauen Anzug mit kurzer, kragenloser Jacke, wie es auf den Inseln Mode war. Margaret bestellte einen weiteren Drink. Die Amerikaner winkten Clapham zu sich herüber, gerade als das Paar sich setzte. Clapham fing an, ihre Drinks zu mixen und zu servieren. Er drehte sich zu den Neuankömmlingen um, und gerade als der Mann den Mund aufmachte, um zu bestellen, griff Clapham unter die Theke und suchte nach einer bestimmten Flasche.

Der junge Mann beschwerte sich lautstark. »Mich sehen Sie wohl nicht? Ich warte darauf, bedient zu werden, und Sie ignorieren mich einfach.«

Clapham wandte sich ihm zu und sagte: »Ich komme sofort, Sir. Ich bediene gerade diese Herrschaften hier.«

»Erzähl mir doch nichts, Mann. Ich sitze hier schon seit über fünf Minuten, und du kümmerst dich einen Dreck um mich. Du guckst einfach über mich weg, Mann. Du bedienst diese verdammten Weißen, und uns läßt du einfach hier warten.« Er schaute vielsagend seine Freundin an. Sie starrte geradeaus, über die Bar hinweg in die Dunkelheit. Solomon bemerkte, daß sie die Finger aneinanderpreßte.

Die Amerikaner verstummten und wurden ganz ernst. Sie starrten auf den jungen Mann. Sie starrten auf Margaret und Solomon, und dann sahen sie sich gegenseitig an.

»Das ist mein Land, verflucht noch mal«, schrie der junge Mann.

Einer der Amerikaner schwang sich hinter die Bar und sagte: »Ich werde Sie bedienen …« Eine der Frauen lachte; ein nervöses Lachen. »Schon in Ordnung«, sagte der Amerikaner zu Clapham und schob ihn aus dem Weg, »Ich werde ihn bedienen.«

Er spreizte die Finger und lehnte sich über den Tresen. Clapham hatte es vor Schreck die Sprache verschlagen. Der junge Mann war verblüfft und suchte nach Worten.

»Was wollen Sie trinken«, sagte der Amerikaner ruhig. »Ich bedien Sie.« Er war groß. Eric fand, er habe den breitesten Nacken, den er je gesehen hatte. Er war so breit wie ein Baumstamm. »Nun, was wolln Se? Was wolln Se denn trinken?« wiederholte der Amerikaner; er beugte sich nach vorn und stützte seine riesigen Hände auf die Theke. »Tom Collins, Martini on the rocks, Rum mit Wasser, Planter's Punch, Bourbon mit Wasser, Daiquiri, Black Russian.«

»Hörst du das, hörst du das?« sagte der junge Mann zu seiner Freundin. »Ich muß mir hier in meinem eigenen Land nicht solche Beleidigungen anhörn, Mann.«

Gerade als er gehen wollte, kamen drei uniformierte Polizisten mit knirschenden Schritten den Kiesweg heruntermarschiert. Der Diener in Livree war dabei und versuchte mit ihnen Schritt zu halten. Das Paar schaute auf, die Frau beunruhigt, der Mann trotzig. Zwei Polizisten kamen stracks auf sie zu. Der dritte ging um die Bar herum und stellte sich hinter Solomon. Solomon bemerkte, daß auch er groß war, nicht ganz so massig wie der Amerikaner, aber sicherlich nicht zu unterschätzen. Er hielt einen Schlagstock in der Hand, mit der er sich ab und zu in die Handfläche klatschte: Tack. Tack. Tack. Tack. Solomon beobachtete ihn aus den Augenwinkeln.

»Was ist hier los?« fragte der dienstälteste Polizist.

»Das ist mein Land. Die können nicht einfach hierherkommen und mich in meinem eigenen Land beleidigen.« In der trotzigen Stimme des jungen Mannes schwang etwas wie eine Bitte um Verständnis mit.

Der Amerikaner lehnte sich immer noch über die Bar. »Er hat gesagt, er will was zu trinken, ich hab ihm was angeboten, ich wollte ihn bedienen. Es is sein Land.« Sein Gesicht war völlig ausdruckslos; seine Augen blickten kalt, hart und grau.

Der Dienstälteste sagte zu dem wütenden Mann: »Wir wollen keinen Ärger, warum suchen Sie sich nicht ein nettes, einheimisches Lokal für einen Drink und lassen die Leute hier in Ruhe?«

»Sie müssen nicht gehen, Officer«, sagte der Amerikaner. »Ich bedien sie. Ich bring ihnen, was immer sie wollen.«

Der Polizist machte ein Gesicht, wie wenn er sich verraten fühlte. Der Mann und die Frau verließen die Bar.

»Ist das hier kein einheimisches Lokal?« flüsterte Margaret aus Ottawa Solomon zu.

»Ich erklär's Ihnen später«, erwiderte Solomon.

»Hey, Freundchen«, rief der stämmige Amerikaner, »bist wohl zu fein, um mit uns zu trinken? Wir sind wohl nicht gut genug für dich? Komm schon, ich geb dir nen Drink aus. Du mußt nicht gehn. Ich trink mit dir. Ich trink mit jedem.«

Der Polizist schien ratlos. Der Diener nahm wieder seine Position hinter dem alten Mann im Abendanzug ein. Das junge Paar lief schnell den Weg entlang, der Mann langen Schrittes und hocherhobenen Hauptes, die Frau hastete, wie gejagt vom Getöse des Meeres, hinter ihm her.

Sie verschwanden in der Dunkelheit. Der Polizist wandte seine Aufmerksamkeit jetzt Solomon zu, der verdächtig schweigsam an der Bar saß. Solomon starrte zurück. Er war sich des dritten Polizisten irgendwo in seinem Rücken deutlich bewußt. Der stiernackige Amerikaner drehte sich um und schaute ihn direkt an. Seine Augen sind grün wie ein Tarnanzug, dachte Solomon.

»Ich bedien auch Sie, wenn Sie wollen.«

Solomon lächelte. Er ließ den Blick auf den beiden Polizisten vor sich ruhen und dachte, die Uniformen der einzelnen Inseln unterscheiden sich zwar voneinander, aber die Gesichter sind alle gleich. Wenn er doch nur den großen Polizisten in seinem Rücken sehen könnte. Der stand inzwischen direkt hinter Solomons Barhocker. Solomon spürte, wie sich sein Kopf und Nacken völlig verkrampften, und er fühlte sich schrecklich verwundbar.

Margaret aus Ottawa wurde ärgerlich. »Warum hören Sie nicht auf, sich lächerlich zu machen?« Sie funkelte erst den Amerikaner, dann die Polizisten an. »Er ist kein Strandjunge. Er ist ein Gast. Ein Tourist, genau wie ich und wie Sie auch.«

Die Polizisten schauten sehr skeptisch. Solomon hörte das Atmen hinter sich und das Klatschen des Schlagstocks: Tack. Tack. Tack. Tack.

Die anderen Amerikaner schauten verwirrt zu. Sie schienen abzuwarten, was als nächstes passieren würde. Ein Windstoß schüttelte die Palmen. Solomon hatte auf einmal das Bedürfnis, die Lippen zu spitzen und »Mood Indigo« zu pfeifen. Statt dessen preßte er sie zusammen.

»Das stimmt«, sagte Clapham. »Er wohnt im Hotel, er ist ein Gast. Er ist schon über ne Woche hier.«

»Na gut, solange er keinen Ärger macht«, sagte der dienstälteste Polizist mit herrischer Miene.

»Zum Teufel noch mal«, sagte Clapham, seine Augen sprühten nun vor Zorn. »Er sitzt hier seit zwei Stunden und unterhält sich mit mir. Was meinen Sie denn jetzt mit Ärger machen, was für Ärger? Er hat damit überhaupt nichts zu tun.«

»Immer mit der Ruhe, alter Mann, immer mit der Ruhe«, sagte der Amerikaner und spreizte abwehrend die Hände, in gespieltem Schreck. Clapham wandte sich ihm zu und sagte: »Können Sie jetzt bitte meine Bar verlassen.« Der Amerikaner sagte: »Ja, Sir, wenn Sie wollen, Sir. Es ist Ihr Land.« Er schwang sich mit einem Arm über den Tresen. Seine Freunde lachten aus vollem Hals.

Die Polizisten marschierten davon, die Absätze knirschten über den Kies. Während sie gingen, starrte der eine, der hinter Solomon gestanden hatte, ihn von Kopf bis Fuß an. Ein harter, fleischiger Knoten zerfurchte seine Stirn. Während er davonging, schlug er weiter mit dem Stock in seine Handfläche. Solomon spürte, wie ihm eine kalte Schweißperle die Achselhöhle hinunter ins Hemd lief.

Der alte Mann und sein Diener standen langsam auf und gingen an der Bar vorbei. »Gute Nacht, Major«, sagte Clapham. Der alte Mann salutierte leicht.

»Nicht zu glauben!« sagte Margaret. »Black Russian, aber wirklich.«

Solomon versuchte wieder normal zu atmen.

Clapham leerte die Gläser, die die Amerikaner zurückgelassen hatten, und spülte sie. Es war fast Mitternacht. Die Band hatte aufgehört zu spielen.

Die Frau aus Ottawa sagte: »Ich war noch nie alleine im Süden. Ich bin sonst immer mit meinem Mann gefahren. Wir haben hier schöne Tage verlebt. Vor zwei Monaten sind wir geschieden worden, so schnell geht das.«

»Tut mir leid«, sagte Solomon.

»Mir tut es auch leid, wegen heut abend.«

»Muß Ihnen nicht leid tun.«

»Hätten Sie Lust, morgen etwas zu unternehmen? Sehenswürdigkeiten anschauen? Einen Ausflug machen? Ich habe von der Insel noch nie viel zu sehen bekommen.«

»Ich reise morgen früh um acht ab«, sagte er. »Und es gibt nicht viel zu sehen. Plantagenhaus, Herrenhaus, Rumdestillerie, Zuckermühle, Zuckerwindmühle.«

»Es muß doch noch mehr geben«, sagte sie.

»Tja, es ist nicht alles nur Carnival und Crop-over, aber die Sklavenzuchtstationen auf dem Land werden sie Ihnen nicht zeigen. Dafür macht keiner Werbung.«

»Hören Sie auf«, sagte sie. »Es tut mir leid.«

»Das braucht es nicht«, sagte Solomon und kippte seinen Drink hinunter. »Hat nichts mit Ihnen zu tun. Sie sind ja nur zu Besuch.«

Sie streckte die Hand aus und berührte seinen Arm. Ihre Hand verweilte einen Moment. Er blickte sie an, und sie verzog ihr Gesicht zu einer kleinen, lustigen Grimasse. Sie schauten einander an, ihre Hand lag immer noch auf seinem Arm.

»Sie sollten gehen«, sagte er und nickte in Richtung des beleuchteten Wegs zum Hotel. »Sollten Sie nicht schon längst im Bett liegen?«

Während der nächsten fünf Minuten, nachdem sie gegangen war, schwieg Clapham. Er schloß die Bar ab, kontrollierte den Inhalt der Flaschen, wusch das Spülbecken aus und machte seine Abrechnung. Solomon saß da und schaute ihm bei der Arbeit zu.

»Ich erinnere mich noch dran, als sie Farbigen gar nicht erlaubten, an so einer Bar zu sitzen«, sagte er schließlich. »Überhaupt keinem Farbigen.«

»Schwarzen«, korrigierte ihn Solomon.

»Zum Teufel damit, ich hab mein ganzes Leben lang Farbige gesagt. Das wird sich nicht mehr ändern; zu alt, Sol-oh-Mann, zu alt. Zu verdammt alt«, lachte er.

»Weißt du«, sagte Solomon, »Ich kenne genauso einen Strand wie den hier in Trinidad.«

»Kommst du nächstes Jahr wieder?« fragte Clapham.

»Weiß nicht. Wir bräuchten eine Brücke. Meine Mutter war noch nie in Barbados, und sie ist fast sechzig; immerhin war sie schon zweimal in England.«

Clapham lachte ein bißchen lauter. »Verdammt, Mann, ich war in England und New York.«

»Aber noch nie in Trinidad, was?«

»Nein, Mann, ich hab Kinder und Enkelkinder in Brooklyn, Queens, Leeds, Manchester und London. Große Kinder, große Enkel. Aber in Trinidad kenne ich keinen Menschen.«

»Du kennst mich, Mann.«

»Irgendwann, Mann, werd ich nach Trinidad kommen ... und mir deine großartige Insel anschaun.«

»Tja, ich muß packen«, sagte Solomon.

Sie schüttelten sich die Hand. Solomon lief am Strand entlang zum Hotel. Ein neuer Sicherheitsmann hatte Dienst. Er ging vorsichtshalber auf Solomon zu. »Gast«, sagte Solomon unmißverständlich. »Zimmer 1009.« Der Wachmann ließ ihn vorbei, er schaute verwirrt und unsicher.

Auf der anderen Seite der Hotelhalle sah Solomon die Amerikaner auf den Aufzug warten. Sie waren immer noch in bester Stimmung. Er ging zur Rezeption. Keine Nachricht für ihn, er hatte auch keine erwartet.

Den Aufzug hatte er für sich allein.

Ein leichter, warmer Wind blies den Meeresgeruch in sein Zimmer. Vom Balkon aus konnte er das Meer hören. Das Rauschen und das Zirpen der Insekten waren die einzigen Geräusche. Alles schlief. Der Himmel war bedeckt und düster. Licht drang nur noch halbherzig von der Hotelanlage zum Strand. Die Umrisse des Strandes und der Brandung, die Silhouette der Bäume und eine dunkle, dichte Masse, die nur das Wasser sein konnte, waren zu erkennen.

Diese gottverdammten Antillen, dachte er und beugte sich über den Balkon. Angst und Zorn, die er in der Gartenbar gefühlt hatte, stiegen in ihm hoch und barsten in seinen Schläfen. Er fragte sich, ob es einen Ausweg gab. Gottverdammte Antillen. Vielleicht sollte er nach Kanada auswandern. Und er dachte an Margaret, geschieden, mit Charterflug aus Ottawa. Und gewiß nicht unattraktiv.

Trinidad war eine Flugstunde entfernt; er schlief die ganze Zeit. Während er am Piarco Airport scheinbar ewig auf sein Gepäck wartete, dachte er, daß er Clapham mit mehr Nachdruck nach Trinidad hätte einladen sollen.

»... Wenn's nur eine Brücke gäbe ...« Er pfiff leise ein paar Takte aus »Mood Indigo«.

Jemand, der auf sein Gepäck wartete, fing an »Sweet Cane Juice« zu summen. Zwei, drei andere nahmen die Melodie auf. Solomon griff nach seinen Taschen. Er mußte sich anstellen. Es schien, als summe die ganze Schlange »Sweet Cane Juice«.

Die Zoll- und Einreiseabfertigung dauerte zwei Stunden.

Nachwort

Die Karibik – dieses Wort beschwört ein Bild herauf vom scheinbaren Paradies: ein strahlendweißer, feinkörniger Sandstrand zieht sich am glitzernd türkisblauen Meer dahin, die Sonne ist am Untergehen, ein warmer Wind weht, ein kühler Drink macht die Hitze erträglich, fröhliche Gesellschaft vergnügt sich bei Calypso- und Reggaerhythmen, die im Hintergrund erklingen. Doch die Karibik ist viel mehr als dieses von der Werbung gern genutzte Klischeebild: »Wir sind mehr als ein Strand« – so lautete jüngst ein Slogan der jamaikanischen Tourismuswerbung, um von diesem einseitigen Image wegzukommen.

Auf den ersten Blick scheint sich das Klischee jedoch zu bestätigen. Unzählige Inseln ziehen sich in einem Bogen von über 2000 Kilometern von Kuba im Westen, nahe dem Festland sowohl von Florida als auch von Mexiko gelegen, bis hin zu Trinidad, direkt vor der Küste Venezuelas. Inseln unterschiedlichster Größe und Einwohnerzahl – Kuba mit über 100 000 qkm die größte – darunter winzig kleine, zum Teil unbewohnte Inselchen, wie die Grenadinen der östlichen Karibik, solche vulkanischen Ursprungs mit noch aktiven Vulkanen, andere Koralleninseln. Einige Inseln sind so wasserreich, daß sie, wie Dominica, Trinkwasser exportieren, andere leiden unter Trockenheit. Die Länder des Küstenstreifens rund um das Karibische Meer, die ebenfalls zur Karibik gezählt werden, unterscheiden sich wiederum völlig von den Inseln, sie besitzen ein weites Hinterland, haben Zugang zum südamerikanischen oder mittelamerikanischen Festland,

Klima, Flora und Fauna haben wenig gemein mit denen der Inseln.

Wie kommt es jedoch, daß selbst Inseln, die in Sichtweite voneinander liegen, große Unterschiede in Sprache, Kultur und Bevölkerungszusammensetzung aufweisen? Ein Blick in die Geschichte macht das Verwirrspiel komplett. Seit der Zeit der ersten Kontakte der Region mit Europa – das historische Datum ist 1492, die Landung des Kolumbus auf einer der Bahamainseln – drängten Vertreter aller europäischen Mächte dorthin. Zuerst auf der Suche nach Gold, dann zur Eroberung von Land, das zum profitablen Anbau von Zuckerrohr gebraucht wurde. Die ständigen Kämpfe um den Besitz führten zu häufigem Besitzwechsel, vor allem die Spanier, Engländer, Franzosen und Holländer waren hier aktiv. Ihre Einflußsphären lassen sich noch heute anhand der offiziell gesprochenen Sprachen nachvollziehen.

Die indianische Urbevölkerung der Inseln überlebte, bis auf wenige hundert Einwohner in St. Vincent und Dominica, den Kontakt mit den Europäern nicht. Sie starb an der erbarmungslosen Ausbeutung in den Minen und auf den Plantagen, an Hunger, Schlägen, eingeschleppten Krankheiten und im Kampf gegen die Eindringlinge.

Die Vorfahren fast aller Menschen, die heute auf den Inseln der Karibik leben, kamen von anderswo hierher. Den spanischen Goldsuchern folgten Glücksritter anderer Nationen. Die berüchtigten Piraten Francis Drake und Henry Morgan trieben hier ihr Unwesen. Später wurden Hunderttausende von Afrikanern zur Sklavenarbeit in die Karibik verschleppt. Unter schrecklichen Lebensbedingungen mehrten sie auf den Zuckerrohrfeldern den Reichtum ihrer Besitzer.

Nach Beendigung der Sklaverei Anfang des 19. Jahrhunderts wurden die fehlenden Arbeiter auf den Plantagen durch indische Kontraktarbeiter ersetzt. Diese sollten nach einem fünfjährigen Aufenthalt die Heimreise bezahlt bekommen, doch nur ein Viertel der Angekommenen nahm die Gelegenheit wahr, so daß sie in den Gebieten mit der höchsten indischen Einwanderung, in Trinidad und Guyana, heute die Hälfte der Bevölkerung stellen, im Falle von Guyana sogar die Bevölkerungsmehrheit.

Die Region ist daher geprägt von einer Tradition der Migration. Auch in neuerer Zeit setzte sich dies fort, zum einen durch innerkaribische Wanderungen: So lockte die Errichtung von Raffinerien in Aruba und Curaçao zu Anfang des Jahrhunderts viele Arbeitskräfte an, Ölfunde in Trinidad in den siebziger Jahren bewirkten das gleiche. Zum anderen vollzieht sich in Gegenbewegung die Auswanderung: Unmittelbar nach dem Zweiten Weltkrieg war das bevorzugte Ziel für die Menschen aus der anglophonen Karibik vor allem das »Mutterland« Großbritannien, in dem Krankenschwestern und Arbeiter für den öffentlichen Nahverkehr gesucht wurden. Heute zählen die USA und Kanada zu den begehrtesten Einwanderungsländern.

Die Spuren der alten Kolonialmächte – neben der Sprache – sind heute noch zu finden; vor allem in politischen, ökonomischen und kulturellen Strukturen. Manche Gebiete, wie die Inseln Guadeloupe und Martinique, gehören immer noch zu Frankreich, inzwischen als gleichgestellte »Übersee-Departements«, die meisten anderen sind unabhängig, errangen diesen Status jedoch zu unterschiedlichen Zeiten: Jamaika und Trinidad 1962, Barbados und Guyana 1966, einige Inseln wie Antigua sogar erst in den achtziger Jahren. Puerto Rico und die amerikanischen Jungferninseln sind den USA assoziiert.

Die jeweilige Kolonialmacht hat auch die Verbreitung der religiösen Konfessionen auf den karibischen Inseln bestimmt. Im Einflußbereich der Franzosen und Spanier dominiert die katholische Kirche, bei den Briten stellt die anglikanische Hochkirche das traditionelle Gotteshaus für die Oberschicht dar. Nach Abschaffung der Sklaverei wurde sie bei der Mehrheit der Bevölkerung durch andere protestantische Kirchen abgelöst, wie Baptisten, Methodisten, Pfingstkirchler und heutzutage die verschiedensten aus Amerika stammenden Sekten und Gruppierungen, die auf den einzelnen Inseln missionarische »Kreuzzüge« unternehmen. Durch die häufigen Besitzwechsel in der Vergangenheit findet sich auf heute offiziell englischsprachigen Inseln wie St. Lucia und Trinidad auch ein starker Einfluß der katholischen Kirche, der sie z. B. von Jamaika stark unterscheidet.

Neben diesen Spielarten der christlichen Religion gibt es die von afrikanischen Traditionen beeinflußten, teils geheimen Riten. Der bekannteste ist wohl der Voodoo-Kult auf Haiti. Religionen mit ähnlichen Phänomenen – Ahnenverehrung, Trance, Geisterbesessenheit, Trommelbegleitung – finden sich auch auf anderen Inseln, so Santería in Kuba, Kumina in Jamaika und Shango auf Trinidad. Teil dieser Kulte ist das Zusammenleben mit Toten und Geistern: Die Toten sind aktiv, die Geister mischen sich in die Unternehmungen der Lebenden ein, beeinflussen diese positiv oder negativ. Auf humorvolle Weise hat dies *Abdur-Rahman Slade Hopkinson* in seiner Geschichte vom »Transatlantischen Baakoo« geschildert, der einem Flaschengeist aus den Geschichten von Tausendundeiner Nacht ähnelt, jedoch auch Züge eines Poltergeists trägt. Die Furcht vor negativem Okkultismus ist, so scheint es, weit verbreitet, und unerklärliche Ereignisse kommen oft in den Ruch übernatürlicher Manipulation, die womöglich von neidischen Nachbarn heraufbeschworen wurden. Auch der Held in *Pauline Melvilles* »Botschaften von Toten werden nicht übermittelt« macht sich diesen Aberglauben zunutze und versucht damit, in riskantem Spiel, einen mächtigen Politiker für sich günstig zu stimmen.

Auf den meisten Inseln überwiegt die von Afrikanern abstammende Bevölkerungsgruppe, doch Trinidad und Guyana bilden mit ihrem hohen Anteil von Indern eine wichtige Ausnahme. Die ethnische Verschiedenheit birgt Probleme. So fühlen sich die Inder oft politisch unterrepräsentiert, die Menschen afrikanischer Abstammung wiederum beruflich und gesellschaftlich diskriminiert. In Guyana wurde in den sechziger Jahren dieser Konflikt politisch angeheizt, und es kam zu schweren Auseinandersetzungen zwischen Indern und Schwarzen. Es existiert zwar kein offensichtlicher Rassismus, dafür jedoch eine feine hierarchische Unterscheidung nach Farbschattierungen, wie dies *Michelle Cliff* in ihren Kindheitserinnerungen sehr genau beschreibt. Auch die Protagonistin in *Olive Seniors* »Zwei Großmütter«, einer Geschichte, die in den achtziger Jahren spielt, muß sich noch mit einem weißen Schönheitsideal plagen, noch sind Haarglätter ein hochbegehrtes Produkt, trotz aller Rückbesinnung auf Afrika und die Black-Power-Bewegung, wie sie im Trinidad der siebziger Jahre *en vogue* war.

Die Inder sahen sich in der ersten Zeit nach ihrer Einwanderung nur als temporär Anwesende, sie kapselten sich ab und lebten zurückgezogen in der Nähe der Plantagen. Doch nur etwa ein Viertel kehrte am Ende in die alte Heimat zurück, und so öffnet sich diese Bevölkerungsgruppe langsam dem allgemeinen gesellschaftlichen Leben. Inzwischen gibt es indische Calypsosänger, und in den trinidadischen Karneval werden indische Elemente aufgenommen. *Neil Bissoondaths* Erzählung »Unsicherheit« schildert einfühlsam die Heimatlosigkeit des indischen Geschäftsmanns, der letzten Endes nirgendwo hingehört, nicht mehr nach Indien, nicht in die Karibik, wo er sein ganzes Leben verbrachte, aber auch nicht nach Kanada, das Land, das seine Kinder für ihre Zukunft gewählt haben. In jüngster Zeit steht die Situation der indischen Bevölkerung stärker im Interesse der Öffentlichkeit, indische Autoren werden vermehrt publiziert.

Angesichts der enormen kulturellen und sprachlichen Vielfalt der Region und ihrer Literaturen in den verschiedensten

Sprachen haben wir die Auswahl der Texte für die vorliegende Anthologie bewußt auf die englischsprachige Karibik begrenzt, die innerhalb des Ganzen eine – wiederum vielgestaltige – Einheit bildet. Die hier vorgestellten Kurzgeschichten wollen einen Einblick in die neuesten literarischen Entwicklungen dieses Sprach- und Kulturraumes geben, sie entstanden – mit Ausnahme von *Paule Marshalls* »Barbados« – in den letzten fünfzehn Jahren.

Die Autoren und Autorinnen setzen sich mit einer literarischen Tradition auseinander, die von Schriftstellern der fünfziger und sechziger Jahre zum großen Teil erst begründet wurde. Zu dieser Autorengeneration gehören u. a. George Lamming, V. S. Naipaul, Wilson Harris, Roger Mais, V. S. Reid, C. L. R. James, Jean Rhys oder John Hearne. Sie wuchsen in einer Zeit auf, die vom Ende der Kolonialherrschaft bestimmt war. Ihre Werke beschäftigen sich fast zwangsläufig mit den Problemen der kolonialen Vergangenheit und mit der Frage nach einer neuen karibischen Identität. Die Literatur dieser älteren Generation wurde hauptsächlich in Europa – und hier ganz besonders im ehemaligen Kolonialland England – und in Nordamerika gelesen und rezipiert. Die Auszeichnung des aus St. Lucia stammenden, sprachmächtigen Lyrikers Derek Walcott mit dem Nobelpreis für Literatur 1992 verlieh ihr international hohe Anerkennung.

Fast alle der hier vorgestellten Schriftsteller hingegen hatten bereits die Möglichkeit, an einer Universität in der Karibik zu studieren, sie schreiben für ein einheimisches Publikum und setzen sich viel intimer mit dem spezifisch karibischen Kontext auseinander als ihre literarischen Vorläufer. Thematisch läßt sich eine Hinwendung zum Einzelschicksal, zum Individuellen erkennen. Die soziale und ökonomische Benachteiligung der Bevölkerungsmehrheit, ein Erbe der Kolonialzeit, hält jedoch an, und ihre Auswirkung auf das Einzelschicksal ist nach wie vor Gegenstand auch der neuesten karibischen Literatur. Viele Autorinnen und Autoren verbinden die Darstellung persönlicher Erlebnisse mit der kollektiven Erfahrung einer Gesellschaft, wollen durch ihr Schreiben zur gesamtgesellschaftlichen soziopolitischen Debatte beitragen.

Die meisten der hier ausgewählten Kurzgeschichten sind durch eine traditionell-realistische Erzählweise charakterisiert. Einige Texte enthalten Elemente des magischen Realismus, wie z. B. *John Robert Lees* »Orgs Erscheinen«. Diese literarische Richtung, die vor allem in der spanischsprachigen und frankophonen Karibik sowie in der südamerikanischen Literatur zu finden ist, zeichnet sich durch die Einführung eines magischen Moments innerhalb des realistischen Erzählstils aus: des *real marvilloso*, wie es der kubanische Schriftsteller Alejo Carpentier als einer der ersten bezeichnet hat. In ihm werden die Demarkationslinien zwischen dem scheinbar Realen und dem scheinbar Phantastischen und Magischen aufgehoben. Eng verbunden mit der literarischen Stilrichtung des magischen Realismus ist die vermehrte Einbindung der oralen Erzählkultur, der Rückgriff auf die jeweilige *folk culture* eines Landes in literarischen Texten. *Michelle Cliff* und *Jamaica Kincaid* experimentieren hingegen mit der Form der Kurzgeschichte, ihre Texte charakterisiert ein stark lyrisches Moment, wobei vor allem Cliffs literarisches Schaffen im Bereich der Postmoderne angesiedelt ist.

Die Originalsprache der vorgestellten Texte ist Englisch, ein Englisch allerdings, das – vor allem in den Dialogen – mit sogenannten Kreolformen durchsetzt ist. Im Falle von *Rooplall Monars* »Bahadur« ist sogar der gesamte Text, einschließlich der narrativen Passagen, in der Sprache guyanischer Zuckerrohrarbeiter gehalten.

Kreolsprachen finden sich auf der ganzen Welt, und zwar überall dort, wo nicht miteinander verwandte Sprachen aufeinandertreffen und durch ihre Verschmelzung ein neues Sprachsystem entsteht, das sich meist an einer europäischen

Sprache wie Englisch, Französisch oder Spanisch orientiert. Da bei diesem Sprachkontakt, der, wie die Linguistin M. Hellinger darstellt, in der Karibik im Zuge von Eroberungen, Kolonialisierung und Sklaverei stattfand, die europäischen Sprachen als höherwertig galten, wurden die neuen Sprachformen zunächst als minderwertiger Dialekt stigmatisiert, der angeblich Rückschlüsse auf die mangelnde Intelligenz seiner Benutzer zuließ. Im Unterschied zu reinen Handelssprachen, sogenannten Pidgins, sind Kreolsprachen jedoch Muttersprachen mit eigenen grammatikalischen Regeln und einem spezifisch lokalen Wortschatz, sehr oft fehlen allerdings offizielle Schriftversionen.

Die Entstehung der Kreolsprachen in der Karibik ist aufs engste mit der Geschichte verknüpft. Unter der erzwungenen Zusammenarbeit der Sklaven auf den Plantagen verschmolzen ihre unterschiedlichen afrikanischen Sprachen mit den europäischen Sprachen der Sklavenhalter und Aufseher zu Kreolformen. Geprägt sind diese durch Phänomene wie Verdopplungen (z. B. *quick-quick* – sofort, sehr schnell), Wortneubildungen (z. B. *eyewater* – Tränen), Übernahme von Wörtern aus afrikanischen Sprachen (z. B. aus dem Twi *dutty* – Erde), Übernahme grammatikalischer Strukturen aus afrikanischen Sprachen (z. B. Pluralmarkierungen durch nachgestelltes *dem* – *de pickney dem* – die Kinder), die lange Zeit als falsche Varianten der Standardsprache betrachtet wurden. Die Kreolformen sind von Insel zu Insel verschieden. So finden sich z. B. in Trinidad neben den englischen auch französische und spanische Einflüsse. Auf anderen Inseln, wie St. Lucia, ist zwar die offizielle Sprache Englisch, das Kreol jedoch am Französischen orientiert. Vor allem in Guyana und Trinidad kam noch der Einfluß der Sprachen der nach dem Verbot der Sklaverei angeheuerten Kontraktarbeiter aus Indien hinzu.

Ob diese Kreols als eigenständige Sprachen angesehen werden können oder nur Varianten europäischer Sprachen darstellen, ist immer noch Gegenstand der linguistischen Diskussion und oft eine politische Entscheidung mit weitreichenden Folgen. Würde ein Kreol als eigenständige Sprache angesehen, so müßte dies natürlich auch Einfluß auf den Schulunterricht haben, denn hier wird ab der ersten Klasse die jeweilige europäische Standardsprache vorausgesetzt.

Der soziale Ursprung der Kreol-Sprachformen führte dazu, daß sie in der Literatur zunächst nur als komisches Element benutzt oder zur Charakterisierung rückständiger, fast schon geistig minderbemittelter Figuren verwendet wurden. Die Kreolsprachen behaupteten jedoch stets ihren Platz in rituellen Zusammenhängen, in religiösen Gebräuchen, die sich aus afrikanischen Traditionen entwickelten, wie auch im Bereich der *folk culture*, der Legenden und Märchen – hierzu gehören die in einigen Texten der Anthologie erwähnten *Anancy*-Geschichten. Anancy, die aus der westafrikanischen Tradition stammende männliche Spinne, ist der Held dieser Geschichten. Er überlistet regelmäßig die Herrschenden und schafft es trotz seiner Schwäche und Unterlegenheit, sich mit Witz und Schläue gegen sie durchzusetzen; so diente er als mythische Identifikationsfigur für die Sklaven, die sich ebenfalls in unterlegener Position befanden.

Zur Zeit der Unabhängigkeitsbestrebungen in den fünfziger Jahren begannen die Intellektuellen der Region verstärkt nach dem Ursprung ihrer Gesellschaften zu forschen. Das Interesse an eigenständigen nichteuropäischen Kulturformen wuchs: Oral überlieferte Sprichwörter, Lieder und Geschichten wurden gesammelt. Die Schriftsteller benutzten Kreolformen, um die Standardsprachen ihren Bedürfnissen anzupassen. Dies kann so stark ausgeprägt sein, daß ein Text für einen nur des Englischen mächtigen Leser kaum mehr verständlich ist; bei höchst subtilem Einsatz dieser Mittel werden vielleicht gar nur die gemeinsamen Sprecher eines spezifischen Kreols den Text bis in die feinsten Bedeutungen nachvollziehen können. Möglich ist dies vor allem, da ein Kreol eine variable Sprachform darstellt, man spricht von einem sprachlichen Kontinuum, das, nach Hellinger, »alle sprachlichen Realitäten einer Gesellschaft abbildet« und von dem Basilekt (der Kreolsprache) als dem einen Referenzpunkt bis zum Akrolekt (der damit verwandten europäischen Sprache) als dem anderen Extrem auf einer imaginären Skala reicht. Die Schriftsteller nutzen oft die Möglichkeit des *code-switching* innerhalb des Kontinuums, um u. a. Personen nach sozialer Herkunft, Bildung und emotionaler Haltung zu charakterisieren. Diese sprachlichen Feinheiten sind kaum ins Deutsche zu übertragen, da es in unserer Sprache keine Entsprechung gibt.

Eine Besonderheit innerhalb der Kreolsprachen stellt die Rastasprache dar. Sie kann als eine Erweiterung des jamaikanischen Kreol angesehen werden und hat inzwischen, zusammen mit der Rastaphilosophie und der Reggaemusik, in der ganzen Karibik ihre Spuren hinterlassen. Die Rastasprache, auch *Dreadtalk* genannt, diente ursprünglich den Mitgliedern der Rastafari-Bewegung als ein Mittel, sich außerhalb des herrschenden Sprach- und Gesellschaftssystems zu verständigen, das von ihnen als Babylon, als Reich der Unterdrückung, abgelehnt wurde. Die stark männlich geprägte Rastabewegung, die anfänglich vor allem in den Ghettos, den Armenvierteln der jamaikanischen Hauptstadt Kingston, ihre Anhänger fand, ist keine einheitliche Organisation. Sie leitet ihren Namen von Haile Selassie I. her, dem äthiopischen Kaiser, der vor seiner Krönung den Titel *Ras Tafari* trug, und ihr Orientierungspunkt ist Afrika. Unbestritten ist der Einfluß des in Jamaika geborenen Marcus Garvey, der Anfang dieses Jahrhunderts eine Organisation gründete, die Millionen von Mitgliedern in den USA, Mittelamerika und der Karibik gewann. Sein Ziel war es, alle Menschen afrikanischer Abstammung unter dem Leitspruch *Africa for the Africans, for those at home and those abroad* in einem eigenen Land mit eigener Regierung anzusiedeln.

Dieses Ziel der Repatriierung nach Afrika wurde auch von den Rastas immer wieder propagiert, die sich als vertriebener Stamm Israels sehen, der in babylonischer Gefangenschaft die Zeit der Befreiung erwartet. Ob diese Repatriierung physisch stattfinden sollte oder doch nur psychisch, als Befreiung von der während der Sklaverei erfolgten Gehirnwäsche, ist unter den Rastas umstritten.

In der noch kolonial beeinflußten Gesellschaft war alles Afrikanische negativ bewertet worden, sogar das eigene Äußere wie krauses Haar, dunkle Haut, volle Lippen galt als häßlich. Die Rastas werteten eben diese Merkmale positiv auf, so kann z. B. ihre Haartracht, die *Dreadlocks,* als ultimative Rebellion und Ablehnung des europäischen Schönheitsideals gesehen werden.

Der Rastafarianismus wurde als eine Protestbewegung der Armen Jamaikas verstanden und lange Zeit ignoriert. Erst nachdem die Intellektuellen der Karibik das Potential dieser Bewegung erkannten und der Reggaemusiker Bob Marley mit von der Rastaphilosophie beeinflußten Liedtexten weltweiten Erfolg errang, wurde sie ernst genommen und fand auch Anhänger unter Angehörigen der Mittelschicht. Heute sind die früher so anstößigen *Dreadlocks* oft nur noch eine Frisur unter vielen, und nicht jeder, der *Dreadlocks* trägt, ist ein Rasta.

Beim Sprachgebrauch der Rastas fällt vor allem das häufige Vorkommen der ersten Person Singular *I* (ai ausgesprochen) auf, das sie anstelle des im Kreol verwendeten *me* gebrauchen. Dieses *I* oder auch *I and I* bedeutet, daß der Mensch mit Gott eine Einheit bildet. Gleichzeitig wird dadurch das Sehen, d. h. das Erkennen der Wahrheit betont, da es auf das Auge (*Eye*) verweist, das demjenigen, der die Wahrheit sieht, eine andere, alternative, wenn nicht sogar subversive Sicht der Dinge vermittelt.

In zwei Geschichten dieser Sammlung tauchen Rastas auf: sie werden als Rebellen gegen die bestehende Ordnung geschildert, und sie verunsichern die Vertreter dieser Ordnung. So versetzt Ras Judah in *Phoebe Changs* »Judah, komme« durch seine bloße Anwesenheit eine Hausfrau in Angst und Schrecken, er wird von den Polizisten, den »Vertretern Babylons«, rücksichtslos abgeführt. Auch in *John Robert Lees* Geschichte aus St. Lucia, »Orgs Erscheinen«, steht die Rastaphilosophie für eine positive Wendung: Sie symbolisiert die Abwendung von einem vordergründigen, seichten Lebensstil hin zu einem Leben, das nach den Wurzeln, den *roots,* strebt.

Über die Hälfte der hier erzählten Geschichten stammt von Frauen. In den letzten Jahren sind – auch international – verstärkt Schriftstellerinnen aus der Karibik in Erscheinung getreten, und sie setzen sich vor allem mit der Erfahrungswelt der karibischen Frau auseinander. Obwohl es in der Region seit den siebziger und achtziger Jahren durchaus feministische Ansätze gibt und eine kleine weibliche Elite als erfolgreiche Geschäftsfrauen, Professorinnen oder Politikerinnen tätig ist, bleibt die Mehrheit vom sozialen und ökonomischen Aufstieg ausgeschlossen. Ein Drittel aller Frauen in der Karibik sind berufstätige, alleinerziehende Mütter. Frauen stehen an erster Stelle in der Arbeitslosenstatistik, und wenn sie Arbeit finden, dann in schlecht bezahlten, »typisch weiblichen« Berufszweigen – als Krankenschwestern, Lehrerinnen, Sekretärinnen und im Hotelgewerbe.

Traditionell hat ein reicher Kindersegen einen hohen Stellenwert innerhalb der karibischen Gesellschaft. Mutterschaft ist somit ein sehr wichtiger Bestandteil im Leben einer Frau, und die Familie spielt eine entscheidende Rolle auch für die Altersversorgung der Frau. Unter Familie ist hier jedoch nicht die europäische Kleinfamilie zu verstehen, sondern ein komplexes Netzwerk von verwandtschaftlichen Beziehungen, das sich manchmal über mehrere Kontinente spannt.

Für heranwachsende Mädchen ergibt sich somit fast zwangsläufig ein ernsthafter Rollenkonflikt. Auf der einen Seite soll auch das Mädchen eine gute Ausbildung erhalten, die ihr eine spätere berufliche Karriere ermöglicht, auf der anderen Seite steht die übermächtige Mutterrolle, die sie ebenfalls ausfüllen soll. Ein Kreislauf, der oft nur schwer zu durchbrechen ist: Er beginnt mit sehr frühen Schwangerschaften, noch vor einer Heirat, es folgen der Abbruch der Schul- bzw. Berufsausbildung, finanzielle Abhängigkeit von den Eltern oder einem Mann, wiederum Schwangerschaft, Annahme von schlecht bezahlten Jobs usw. Dieser Situation geht eine sehr autoritäre, viktorianisch anmutende Erziehung voraus, sexuelle Aufklärung findet kaum statt. In *Jamaica Kincaids* »Mädchen« und *Olive Seniors* »Zwei Großmütter« wird diese Form der Erziehung kritisch beleuchtet, während *Alecia McKenzie* und *Hazel D. Campbell* die Lage alleinerziehender Mütter schildern.

Auf der anderen Seite hat es die Frau in der Karibik schon immer verstanden, ihre schwierige Situation erfolgreich zu meistern. *Olive Senior* bezeichnet sie deshalb auch als *miracle worker,* als Zauberin, die ein Leben aus dem Nichts schafft, unzählige Opfer für ihre Kinder bringt, die Eskapaden ihres Mannes toleriert und sich durchzusetzen versteht, wenn es darauf ankommt. Diese Charakterisierung führt schnell zur Mystifizierung, zum Mythos der starken, mächtigen matriarchalischen Frau. Die Frage ist nur, zu welchem Preis: physische und psychische Überbelastung fördert Krankheiten, so ist z. B. Bluthochdruck unter westindischen Frauen überdurchschnittlich weit verbreitet.

Die starke Einbindung in religiöse Gemeinschaften ist ein weiteres wichtiges Moment im Leben der karibischen Frau. In den Geschichten *Hazel D. Campbells, Olive Seniors* und *Christine Craigs* spielt die Religion eine bedeutende Rolle, und auch bei *Lorna Goodison* wird die Kirche in ironischer Form zur

Sprache gebracht. Während die etablierten Kirchen, wie die anglikanische Hochkirche, der Katholizismus, aber auch der Rastafarianismus deutlich patriarchalische Strukturen aufweisen und Frauen nur eine untergeordnete Rolle zuordnen, üben Frauen in den afrokaribischen Religionen sehr viel Autorität aus. Ob nun in der Shango-Bewegung, bei den Shouters of Trinidad oder den Kuminakulten Jamaikas, Frauen spielen hier eine zentrale Rolle und besitzen großen Einfluß.

»Kreolisierung ist das Ideal, nach dem wir streben.« Diese Worte *Olive Seniors* bezeichnen eine bestimmte gesellschaftspolitische und kulturelle Orientierung. Die Karibik ist eine der Regionen der Welt, wo multikulturelles Nebeneinander und Miteinander schon weitgehend selbstverständlich ist, und der Begriff der Kreolisierung wird heute in der Karibik nicht nur als sprachliches Phänomen, sondern viel weiter gefaßt – ein Ideal, das alle Bereiche des Lebens umfaßt.

Der karibische Historiker und Lyriker Edward Brathwaite hat als einer der ersten den Begriff der Kreolisierung als progressive literatur- und kulturkritische Theorie verwandt. Unter Kreolisierung versteht man die Verknüpfung der verschiedenen Kulturen, die sich im Laufe der Jahrhunderte in der Karibik angesiedelt, weiterentwickelt und verbunden haben. Die Geschichte der Karibik wird somit einzigartig, eine neue Identität entsteht, die die Vergangenheit nicht mehr nur negativ als Folge von Entwurzelungen, Verschleppungen und Ausrottung sieht, sondern ins Positive wendet.

Beispiele dieser kulturellen Kreolisierung stellen *Willi Chens* Erzählungen dar. Chen, selbst chinesischer Abstammung, versteht sich als Trinidader und beschreibt vor allem die Erfahrungswelt der indischen Bevölkerungsgruppe dieser Insel. *Rooplall Monars* »Bahadur« wiederum spielt zwar in einem indischen Umfeld, die Hauptfigur kann jedoch als typische Anancyfigur, die aus dem afrikanischen kulturellen Erbe stammt, gedeutet werden.

Letztlich kann auch im politischen und ökonomischen Bereich von einer Kreolisierung, einer Hinwendung zur eigenen Region gesprochen werden. So wurde 1994 die Association of Caribbean States gegründet, die eine engere Zusammenarbeit innerhalb der karibischen Staatengemeinschaft anstrebt.

Wie schwierig es ist, kulturell wie politisch, das Ideal der Kreolisierung in die Tat umzusetzen, führen *John Wickhams* »Reisegefährten« und *Roger McTairs* »Zu Besuch« vor. Die Geschichten erzählen auf humorvolle und nachdenkliche Weise, wie wenig die Einwohner der einzelnen Inselstaaten voneinander wissen und wie sehr die Karibik immer noch von außen, von der ehemaligen Kolonialmacht Großbritannien und dem oft übermächtigen Nachbarn USA geprägt ist. *McTair* setzt mit seiner Kurzgeschichte einen schönen Schlußpunkt unter diese Sammlung: Er rückt die eigene Region in den Mittelpunkt der Betrachtung, plädiert für Brücken, Brücken der Verständigung, die Verständnis und letztlich Freundschaft schaffen können.

Frankfurt am Main, im Dezember 1995

Die Herausgeberinnen

Biographische Notizen

Neil Bissoondath, geb. 1955 in Trinidad, wanderte 1973 nach Kanada aus und arbeitete dort erst als Lehrer, heute als Schriftsteller. Literarisch tritt er in die Fußstapfen seines Onkels, des bekannten Schriftstellers V. S. Naipaul. Kurzgeschichten: *Digging up the Mountains*, 1985, Roman: *A Casual Brutality*, 1988 (dt. *Casaquemada oder Die Insel der Gewalt*, 1992).

Hazel D. Campbell, geb. 1940 in Jamaika. Studierte an der University of the West Indies in Jamaika. Campbell arbeitete für den »Jamaica Information Service« und als freie Journalistin. Kurzgeschichten: *The Rag Doll and Other Stories*, 1978; *Woman's Tongue*, 1985.

Phoebe Chang, geb. in Jamaika. Arbeitete als Kunstlehrerin und Journalistin, ist Mitbegründerin des »Women's Crisis Centre« in Kingston (Jamaika) und Mitarbeiterin einer Verbraucherschutzorganisation. Autorin von Kurzgeschichten, in Zeitschriften und Anthologien veröffentlicht.

Willi Chen, geb. in Trinidad. Chen ist seit den sechziger Jahren ein bekannter Maler. Neben der Malerei ist er auch als Schriftsteller aktiv, schreibt Theaterstücke und Kurzgeschichten. Theaterstücke: *Freedom Roads*, 1985; *Tainted Blood*, 1986. Kurzgeschichten: *King of the Carnival and Other Stories*, 1988.

Michelle Cliff, geb. 1946 in Jamaika. Wuchs nach früher Kindheit in Jamaika in den USA auf, studierte in New York und London, lebt als freie Schriftstellerin in Kalifornien. Romane: *Abeng*, 1984; *No Telephone To Heaven*, 1987; *Free Enterprise*, 1993. Kurzgeschichten: *Bodies of Water*, 1990. Lyrik/Essaysammlungen: *Claiming an Identity They Taught Me to Despise*, 1981; *The Land of Look Behind*, 1985.

Madeline Coopsammy, geb. in Trinidad. Verfaßte nach dem Studium in Indien und Kanada ihre Magisterarbeit über multikulturelle Erziehung in Kanada, wo sie seit 1968 lebt und als Lehrerin arbeitet. Veröffentlichte Kurzgeschichten in Zeitschriften und Anthologien. Gedichte in: *Other Voices. Writings by Blacks in Canada*, 1985.

Christine Craig, geb. in Jamaika. Studierte an der University of the West Indies in Kingston Englisch und Kommunikationswissenschaften. Sie schreibt Kinderbücher, Gedichte, Kurzgeschichten und Sachbücher, arbeitete fürs jamaikanische Fernsehen und lebt zur Zeit in den USA. Gedichte: *A Quadrille for Tigers*, 1984. Kurzgeschichten: *Mint Tea*, 1993.

Lorna Goodison, geb. 1947 in Jamaika, studierte Kunst in Jamaika und den USA. Arbeitet vor allem als Lyrikerin. Gedichte: *Tamarind Season*, 1980; *I Am Becoming My Mother*, 1986; *Heartease*, 1988. Auf dt. erschien eine Auswahl ihrer Gedichte unter dem Titel *Jungfernbraun*, 1994. Kurzgeschichten: *Baby Mother and the King of Swords*, 1990 (dt. *Der Schwertkönig*, 1992).

Abdur-Rahman Slade Hopkinson, geb. 1934 in Guyana. Studierte an der University of the West Indies, lebt heute in

Kanada. Autor von Theaterstücken, Kurzgeschichten und mehreren Gedichtbänden. Theaterstück: *The Onliest Fisherman*, 1957. Gedichte: *The Four and Other Poems*, 1954; *The Madwoman of Papine*, 1976; *The Friends*, 1976.

Jamaica Kincaid, geb. 1949 in Antigua. Wuchs in der Karibik auf und lebt heute in den USA. Sie gehört inzwischen zu den bekanntesten Autorinnen der Karibik und schreibt u.a. für den *New Yorker*. Kurzgeschichten: *At the Bottom of the River*, 1983 (dt. *Am Grunde des Flusses*, 1986). Romane: *Annie John*, 1985 (dt. *Annie John*, 1989); *Lucy*, 1991 (dt. *Lucy*, 1991). Essay: *A Small Place*, 1988 (dt. *Nur eine kleine Insel*, 1990).

John Robert Lee, geb. 1948 in St. Lucia. Studierte Bibliothekswesen an der University of the West Indies und ist heute Bibliothekar in St. Lucia. Autor von Gedichten und Kurzgeschichten. Gedichte: *Vocations*, 1975; *Dread Season*, 1978; *Saint Lucia. Selected Poems 1967–1987*, 1988.

Earl Lovelace, geb. 1935 in Trinidad. Wuchs in Tobago und Port of Spain auf, studierte und unterrichtete in den USA und ist heute Professor an der University of the West Indies in Trinidad. Als Autor von Romanen, Kurzgeschichten und Theaterstücken zählt er heute zu den bekanntesten Schriftstellern der Karibik. Theaterstück: *Jestina's Calypso and Other Plays*, 1984. Kurzgeschichten: *A Brief Conversion*, 1988. Romane: *While Gods Are Falling*, 1965; *The Schoolmaster*, 1968; *The Dragon Can't Dance*, 1979 (dt. *Der Drachentanz*, 1984); *The Wine of Astonishment*, 1982.

Paule Marshall, geb. 1929 in New York, USA. Ihre Eltern waren aus Barbados eingewandert, sie selbst lebte längere

Zeit in der Karibik. Sie unterrichtete »Creative Writing« an verschiedenen Universitäten in den USA und lebt heute als freie Schriftstellerin in New York. Romane: *Brown Girl, Brownstones*, 1959); *The Chosen Place, The Timeless People*, 1969 (dt. *Erwählter Ort, zeitloses Volk*, 1981); *Praise Song for the Widow*, 1983 (dt. *Ein Loblied für die Witwe*, 1987); *Daughters*, 1992. Kurzgeschichten: *Reena and Other Stories*, 1983; *Soul Clap Hands and Sing*, 1961. Auf dt. liegt unter dem Titel *Lobgesang auf die Witwe*, 1987, eine Auswahl von Kurzgeschichten zusammen mit dem gleichnamigen Roman vor.

Earl McKenzie, geb. 1943 in Jamaika. Studierte in den USA und Kanada und promovierte im Fach Philosophie. Er unterrichtet an einem College und an der University of the West Indies in Jamaika. Kurzgeschichten: *A Boy Named Ossie*, 1991.

Alecia McKenzie, geb. in Jamaika. Studierte Kunst und Spanisch, später Journalismus in den USA. Zur Zeit unterrichtet sie am Versalius College der Freien Universität in Belgien. Kurzgeschichten: *Satellite City and Other Stories*, 1992.

Pauline Melville, geb. 1948 in Guyana. Arbeitet als Schauspielerin in England. Kurzgeschichten: *Shape-shifter*, 1990.

Roger McTair, geb. 1943 in Trinidad, lebt heute als Autor und Filmemacher in Kanada. Autor von Kurzgeschichten, in Anthologien veröffentlicht.

Rooplall Monar, geb. 1945 in Guyana, Sohn von Zuckerrohrarbeitern. Tätigkeiten als Buchhalter, Lehrer, Journalist, traditioneller Heiler und Autor beim guyanischen Rundfunk. Gedichte: *Koker: Selected Poems 1973–1986*. Kurzgeschichten: *Backdam People*, 1985. Roman: *Janjhat*, 1989.

Olive Senior, geb. 1941 in Jamaika, studierte nach dem Schulbesuch in Jamaika Journalismus in Kanada. Sie arbeitete als Journalistin und Herausgeberin verschiedener Publikationen, u. a. von *Jamaica Journal*. Gegenwärtig lebt sie als freie Schriftstellerin in Kanada, hält sich jedoch immer wieder längere Zeit in ihrer Heimat Jamaika auf. Sachbücher: *A–Z of Jamaican Heritage*, 1983; *Working Miracles: Women's Lives in the English-Speaking Caribbean*, 1991. Gedichte: *Talking of Trees*, 1985; *Gardening in the Tropics*, 1994. Kurzgeschichten: *Summer Lightning and Other Stories*, 1987; *The Arrival of the Snake Woman*, 1989; *Discerner of Hearts*, 1995. Eine Auswahl ihrer Kurzgeschichten ist 1996 auf dt. unter dem Titel *Das Erscheinen der Schlangenfrau* herausgekommen.

John Wickham, geb. 1923 in Barbados. Wickham, der älteste Schriftsteller dieser Anthologie, ist Meteorologe, Journalist, Senator und Herausgeber des literarischen Magazins *Bim*. Kurzgeschichten: *Casuarina Row*, 1974; *World Without End*, 1982.

Anmerkungen

Ackee	Die im unreifen Zustand giftige Frucht des Ackeebaums, im 18. Jahrhundert aus Westafrika in die Karibik eingeführt; »Ackee and Saltfish« ist das jamaikanische Nationalgericht.
Aguanaldo	Art der Parangmusik *(s. Parang-Band)*
Anancy	(Twi) *Ananse* – Spinne; männliche Spinne; Held der karibischen Folktales. Kann sich aufgrund seiner Schläue immer wieder aus gefährlichen Situationen retten. Die Figur stammt ursprünglich aus Ghana, Westafrika.
August Bank Holiday	Staatlicher Feiertag im August
Baakoo	Eine Art Flaschengeist, der seinem Besitzer seine Kraft leihen kann. Ein aus seiner Flasche entwichener Baakoo kann wie ein Poltergeist in Erscheinung treten.

Babylon	In der Rastasprache Bezeichnung für die gesamte westliche Zivilisation; Zustand oder Ort der Unterdrückung, daher auch Wort für Polizei.
Backra	Weiße, Europäer
Beezie-Bambusgras	Bambusähnliches Gras, das 90 bis 120 cm hoch wächst.
Beti	(Hindi) Tochter
Bolom	Geist eines abgetriebenen erstgeborenen Kindes
Brotfruchtbaum	Im 18. Jahrhundert aus der pazifischen Region in die Karibik eingeführt. Brotfrucht wird geröstet oder gekocht als Essensbeilage gereicht.
Caroni	Landstrich im östlichen Trinidad
Casreep	(indianisch-spanisches Wort) Aus der Wurzel bitterer Kassaven gewonnener Saft, Grundbestandteil des guyanischen Pepperpotgerichts
Chantwelle	Vorsänger bei einem Folkritual auf St. Lucia; Sänger oder Geschichtenerzähler

Cho — (jamaikanisches Kreol) Laut, der Ungeduld und Ablehnung zum Ausdruck bringt

Clarets — Kampfhahnrasse

Coolie — Inder, häufig abfällig gebraucht

Crop-over — Zeit nach der Ernte des Zuckerrohrs, häufig Anlaß zu Feiern

Dhoti — (Hindi) Lendentuch indischer Männer

Diablesse — (franz.) Teufelin, nach der Legende nächtliche Schönheit, die Männer verführt, die nachts unterwegs sind. Ihren Pferdefuß versteckt sie unter einem langen Rock.

Doms — Kampfhahnrasse

Doogla — Person indisch-afrikanischer Herkunft

Doukona — Gericht aus Westafrika, Pudding aus gemahlenem Mais oder Bananen, der in Bananenblätter gewickelt, gebacken oder gekocht wird

Dread — (Rastasprache) schön, echt; Rasta.

Dreadlocks	Haartracht der Rastas, die entsteht, wenn Haare nicht mehr gekämmt werden und dann verfilzen; Dreadlocks gelten als Zeichen der Kraft und des Widerstands.
Dunza	Geld
Gayelle	(Trinidad) Arena, in der Hahnenkämpfe oder rituelle Stockkämpfe stattfinden
Greys	Kampfhahnrasse
Guave	Frucht des Guavenbaums; seit der Zeit der Arawaks, d. h. schon vor Kolumbus, in der Karibik heimisch. Wird oft zu Gelee oder Saft verarbeitet.
Haile Selassie I.	Äthiopischer Kaiser (1892–1975), wird von den meisten Rastas als Verkörperung Gottes auf Erden angesehen.
Harddough	Weißbrot, ähnlich wie Toastbrot, doch von festerer Konsistenz
Hog	(engl.) Schwein
Holländer	Geist eines Holländers, der als besonders gefahrlich angesehen wird, da die holländischen Sklavenhalter als sehr grausam galten

I	(Rastasprache) Jedes persönliche Pronomen wird als »*I*« (ausgesprochen [*ai*]) = ich wiedergegeben. Mit »*I*« als Präfix werden auch andere Worte aus dem Standardenglisch positiv definiert (z. B. ital = vital).
Iree/Irey	(Rastasprache) Ausdruck des Wohlbefindens; Gruß
Ital	(Rastasprache) Aufs Essen bezogen unbehandelte, ungesalzene Nahrungsmittel; gesund, rein
Jah	(Rastasprache) Name für Gott
Joropo	Art der Parangmusik
Jumbie	Geist
Kaffee-Tee, Kakao-Tee, Tee-Tee	Das Wort Tee kann sich auf jedes heiße alkoholfreie Getränk beziehen
Kolokasien	Taro, ursprünglich aus Polynesien stammendes großblättriges Knollengewächs, dessen Blätter und Knollen als Essen zubereitet werden
Lappe	(Trinidad) Gericht aus dem Fleisch eines Pakas (*cuniculus*

paka), eines meerschweinartigen Tieres.

Lignum-Vitae-Baum Einheimischer Baum der karibischen Region, trägt blaue Blüten (Nationalblume Jamaikas); sein Holz ist so schwer, daß es im Wasser untergeht.

Love (engl.) Liebe. In der Rastasprache ein Gruß.

Madras Buntkariertes Kopftuch, traditionelle Kopfbedeckung der Frauen auf St. Lucia

Manley Michael Manley, Premierminister Jamaikas von 1972–1980 und 1989–1993

Matilda's Corner Vielbefahrene Kreuzung in einem hügelig gelegenen, wohlhabenden Stadtteil von Kingston, Jamaika

Moongazer (Guyana) Riesiger Geist, der mit seinen Beinen auf beiden Straßenseiten steht, den Mond anstarrt und Menschen, die versuchen, zwischen seinen Beinen durchzugehen, verschlingt.

Obeah (wahrscheinlich aus dem Akan) Zauberei; westafrikanische Überlieferung; Möglichkeit der Zukunftsbeeinflussung oder Behandlung von mysteriösen Krankheiten durch Manipulation der Geisterwelt mit Hilfe einer des Obeah kundigen Person; meist als böser Zauber gewertet.

Packsawal — Mangoart

Parang-Band — Musikgruppe in Trinidad, die vor allem in der Weihnachtszeit Parangmusik spielt, eine Musikform, die spanische und afrikanische Elemente vereint.

Patois — (franz.) Im gesamten karibischen Raum existierende Sprachformen, die auf Kolonialsprachen (Franz., Engl., Span., Niederländ.) basieren und im Lauf der Jahrhunderte mit grammatikalischen Strukturen, Worten und Intonationen verschiedener afrikanischer Sprachen verschmolzen wurden; von Insel zu Insel verschieden.

Peace Corps — (engl.) Friedenskorps, amerikanische Organisation freiwilliger Entwicklungshelfer, 1961 von Präsident Kennedy ins Leben gerufen

Pepperpot — In Guyana Eintopfgericht mit *Casreep* (s. dieses), das durch Zugabe von Fleisch und frischem

Gemüse immer wieder aufgefrischt werden kann und so angeblich über Generationen hinweg am Kochen bleiben kann; sonst in der Karibik eine reichhaltige Suppe, vor allem aus grünem Gemüse wie Callaloo, Okras sowie Corned Beef oder Schweinefleisch.

Pitch Lake — Größter natürlicher Teersee der Welt im Süden Trinidads

Potogee — Verächtlich für Portugiese

Rastafari — Philosophische, religiöse und soziale Bewegung, die während der 30er Jahre in Jamaika entstand und inzwischen Anhänger auf der ganzen Welt gefunden hat

Reds — Kampfhahnrasse

Reggae-Dub — Musik in Reggaerhythmen, ausschließlich aus Baß und Schlagzeug bestehend; ebenso Version eines Reggaehits ohne Gesang

Shac-Shac — Rhythmusinstrument, meist aus Kalebassenschalen, die mit Steinen oder Samen gefüllt werden; Marakas

Sorrel — buschige, zur Hibiskusfamilie gehörende Staude, ursprünglich aus dem Sudan. Aus dessen roten Blüten wird ein Aufguß hergestellt; zur Weihnachtszeit, mit Rum versetzt, ein beliebtes Getränk.

Soucouyant — Geistererscheinung in Gestalt einer alten Frau, die sich nachts in einen Feuerball verwandelt und menschliches Blut trinkt

Spanish Town Road — Ausfallstraße durch die westlichen Armenviertel von Kingston, Jamaika

Steelband — Musikgruppe, die auf *pans,* aus ausgedienten Ölfässern hergestellten Instrumenten, Musik macht, ursprünglich aus Trinidad.

Thanks-I — (Rastasprache) Danke.

Wiri-wiri — Pfefferart

Yamswurzel — Ursprünglich aus Afrika eingeführte, in der Karibik weit verbreitete Knollenfrucht

Yes-I — (Rastasprache) Ja.

Yonge Street — Hauptgeschäftsstraße in Toronto, Kanada

Quellen- und Rechtsvermerke

Neil Bissoondath, Insecurity, aus: Digging Up the Mountain, © 1985 by Neil Bissoondath. Reprinted by permission of Macmillan Canada. *Hazel D. Campbell,* The Thursday Wife, aus: Women's Tongue, Savacou Publications Ltd., Kingston 1985. *Phoebe Chang,* Judah Come, aus: 22 Jamaican Short Stories, Kingston Publishers Ltd., Kingston 1987. *Willi Chen,* Moro, aus: King of the Carnival and Other Stories, Hansib Publishing Ltd., London 1988. *Michelle Cliff,* If I Could Write This in Fire, I Would Write This in Fire, aus: The Land of Look Behind, Firebrand Books, Ithaca 1985, Copyright © 1985 by Michelle Cliff. *Madeline Coopsammy,* The Boy from Petitville, aus: Other Voices, Ed. Lorris Elliott, Williams-Wallace, Toronto 1985. *Christine Craig,* Mint Tea, aus: Mint Tea and Other Stories, Heinemann Publishers (Oxford) Limited 1993. *Lorna Goodison,* Bella hat's erfaßt, aus: Der Schwertkönig, dipa-Verlag, Frankfurt am Main 1992. *Abdur-Rahman Slade Hopkinson,* Marcus Aurelius and the Transatlantic Baakoo, Copyright: Abdur-Rahman Slade Hopkinson, 1990. *Jamaica Kincaid,* Mädchen, aus: Am Grunde des Flusses, © 1986 Deutsche Verlags-Anstalt GmbH, Stuttgart. *Earl Lovelace,* Shoemaker Arnold, aus: A Brief Conversation and Other Stories. Heinemann, London 1988; by arrangement with Curtis Brown Group, London, and Agence Hoffman, Munich. *John Robert Lee,* The Coming of Org, Copyright: John Robert Lee, 1983. *Paule Marshall,* Barbados, aus: Merle and Other Stories. Soul Clap Hands and Sing, 1961. *Alecia McKenzie,* Jackets, aus: Satellite City, © Longman Group UK

Limited, 1992; by arrangement with Longman Group Limited, London. *Earl McKenzie*, Fear of the Sea, Copyright: Earl McKenzie, 1990. *Roger McTair,* Visiting, Copyright: Roger McTair, 1990. *Pauline Melville*, I Don't Take Messages From Dead People, aus: Shape-Shifter, The Women's Press, London 1990; by arrangement with Curtis Brown Group, Ltd., London, and Agence Hoffman, Munich. *Rooplall Monar*, Bahadur, aus: Backdam People, Peepal Tree Press, Leeds 1985. *Olive Senior*, The Two Grandmothers, aus: Das Erscheinen der Schlangenfrau. Kurzgeschichten aus Jamaika, © dipa-Verlag, Frankfurt am Main 1996. *Derek Walcott*, Der Schoner *Flight,* aus: Selected Poetry, Heinemann, London 1981; für die deutsche Übersetzung von Klaus Martens: © 1995 Carl Hanser Verlag München Wien. *John Wickham*, The Fellow Travellers, aus: Casuarina Row, Christian Journals, Belfast 1974.
Die Herausgeber und der Verlag danken allen Verlagen und Rechteinhabern für die Abdruckgenehmigungen. Da in einigen Fällen trotz intensiven Bemühens die Inhaber der Rechte nicht festzustellen oder erreichbar waren, verpflichtet sich der Verlag, rechtmäßige Ansprüche nach den üblichen Honorarsätzen zu vergüten.
Für die Einbandgestaltung wurde verwendet: Ausschnitt aus dem Gemälde *Historical Caribbean* (1992) von Henry Mosera, St. Martin. Mit freundlicher Genehmigung des Künstlers.

Die Deutsche Bibliothek – CIP-Einheitsaufnahme

Erkundungen. – Berlin : Verl. Volk und Welt.
20 Erzähler aus der englischsprachigen Karibik / hrsg. von Julia
Albrecht ... – 1996
ISBN 3-353-01042-4
NE: Albrecht, Julia [Hrsg.]

Lektorat: Joachim Meinert
Einbandgestaltung: Lothar Reher
Gesetzt aus der Garamond, Linotype
Satz: deutsch-türkischer fotosatz, Berlin
Druck und Bindearbeiten: Wiener Verlag
Printed in Austria
ISBN 3-353-01042-4